谨以此书献给

中国第四个文化遗产日

（2009 年 6 月 13 日）

甲骨文与南京

南 京 市 文 物 局
南京市政协文史(学习)委员会 编
江 苏 省 甲 骨 文 学 会

南京出版社

图书在版编目（CIP）数据

甲骨文与南京 / 杨新华，刘兴林主编 .—南京：南京出版社，2009.6
ISBN 978-7-80718-493-5

Ⅰ . 甲…　Ⅱ . ①杨…②刘…　Ⅲ . 甲骨文—研究　Ⅳ . K877.14

中国版本图书馆 CIP 数据核字（2009）第 063480 号

书　　名：甲骨文与南京
主　　编：杨新华　刘兴林
出　　版：南京出版传媒集团
　　　　　南 京 出 版 社

社址：南京市太平门街53号　　　　　邮编：210016
网址：http://www.njcbs.cn　　　　　电子信箱：njcbs1988@163.com
联系电话：025-83283893、83283864（营销）　025-83112257（编务）

责任编辑：卢海鸣
特邀编辑：张仁杰
装帧设计：周　涌
印　　刷：江苏省地质测绘院
发　　行：全国新华书店
开　　本：889×1194 毫米 1/16
印　　张：12.25
插　　页：8
字　　数：285 千字
版　　次：2009 年 6 月第 1 版
印　　次：2019 年 11 月第 2 次印刷
书　　号：978-7-80718-493-5
定　　价：120.00 元

南京出版社
图书专营店

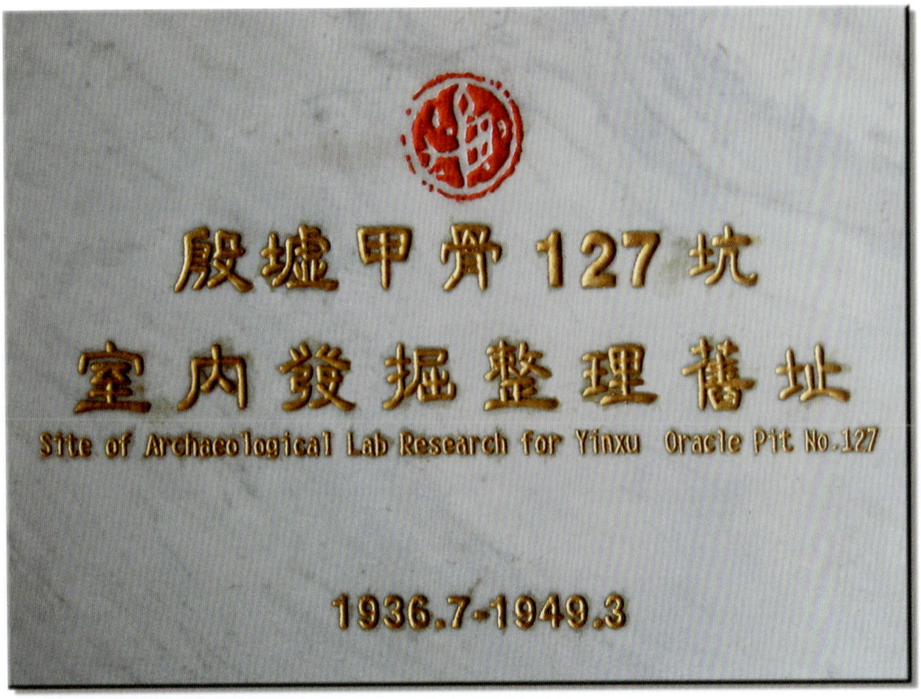

镶嵌在中央研究院历史语言研究所旧址墙上的纪念牌。2009 年 6 月 12 日揭牌

坐落在南京鸡鸣寺的中央研究院旧址。现为中国科学院南京分院、江苏省科技厅所在地

中央研究院历史语言研究所旧址。现为中国科学院南京地质古生物研究所

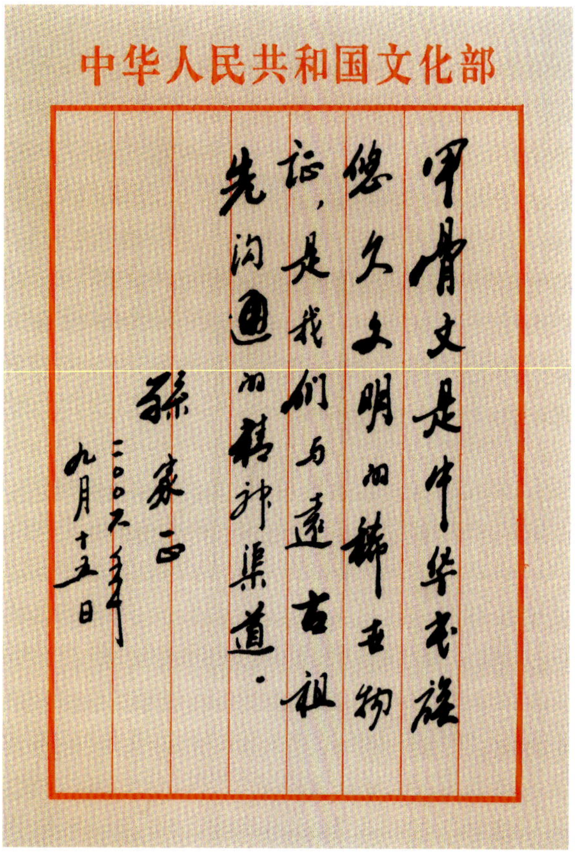
中华人民共和国文化部

甲骨文是中华民族悠久文明的稀世物证，是我们与远古祖先沟通的精神渠道。

孙家正

二〇〇六年九月十五日

时任文化部部长孙家正给殷墟127甲骨坑南京室内发掘70周年纪念活动的题词

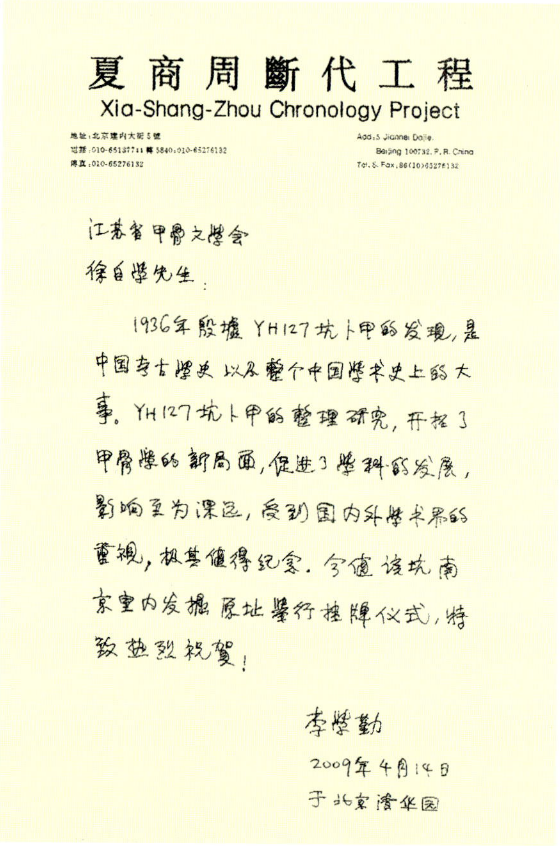
夏商周斷代工程

Xia-Shang-Zhou Chronology Project

地址：北京建内大街5號
電話：010-65137744轉5840；010-65276132
傳真：010-65276132

Add.:5 Jiannei Dajie.
Beijing 100732, P. R. China
Tel. & Fax:86(10)65276132

江苏省甲骨文学会

徐自学先生：

1936年殷墟YH127坑卜甲的发现，是中国考古学史以及整个中国学术史上的大事。YH127坑卜甲的整理研究，开拓了甲骨学的新局面，促进了学科的发展，影响至为深远，受到国内外学术界的重视，极其值得纪念。今值该坑南京室内发掘原址举行挂牌仪式，特致热烈祝贺！

李学勤

2009年4月14日

于北京清华园

国务院“夏商周断代工程”首席科学家、专家组组长，国际欧亚科学院院士，中国社会科学院历史研究所原所长，清华大学出土文献研究与保护中心主任，江苏省甲骨文学会名誉会长李学勤教授的贺信

参加“纪念殷墟127甲骨坑南京室内发掘70周年学术研讨会”的代表在南京博物院合影留念（2006年10月）

联合国副秘书长沙祖康在“联合国中国甲骨文书法展”开幕式上致辞

江苏省甲骨文学会在联合国总部举办的“联合国中国甲骨文书法展”上赠送给联合国的礼品盘，该盘由江苏高淳陶瓷股份有限公司制作，盘上所刻甲骨为YH127坑出土

南京市文物局局长、市政协文史委员会主任张年安（右），市文物局副局长、市政协文史委员会副主任杨新华（左）和江苏省甲骨文学会会长徐自学先生在原史语所楼前合影

《铁云藏龟》与“甲骨四堂”书法作品

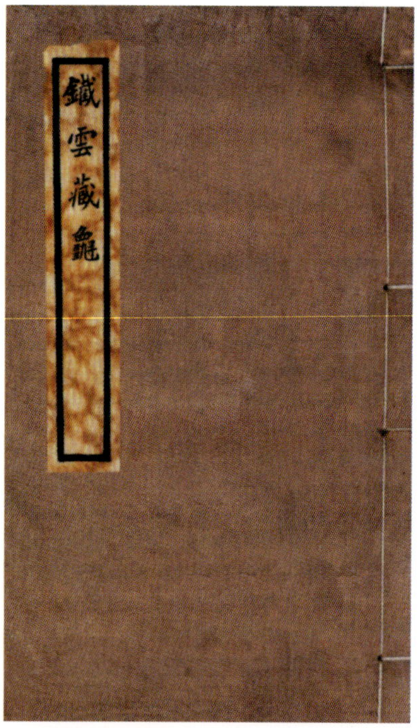

第一部著录甲骨的书《铁云藏龟》

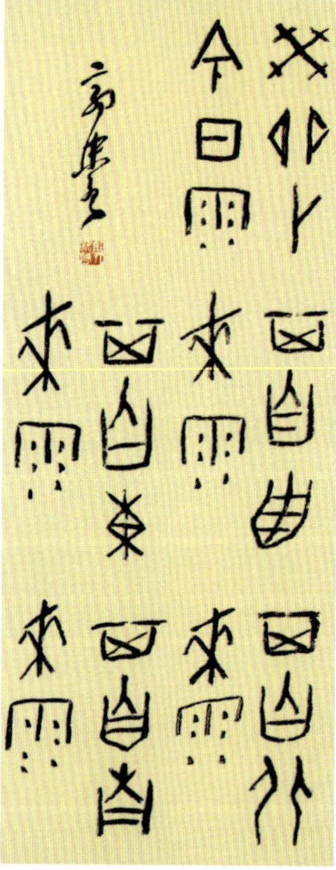

郭沫若：癸卯卜今日雨 其自西来雨
其自东来雨 其自北来雨 其自南来雨

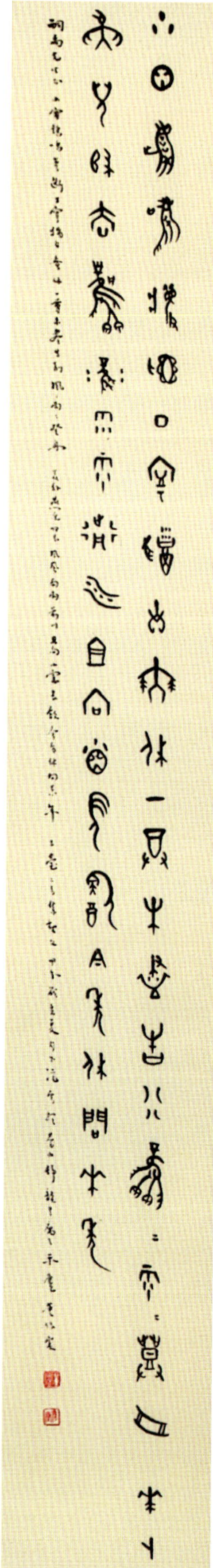

董作宾：小窗鸡鸣梦断 丁宁犹自无休 一尊未尽告别 风风雨雨登舟
花外燕儿归去 风风雨雨前川 且向小窗长饮 今年休问来年

罗振玉：曰有室家百年好合
相汝夫子四德毋违

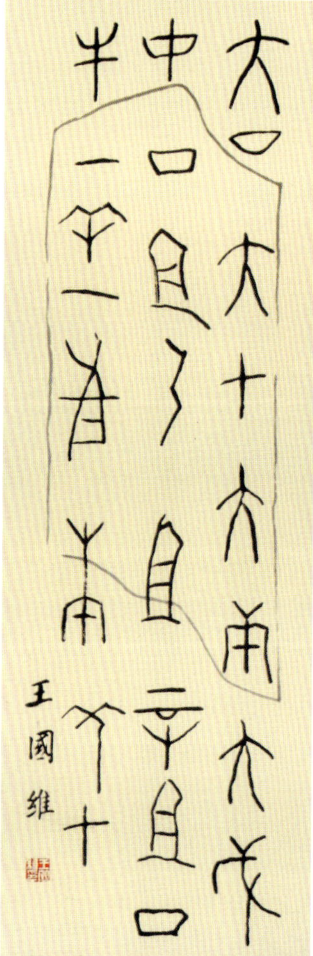

王国维：大丁大甲大庚大戊 中丁祖乙祖辛祖丁 牛一羊一□南羌甲

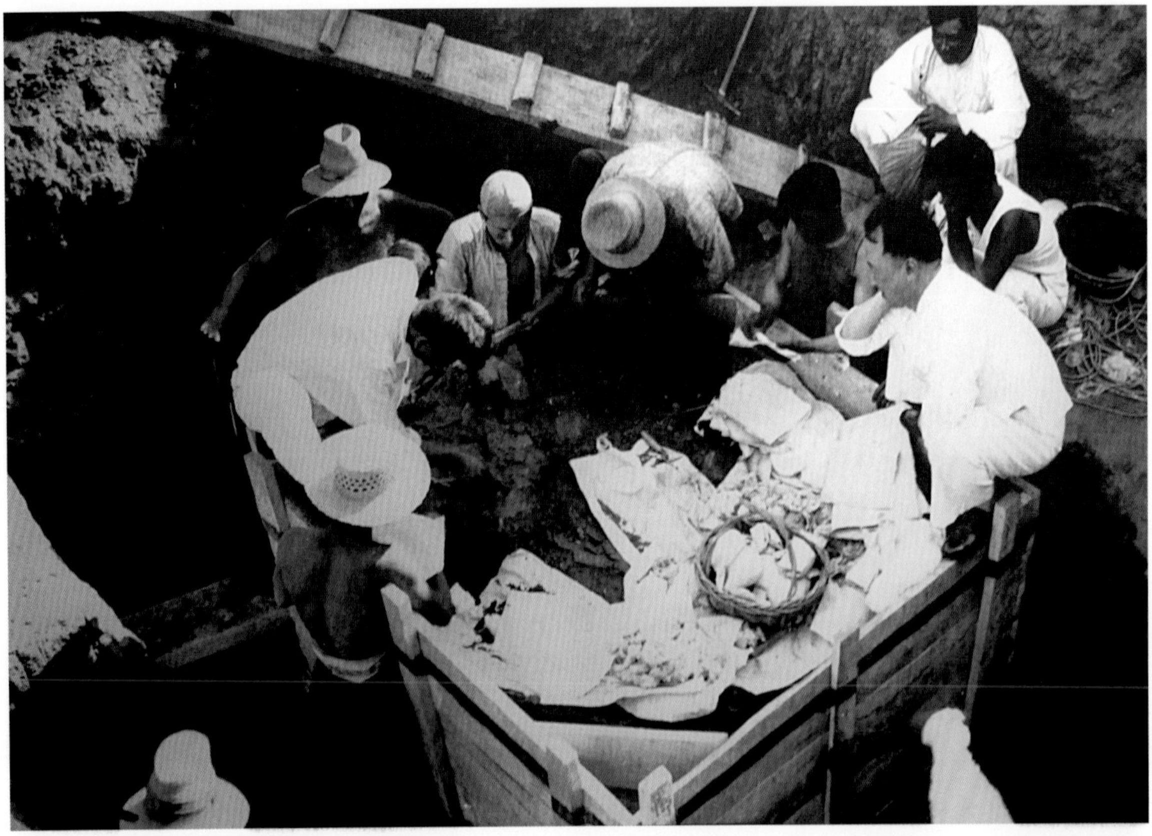

YH127甲骨堆积的“灰土柱”被整体装箱，在木箱钉盖前李济（右角）、高去寻、李景聃、王湘（左角）等在讨论拖运方案

动用三十余人将装满YH127坑甲骨的大木箱拖出坑体，装上火车，拖运至南京

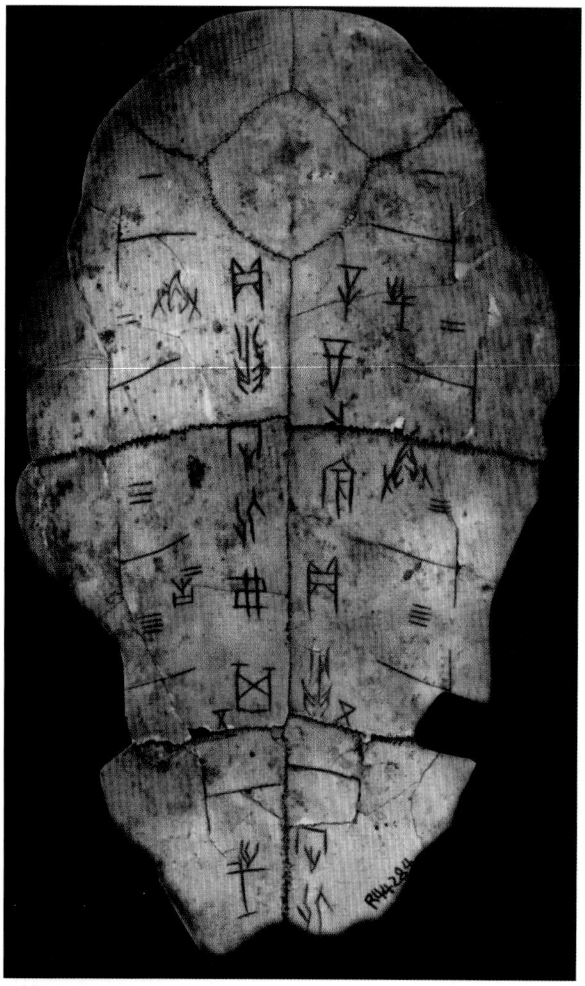

YH127 出土的完整卜甲（《殷虚文字乙编》69）

卜甲（《殷虚文字丙编》67）

卜甲（《殷虚文字丙编》209）

著名的“武丁大龟”（正、反）（《殷虚文字丙编》184）

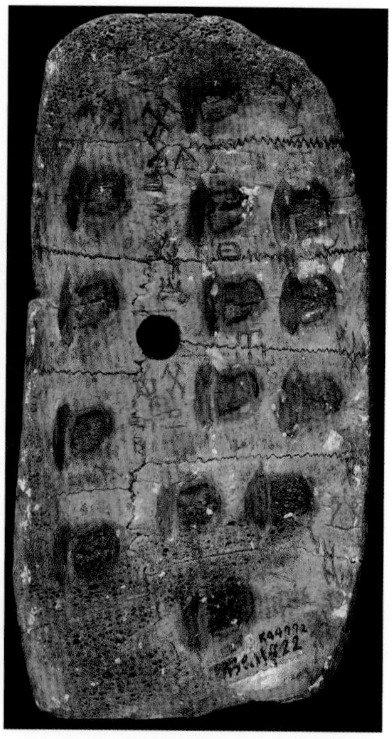

龟背甲改制甲骨片上的钻灼形态（《殷虚文字丙编》5242）

目 录

序

民国时期，主管甲骨文发掘、研究的机构中央研究院历史语言研究所，于1934年迁至南京办公，地点现为中国科学院南京地质古生物研究所办公地。

1936年6月12日，在河南安阳小屯东北地带发现巨型甲骨窖穴，编号为YH127（俗称127坑）。因此坑窖藏甲骨数量特别巨大，不宜现场发掘，发掘者遂决定将其整体运到南京。这年7月12日，运至史语所，由董作宾等先生主持，在室内进行发掘。此坑甲骨属武丁时期埋藏，共出土甲骨17096片，占殷墟15次科学发掘所得甲骨总量的68%多，其中牛卜骨8版，其余全部为龟卜甲，完整龟版达300多版。最大龟版长达44厘米，宽35厘米。有的龟背甲上有椭圆形孔，可以穿成简册；甲骨文字有用朱墨书写者，有刻后填朱墨者（大字填朱，小字填墨），红黑互衬，鲜艳夺目。卜辞内容相当丰富，涉及殷代政治、经济、文化、战争和社会生活各个方面，为甲骨学、古文字学和古代史研究，提供了丰富的资料。当时，为保存127坑原貌，曾选优质汉白玉雕刻了一座127坑甲骨堆积的模型，并刻录领导和参加发掘整理127坑甲骨的人员名单：院长蔡元培，所长傅斯年，组主任李济，田野工作者郭宝均、石璋如、李景聃、王湘、高去寻、尹焕章、潘慤、魏善臣，室内工作者董作宾，篆摹梁思永、胡福林（即胡厚宣）、李光宇、杨廷宾、关德儒、李连春，石工刘作梅。惜在日本侵略军攻陷南京后，模型失踪。抗日战争期间，史语所视出土甲骨为生命，朝夕护守，艰难转移，行程数万里。抗日战争胜利后，甲骨完璧返回南京。YH127坑的发掘、整理和研究，推动了甲骨学研究的发展。

1949年后，中央研究院史语所迁往台湾台北市南港。

2006年，适值殷墟127甲骨坑在南京进行室内发掘70周年，江苏省社科联、江苏省甲骨文学会、中国社科院甲骨文殷商史研究中心、中国殷商文化学会和中科院南京地质古生物研究所联合邀请台湾史语所暨台湾甲骨文学会和日本、俄罗斯专家、学者，在南京隆重举行“纪念殷墟YH127甲骨坑南京室内发掘70周年学术研讨会”暨甲骨文书法展览。在此期间，两岸学者历数了YH127甲骨坑在甲骨学史上的重要地位，畅叙中国百年来甲骨学的辉煌成就，并展望祖国统一的美好未来。同根同好，同业同求，大家希望能在原史语所旧址挂牌铭怀，其乐融融。

江苏省甲骨文学会为YH127甲骨坑树碑立传，广施良策，奔走呼号，乐此不疲，知难而进，多年不懈，精神可敬！2009年1月，在“联合国中国甲骨文书法展”上，该学会以珍贵的照片、文字介绍了127坑南京室内发掘的史实，引起驻联合国的各国使节、文化官员极大的关注。现在，该学会为127坑南京室内发掘旧址设立永久性标志物的倡议，得到了南京市政协主席缪合林先生的肯定与支持，并得到南京市文物局全力资助，还得到旧址所在单位古生物所两位所长的大力相助。特别是南京市文物局领导将“127坑”旧址挂牌列为南京市今年文化遗产日主题之一，并出版专集。文物局这个决策，有远见、有气魄，是处理历史与现实的好模式。对保持、彰显南京历史文化名城的独特地位，对传承中华国宝甲骨文化具有深远的意义。这是江苏南京献给甲骨文发现110周年和新中国成立60周年的一份厚礼！

承受徐会长作序大命，不胜荣幸，谨为是序。顺颂江苏昌盛，南京繁荣，甲骨学会兴旺！

王宇信

2009年4月3日于北京

前　言

100多年来，殷墟甲骨文有三次重大发现，其中最大的发现，是1936年在安阳发现的YH127甲骨坑，一次出土甲骨片达1.7万多片，占1928～1937年15次科学发掘出土甲骨片总量的68%以上。而这坑甲骨片的面世，是在南京室内发掘完成的。这就是说，由政府组织发掘出土的国宝甲骨片，每10片中有6片多是在南京室内“发掘”的！127坑的惊世发现，名扬四海，对甲骨文研究、甲骨学的形成有巨大贡献，中外学术界公认这是空前绝后的盛事！这在中国历史名城中，除安阳外，其他任何城市都无法与南京媲美！当年，在南京从事甲骨研究的先辈，一部分在大陆，一部分到了台湾，学术上都有卓有建树。而今，台湾学者和海外学者来宁，都要到中科院南京地质古生物研究所原史语所旧址参观，拍照留念。

1936年7月，YH127坑甲骨堆积由大木箱装载拖运至南京，原中央研究院蔡元培院长为了永久纪念这惊世的发现，特决定选用汉白玉按原型雕制一个模型，背面刻有铭文。抗日战争发生，模型失踪。抗战胜利后，失而复得，现在保存在国家博物馆。

令人遗憾的是，由于历史原因，南京地方志中缺少这段重要的历史记录。为了保存南京名城历史的亮点，避免后人遗忘这段重要的甲骨学史，我们建议在史语所原址建碑铭志，使之见事、见人、见物。江苏省甲骨文学会于2006年6月25日致函大陆和台湾学者征求意见，国家文物鉴定委员会副主任史树青先生，以及全国甲骨学权威人士李学勤、王宇信、赵诚、宋镇豪等和台湾甲骨学界的朋友，都来信、来电表示赞成立碑的创意。此事曾咨询过国家文物局、江苏省文物局，最后落实到南京市文物局，原址现在所在的单位南京地质古生物研究所领导全力支持，乐意提供挂牌地点。他们这种历史的责任感值得赞扬。

2007年，省甲骨文学会徐自学会长访问联合国总部，受到中国驻联合国代表团王光亚团长和联合国官员的热情接待，他当面递交了在联合国总部举办中国甲骨文书法展的申请函，2008年得到联合国总部的正式邀请。江苏省委对此十分重视，从财力、人力、外事全方位支持赴展。“联合国中国甲骨文书法展”于2009年1月21日至29日在联合国总部南大厅如期举办，并专题展出了YH127坑在南京室内发掘的历史图片，产生了广泛的国际影响。

“联合国中国甲骨文书法展”的成功举办，也推动了“殷墟甲骨127坑室内发掘整理旧址”挂牌和纪念活动的进行，南京市政协缪合林主席亲自关心，南京市文物局张年安局长全面主持策划，决定挂牌并编辑出版纪念文集，杨新华副局长和曹志君主任负责召集会议、协调实施。

南京与甲骨文的因缘早在YH127之前就开始了。文集题名《甲骨文与南京》，不仅仅是因为YH127在南京的一段历史，南京的甲骨文研究和书艺创作有近百年的历史，早在20世纪20年代，胡小石先生在南京研究甲骨文，开创了甲骨学教育，培养了一批早期甲骨人才。1995年，全国第一个省级甲骨文学会在南京创立，学会多次举办全国性的学术会议和甲骨书法大展，涌现了一批甲骨人才，带动兄弟省、市成立甲骨文学会。现在，江苏省甲骨文学会的会员有半数以上是南京地区的。北京和台湾的一些知名甲骨学者都希望江苏为创办全国性甲骨文社团组织做点贡献。当然，有了YH127与南京的际会，也使我们在传承悠久中华甲骨文化、拓展南京历史文化名城研究方面的空间更加广阔。

纪念文集收录的论文主要是，与YH127发掘和整理相关的背景；YH127坑甲骨的整理和研究；江苏（以南京为主）学者的甲骨文研究及甲骨书艺探讨。作者有当年亲身参与YH127坑甲骨南京室内发掘和整理的甲骨学先贤，有在甲骨学研究领域卓有成就的第二代甲骨学专家，有目前活跃在海峡两岸甲骨学界的中青年学者，可谓三代同堂，群贤毕集。书中收录的虽然大多是已经发表的文章，但仍是很有意义的。2006年由江苏省甲骨文学会等主办，在南京召开了“纪念殷墟127甲骨坑南京室内发掘70周年学术研讨会”，会议论文集由文物出版社出版，现在我们又按照文集的要求从中选取了部分相关的论文；张展和朱歧祥先生的论文则选自台湾甲骨文学会所编《甲骨文学术与艺术研讨会论文选集》；有些珍贵的图片来自台湾史语所出版的《当甲骨遇上考古——导览YH127坑》一书。对此，我们表示感谢。

本书在某种意义上讲，是南京市文物局文物丛书的组成部分，也是甲骨学研究丛书的组成部分，更是“殷墟甲骨127坑室内发掘整理旧址”挂牌纪念活动的重要组成部分。它的出版将成为江苏省、南京市甲骨文活动的一个新起点。

甲骨文与南京

——殷墟YH127甲骨坑在南京室内发掘

徐自学

19世纪末，中国发现殷墟甲骨文字。20世纪末叶，中国大地上诞生了三个甲骨学民间法人社团：1986年，甲骨文故乡——河南省安阳市成立安阳甲骨学会；1990年，台湾成立中华甲骨文学会；1995年，江苏省成立江苏省甲骨文学会。21世纪到来，安阳市又成立了中国甲骨文书法艺术研究会。这些甲骨学民间社团的出现，标志甲骨学开始从“象牙塔”走向“民间”，体现了古老的汉字具有科学价值和不息的生命力！

百年来，甲骨文研究发展迅速，成果辉煌。据中国社会科学院历史所先秦史研究室1999年6月统计，中外学者发表的论著达10946种，这为新世纪进一步研究甲骨文，揭示殷商史，丰富甲骨学，发展甲骨文书法艺术，提供了坚实基础和十分有利的条件。

2004年，上海拍卖一位收藏家的20片甲骨片，成交4800万人民币。这极大地唤起了世人对甲骨文的关注。同时，它也向世人提示在新世纪要更深入、更全面地研究甲骨文的科学价值。

今年7月12日，是殷墟YH127甲骨坑南京室内发掘73周年的日子，这既是中国考古史上的一件大事，同时，也是江苏省、南京市历史文化一段独特的光辉历程。

“南京发掘”是安阳殷墟发掘的继续，因此要了解南京发掘，首先要了解殷墟发掘。

一、殷墟科学发掘

“殷墟科学发掘”，是中国20世纪自主考古发掘时间最长、规模最大、成果最大、影响最大的惊世盛事！

“殷墟”宝地闻名中外。它位于今河南安阳市西北郊一带，古称北蒙。商代第20位国王盘庚，自公元前1300年，由奄（今山东曲阜一带）迁都北蒙后，北蒙又称之为殷。盘庚迁殷至帝辛（纣）灭亡共历时273年，这期间，殷是商朝都城所在地。公元前11世纪，周武王灭商之后，殷都毁弃，“失国埋卜”，殷民迁散，殷地荒芜。春秋末期，世人称殷商废都为“殷墟”。

殷墟发掘，是19世纪末发现了甲骨文而引发的。当时发现的甲骨文是殷商王室占卜凶吉，契刻在龟甲兽骨上的卜辞和记事的古汉字。由于殷人尊神信鬼，几乎天天祭祀，事事占卜。凡祭祀、征伐、田猎、出入、年成、生育、疾病、风雨、天象等等，都要卜问吉凶，其结果都要契刻在卜甲、卜骨上，从而保存了商代王朝种种活动的第一手“史料”；甲骨文成为当今研究商朝政治、经济、文化的珍贵的可靠资料。商朝灭亡之后，具有商代王室“档案”价值的大量卜甲、卜骨埋入了地下，几千年来，世人根本不知道有甲骨文的存在。

纵观而言，甲骨出土，在19世纪末之前早有发生。据田野考古发现，从隋唐到明清，安

甲骨文发现第一人、光绪年间国子监祭酒王懿荣（1845～1900）

阳小屯村一带，在民间建房、打井、开渠、耕地、修墓，以及连年不断地发生的盗挖古墓等活动中，时有甲骨出土。只因当时世人“有眼不识泰山”，面对“国宝”，不以为然，视破碎的甲骨小片为“粪土”，因而又被毁弃入土。

殷墟之名，虽在西汉古籍中已有出现，但不为世人重视，不知道它的文化内涵。1899年王懿荣等学者确认甲骨片上契刻符号属殷商古文字之后，引发古董商、洋人传教士等高价抢购，民间掀起了疯狂挖掘甲骨之风，从而导致了殷墟发掘。

“殷墟发掘”百年来，前30年（1899～1928）为民间发掘，据说出土甲骨片约8万片以上，但造成殷墟地下遗址严重破坏。1928年殷墟科学发掘以来，形成了中国自己的考古学，造就了大批优秀的考古学家、甲骨学家，获得了综合性的惊世成果：

发现了世界上最著名的古文字之一，至今尚具有生命活力的、自源性的、成体系的汉字“鼻祖”——甲骨文字。百年来出土甲骨片已达15万片，甲骨文单字约5000个。

目前世界上有近20个国家和地区收藏、研究甲骨文，甲骨学已成为当今国际上一门“显学”。

发现了标志世界古代先进科学技术高峰的结晶——青铜器。百年来已出土具有民族特色和高超艺术水平的青铜礼器、兵器数以千计，证明中国是最早进入青铜器时代的国家之一。

发现了殷商王朝都城——殷墟遗址。已探明的遗址有宫殿、宗庙、王陵、祭祀坑、民居、手工作坊、城市壕沟等等，面积达24～30平方公里。

1928年，殷墟发掘者合影

从发现甲骨文而引起的殷墟的发掘，挖出了一个沉睡地下3000多年的殷商都城，挖出了一个高度发达的辉煌灿烂的殷商文明王国！这是世人没有料到的，这项考古发掘的成果震惊了世界，振奋了中华儿女！

殷商文明，在中国历史上有承上启下的特殊地位，上溯夏代，下续周朝。殷墟发现的遗址、遗迹、遗物，为补证中华五千年信史，消除“疑古派”之风，澄清“中国文明西来说”，纠正“东周以上无史论”等，都提供了重要的科学根据。

中外学者公认：文字、青铜器、城市“三要素”是人类古代文明发达的重要标志。殷墟发掘证明中国古代文明的“三要素”高度发达，堪称世界文明古国的佼佼者！殷墟古都是世界上文明古国中著名的“古典城邦”之一。1961年，我国政府核定公布殷墟遗址为第一批全国重点文物保护单位。1986年，殷墟安阳又成为中国七大古都之一。现在，殷墟已被列入世界文化遗产。

二、南京室内发掘

“南京室内发掘”，是民国时期中央研究院历史语言研究所（以下简称“史语所”）在南京期间，主持完成的一项特别重大的殷墟甲骨文发掘工程。

“史语所”1928年秋成立于广州，曾迁北平、上海，1934年迁于南京。原址位于今北极阁山下古生物研究所。当年“史语所”的任务主要管殷墟发掘工程。1928～1937年，它先后组织15次殷墟科学发掘。其中第13次发掘发现了YH127坑——殷商王朝甲骨“档案库”。此“库”窖藏甲骨片17000多片，占15次发掘出土甲骨片总数（24918片）的68.6%。这个名扬四海的YH127坑的科学发掘是在南京完成的。“南京室内发掘”在甲骨文发掘史上，居有何等重要的位置不言而喻！它是南京历史名城一道不落的彩虹，是南京人的骄傲！

南京发掘殷墟甲骨文，听起来似乎是神话，多数南京人都不知道有这回事，然而它是千真万确的。1999年，这个“神话”故事里的“主人翁”、百岁老人石璋如先生，曾在台湾为我们讲述了他亲身经历的这个神奇的故事——“南京发掘”。

石璋如先生，1931年起从事殷墟发掘考古工作，1949年定居台湾。安阳殷墟科学发掘15次，他亲身参加了12次。YH127坑，是他参加第13次殷墟发掘时发现并主持转运南京发掘的。他回忆往事，如数家珍，讲述南京发掘，详实、生动、感人。时隔60多年的今天，有一位创造历史的人为我们讲述历史，这是具有文献价值的史料，字字值千金。石老先生的回忆录，为我们了解南京发掘提供了珍贵的历史资料。

石老回忆说：“YH127坑是甲骨学史上的一件大事，让我简单的报告一下这个故事的经过。”（笔者按：第13次殷墟发掘于1936年3月18日开工，原计划于6月12日结束。在6月12日这天中午12点，工作人员又发现了一个灰坑。这是发掘所挖的127个窖穴的最后一个，所以编为YH127。）

“1936年6月12日下午四时，在坑的东北壁出了一小片字甲。接着

YH127坑的甲骨堆积

向下愈出愈多，天已黑了，不得不停止，计有760片。把坑盖好，夜里嘱长工看守。第二天接着发掘，坑径只有2公尺左右，其中只能容纳二人工作，因为这是重要发现，特由王湘先生和我亲自发掘。大龟版一片挨一片的满坑都是，简直无法下脚，工作是由前向后退着做，不能容纳二人时，我先退出；最后王湘先生也无立足之地的时候，只好把坑壁打开了一个大口，让他出来；等照相后，把甲骨起出，其下仍有许多，但不知尚有多深。于是14日改变办法，把甲骨坑变成甲骨柱，从前是挖心，现在是剥皮，并想把甲骨柱装入一个大木箱中运回南京发掘，同时与城内的木匠接洽。他们来一看，即说没有这样大的材料，回去连夜找大树，锯厚板，把材料运到工作地来做。因为箱子太大，正方2公尺，高1公尺多，无法在坑底转动。于是在空中吊起，由上直向下套；又由于《彰德日报》宣传，研究院发现一个大龟壳，装一个大箱，惹得附近的人都来看热闹。经过四天四夜艰苦工作，把灰坑甲骨装入大木箱后，向上运。坑深约5公尺，因为太重了，两天的工夫才运上未。

下一步是把大箱子运抵火车站，安阳最有运输能力的人叫作车绍虞，是我们办事处的西邻，与董作宾先生是好朋友，曾是安葬袁世凯“大总统”时的杠房灵车总指挥，非常有名气。他愿意帮忙，不过杠房的能力不够，仅能供给材料，要他找寻人力。说定后，他用双杠式把箱子捆扎起来，好像抬轿式，用八八64人来抬，并有6人帮忙，共70人，并在当地训练。他提了一面铜锣，他说：“第一声，各就各位；第二声，杠子上肩；第三声，扶杠挺胸；第四声，开步走。”说了之后即依序执行。第一声、第二声顺利进行，第三声扶杠挺胸的时候只听嘎喳一声，两根红漆大杠被折断了，箱子未动，工人星散，怎么办呢？我们只好把箱子打开，取出一部分土块又把箱子锯去一段以减轻重量。我们的工人们自组团体来运输，他们借了两根榆木大梁，据说榆木只能弯，不会断，改变方法作十字形捆扎，用六八48人来抬，再用22人协助，也是70人，因为十字形抬法有两个缺点：其一，横面太宽，车路无法容纳，只能走麦田；其二，十字形捆扎，杠在箱顶，抬起来箱底距地面太近，碰到麦根的阻力，更增加它的重量。因为太重，三十步、四十步便要休息，距车站不过三里路，整整走两天。第一天的夜里，住宿在薛家庄南地。第二天傍晚箱子抬到铁轨上，工人们的勇气也不知从哪来了，围观的人高呼加油，大箱子一气运上站台了。

YH127坑甲骨堆积被整体挖出，做装箱前的准备

运上站台，天下大雨，一连五天，天晴后与车站交涉运输，他们一看这样重大的木箱，他们要请示南京下关车站下车有无问题，等电报回来。可临上车时又发生问题，车门太窄，箱子太大，非开箱再装不可，经仔细策划，去掉两侧的箱带，勉强可上。由李景聃、魏善臣二位先生押车起运。

郑州、平汉转陇海，顺利成行。徐州、陇海转津浦，因箱子太重压得车轴出了问题，不能过轨，经修复后才可成行。7月12日，接到南京史语所电报云，大箱子已运抵本所了，不过出了一个小乱子，撞伤了一名工人，需要赔偿。计从1936年6月12日发现起，到7月12日运抵南京本所止，中间恰恰一个月。

运到南京后，董作宾、梁思永、胡厚宣诸位先生迫不及待地要看甲骨堆积的情形，于是揭开了室内发掘的序幕。室内发掘从容自在，每发掘一层先照相，再上一层玻璃纸，把每块甲骨的样子都描绘出来，在纸上编上号，在起的时候每号一版，每版装一纸盒，每层放在一个架子上，做的非常仔细，等着发掘完毕再来清洗，把号码写在甲骨上。从7月到9月一连三个月才发掘完毕，总计在安阳只发掘了三天，在南京则做了三个月。在安阳只发掘了一层，在南京则发掘了五层。在安阳出土的不超五千片，在南京却出了一万二千余片；安阳所出不足三分之一，南京所出超过了三分之二，可以说大批甲骨是在南京出土的，也可以说殷墟发掘，转移到南京发掘。”（据石璋如口述录音）

木箱钉盖前，李济、高去寻、李景聃、王湘等在讨论拖运方案

惊世“国宝”运达南京室内发掘，这个消息传出以后，引起南京极大的轰动，吸引了各界人士争相前来参观。“当时，不少达官贵人、政府要员也附庸风雅，前来参观。有一次，汪精卫亲临现场‘指导’工作。他指着土块说：‘哇，好一个大龟呀！’在场的学者先是哑然，继而相视而笑。汪看了半晌，又听介绍，临走时才恍然大悟：‘呀！原来是好多龟啊！’一时在南京传为笑谈。”[1]

据文献记载，当年为了永久保存罕见的YH127坑的面貌，“史语所”曾经请了一位技艺高超的石匠，选用汉白玉雕琢一个YH127坑甲骨埋藏的标本。在标本体上刻着中央研究院院长、史语所所长、考古组主任、第13次安阳发掘和南京室内发掘的工作人员的名单。为制作这个模型，室内发掘工作推迟了一个月。遗憾的是，这个珍贵的模型，在日寇侵占南京时失踪了，后失而复得，藏北京国家博物馆、安阳殷墟博物苑内展出的模型是后人用石膏仿制的。汉白玉原雕作品至今下落不明，祈望世人关注，有朝一日能重现南京！

将YH127坑甲骨堆积套进大木箱准备起运

1937年日本侵华战争爆发，殷墟发掘中断。“史语所”学者，视出土甲骨为生命，携运数以万计甲骨片撤离南京，“流浪”内地，经长沙、桂林，取道越南到昆明，后到四川南溪。当时科研环境恶劣，生活异常困难，然而董作宾、胡厚宣等专家学者，矢志不移，坚持研究127坑甲骨。抗日战争胜利后，“史语所”返回南京。董作宾以127坑出土甲骨研究的成果为主，编著成《殷虚文字乙编》上、中、下三辑，分别于1948年、1949年、1953年出版。

三、YH127坑南京发掘的科学价值

中国社科院考古所研究员、毕生从事甲骨文发掘、考古研究的专家刘一曼先生在甲骨发现百年纪念之际曾回答了这个发问。

刘一曼说：“YH127坑，共发现刻辞甲骨17096片，是殷墟发掘以来最重大的收获，坑中甲骨文的时代属武丁时期。此坑属武丁时代埋藏甲骨的窖穴。YH127坑甲骨，不但数量多，而且有许多重要的现象：

1. 在17000多片甲骨文中，牛骨仅八片，其余全部是龟甲，再结合过去出土过单埋卜骨的窖穴，可推出殷代卜甲与卜骨是分处埋放的。

2. 完整的刻辞卜甲数量多，达300版，其中有一块产地马来半岛的大龟长达44厘米、宽35厘米，这是迄今为止最大的一块卜甲。

3. 发现一些改制的背甲，即将背甲改制成有孔的椭圆片（类似鞋底型），知道殷人可能将甲骨穿成简册。

4. 发现了用墨或朱书写的文字，知道殷代已有书写的毛笔和颜料。

5. 发现了刻划龟甲卜兆的现象。

6. 常见文字中填朱填墨的情况，有的龟甲上大字填朱，小字填墨，黑红互衬，鲜艳夺目。

7. 记龟甲来源的刻辞较多。YH127坑甲骨，刻辞的内容极其广泛，上至天文星象下至人间杂事无所不包，涉及殷代的政治、经济、文化、社会生活各个方面，是研究商代历史的珍贵资料。所以，有的学者称127坑是殷王朝的档案库。”[2]

动用三十余人将装满甲骨的大木箱拖出坑体

当代著名甲骨学专家、江苏省甲骨文学会顾问王宇信研究员指出：“127坑甲骨确实不寻常。”“127坑整坑甲骨的发现和其它大量科学发掘所得甲骨，大大丰富了学者们对甲骨学的认识。过去，传世所得甲骨大多支离破碎，学者们据此难以确知甲骨的‘全豹’。而现在。只此一坑就有完整大龟300多版，再加上缀合材料就更多了。因此学者们眼界

大开，思路开阔了。与分期断代说一起，甲骨学其它方面，诸如卜法文例、记事刻辞、卜辞同文、卜辞杂例等等甲骨学本身规律的研究，也取得了很大进展。”[3]

综上所见，“南京室内发掘”是殷墟发掘的一个非常重要的特殊阶段，“南京室内发掘”是甲骨文研究、甲骨学形成的一个非常重要的历史时期。这是南京历史文化名城的一个独特亮点！这一点除安阳以外，是其他历史文化名城所无法相媲美的。

四、甲骨“三要地”

甲骨著录第一人刘鹗（1857~1909）

1999年春，江苏省甲骨文学会在省委、省政府关怀下，并在主管部门省社科联和学会挂靠单位江苏省教育工会的支持下，在南京举办了纪念甲骨文发现100周年庆典活动，隆重召开了“甲骨文与商代文明国际学术研讨会”。这是100年来，南京第一次召开的甲骨学盛会。消息传到台湾，被誉为“考古人瑞”的中国第一代考古学泰斗石璋如院士，特地从台湾给我们甲骨文学会送来他的录音带，表示共同庆祝盛会的召开。

石老先生在录音带里兴奋地说：“现代甲骨文的研究已经国际化了，世界各地均有专家在研究，也就是说世界各地均可举办甲骨出土百年纪念大会，不过其中有三个地点特别值得注意，并应该扩大举行。

第一个地点是安阳。那是甲骨文出土的圣地，是甲骨文老家，在那里不但是要扩大举行，凡研究甲骨文的人，还应该都去朝圣。

第二个地点是在北京。因为北京是甲骨文字发现的地方。1899年刘鹗在王懿荣家，若王懿荣不害那场病，也不会买龟版煎药，刘鹗若不看龟版，也不会发现其上有文字，王、刘若不是金石学家，有文字，也不相干，恰巧王、刘都是金石学家，机会巧合，甲骨文才得以发现。四年后，1903年，刘鹗出版了《铁云藏龟》一书，是甲骨文的第一本著作，所以北京这个地点，应该扩大举行。

第三个地点就是南京了，因为南京是殷墟科学发掘所得的甲骨集中研究的地点，从1928~1937年，10年间15次发掘所得甲骨文均集中在这里，并在这里还举行过室内甲骨文发掘工作。研究甲骨文的学者，都知道YH127坑出有17000多片甲骨，恐怕很少有人注意有大部分甲骨是从南京发掘出来的，这是距今(引者按：1999年)63年的事情了。”

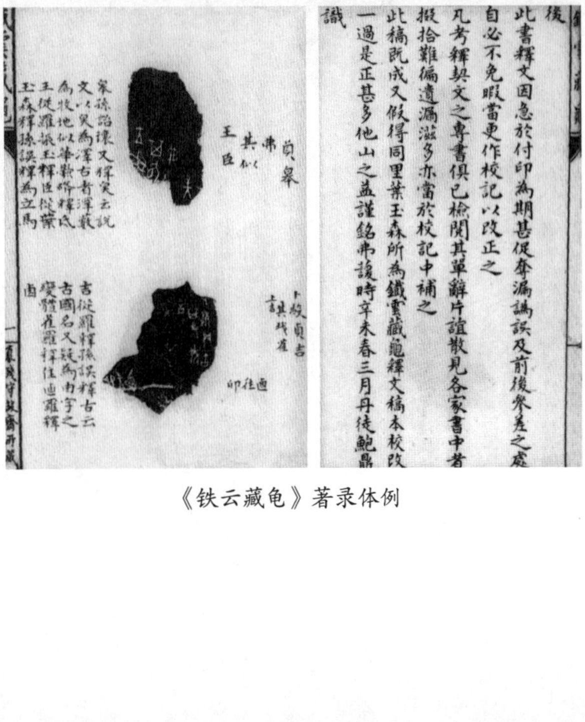

後
此書釋文因急於付印為期甚促奪漏譌誤及前後參差之處
自必不免暇當更作校記以改正之
凡考釋契文之專書俱已檢閱其單辭片誼散見各家書中者
掇拾難徧遺漏滋多亦當於校記中補之
此稿既成又假得同里葉玉森所為鐵雲藏龜釋文稿本校改
一過是正甚多他山之益謹銘弗諼時辛未春三月丹徒鮑鼎
識

《铁云藏龟》著录体例

位于江苏淮安的刘鹗故居

石老风趣地发问：“大家闭目想一想，除了安阳发掘出土大批甲骨文之外，还有什么地方出土过大批甲骨文，恐怕只有南京了。所以在南京这个地方更应该扩大规模来举行庆祝纪念。”（石璋如口述录音）

YH127坑在南京室内发掘、研究，非同寻常，意义重大。从考古史来看，这是前所未有的创举！从室内发掘的数量而论，它占了百年来殷墟出土甲骨片总量（15万）的十分之一还多！可见南京在殷墟科学发掘甲骨的历程中，占何等重要的历史地位！

改革开放以来，凡来到南京访问的港台和国外的甲骨学者都要到史语所原址（今中国科学院南京地质古生物所办公地址）“朝拜”。1997年，我接待日本甲骨文书法家访华团，团长成家先生见面最关心的是询问“史语所”原址是否还存在？得悉“原址”保存完好，急切地想去看看。当他看到原址房屋完好、环境幽美，非常高兴，并拍了照片带回日本。1998年，殷墟科学发掘第一人、甲骨学奠基者董作宾之子、台湾著名甲骨学者董玉京先生访问南京时十分关心史语所原址，他拍的有关照片在香港遗失后，特地来函请设法为他补救，同时还探讨了“史语所”遗址今后有否保存开放的前景。

民国时期，甲骨文研究中心在南京。新中国成立以来，甲骨文研究中心移到了北京。目前研究队伍、研究成果较民国时期有了很大的发展。

史语所旧址

历史上，南京作为甲骨“三要地”之一，而当今又如何呢？

笔者认为南京目前有两点值得一提：

其一，南京博物院目前收藏甲骨片数量名列全国省市博物院（馆）前茅。从事殷墟科学发掘的著名的甲骨学权威胡厚宣先生，经过20多年普查25个省市收藏甲骨的情况，于1992年在台湾“史语所”讲演时公布：山东省博物馆藏5468片；上海市博物馆藏5275

片；南京博物院藏2921片；天津市历史博物馆藏1847片。……2004年南博举办院藏甲骨片展览，展出藏品1500件，这在同类展览中名列前位。

其二，近10年，南京是中外甲骨文书法交流的“要地”之一。1995年，江苏省在南京成立了大陆惟一的一个省级甲骨学独立法人社团，它先后会同安阳、台湾甲骨学会在南京举办过6次全国性、国际性甲骨文书法专题展览和相应的学术研讨会。目前，收藏中外甲骨书法作品达1000余幅，这在海内外是收藏数量最多的一家。

南京地区有志于研究甲骨文的朋友为数不少，以往都是各自为战，现在已形成了团体。目前，江苏省甲骨文学会南京的会员占近50%。今年春，南京市在省、市有关领导支持下，成立了甲骨文研究会。这在全国省会城市中是第一个。南京的甲骨学者、爱好者都继承了甲骨学先贤的优良传统，富有奉献精神，热爱甲骨学事业，热心关注南京甲骨文化事业的发展。

几年前，我曾经同南京学者议论过甲骨文化如何为南京建设历史文化名城服务的课题。当时，议论过几件事：一是从历史角度考虑，“史语所”原址有开放的价值，建议政府支持有关部门策划恢复“史语所”原址，并会同台湾甲骨学界共同努力征集有关“南京发掘”甲骨文的史料、实物，逐步发展、形成南京甲骨文陈列馆或博物馆；二是建议南京创建“汉字科学馆”，同江浦的林散之、萧娴、高二适、胡小石（著名甲骨学者）四个名人陈列馆相配套，使江浦四个名人陈列馆充分发挥作用，推进江浦成为南京、江苏的民族传统文化与现代科学文化的“特区”，为汉字、汉文化走向世界，提供学术、艺术和科学的“乐园”；三是创作一部“甲骨文与南京”的文献电视片，脚本初稿已脱手，只欠东风；四是出版一套反映当代甲骨文研究新成果的普及读物，为培养青年甲骨学人才，做出文化大省的贡献。由于种种原因，这些议论尚在闲谈之中。如果实现这些项目，对建设南京国际文化名城、建设江苏文化大省，发展海峡两岸学术合作、交流，弘扬中华优秀文化，都有现实意义。

从南京、江苏实力来说，办这些事并非难事。说不难也不现实，生活中的难点有两个：一是“共识”；二是要有“保驾护航”的政策，要有政府支持。有人说：“钱是第一！”我的实践体会“共识”是第一位，没有共识，有钱也不会向你倾斜！再说民族传统文化，必须要有国家的保护。否则，成功的项目也会消亡。有了“共识”，有了政府“护航”，没有钱可以有钱，没有人才可以有人才。有了“共识”，政府和民间的财力才有扶植的可能。

我想，如能“梦想”成真，那是纪念“南京发掘”的最好礼物！今天，我们在“史语所”旧地举行“殷墟127号甲骨坑南京室内发掘旧址”挂牌纪念活动，就是推动甲骨文研究、弘扬汉字文化的重要一步，这是江苏省、南京市的文化建设中的一件非常有意义的事！

注释：

[1] 朱彦民：《殷墟甲骨发现记》，第194页。

[2]《中国书法》1999年第1期。

[3] 王宇信：《甲骨学通论》，第89页。

（作者为江苏省甲骨文学会会长）

“史语所”与甲骨文发掘

陈来源

自1899年王懿荣发现并收藏甲骨文，刘鹗著《铁云藏龟》以来，到1928年国民政府正式成立中央研究院历史语言研究所，殷商甲骨文字经历了近30年的风风雨雨。在这30年中，小屯村被近乎疯狂的掠夺式挖掘，对殷墟甲骨及其它文物都造成了极大的摧残和破坏。大量的甲骨被卖往国外，使甲骨的储量损失很大。有学者多次呼吁，应由政府出面组织，正式对殷墟进行发掘，不要再让文物外流，不要再让甲骨遭到破坏。

一、成立“史语所”

在众多学者和专家的呼吁下，1928年10月，国民政府在广州正式成立了中央研究院历史语言研究所。当时由著名学者傅斯年任所长，不久又聘请了留美归国的人类学博士李济先生出任史语所考古组主任，主持殷墟发掘事宜。

1928年8月，史语所派考古组通讯员（当年秋被聘为编辑员）董作宾到安阳小屯村调查殷墟甲骨文的出土情况。8月12日，董作宾受命来到安阳，经拜访少年时老同学张尚德先生（张是河南省立第十一中学校长），了解了许多关于甲骨文出土的情况。董作宾到街镇上古董店向老板询问有关甲骨文的出土地及最近出土情况时，古董商们都是笑而不答，摇头不谈，不肯告知实情。8月14日，董作宾请他的好朋友徐静轩做向导，去小屯村实地察访调查，结论是“甲骨挖掘之确犹未尽”，“甲骨既尚有留遗，而近年之出土者又源源不绝，长此以往，关系吾国古代文化至巨之瑰宝，将为无知土人私掘盗卖以尽”。殷墟还有继续发掘的价值，而“迟之一日，即有一日之损失，是则由国家学术机关以科学方法发掘之，实为刻不容缓之图”。

中央研究院接到董作宾的调查报告后，也认为“如不由政府收其余地，别采文字以外之知识，恐以后损失更大矣”。于是决定由史语所负责，正式对小屯村殷墟进行发掘。经院长蔡元培支持，特批一千银元的充裕经费，购置器材，调配人员作好了充分的准备。1928年10月7日，殷墟发掘正式开始，由此拉开了殷墟科学发掘的序幕，也奏响了我国现代考古科学重大实践的灿烂乐章。

二、开展科学有序的发掘工作

第一次正式发掘，1928年10月7日，董作宾与河南省派出的张锡晋、郭宝钧以及聘请的李春昱、赵芝庭、王湘等人同时来到安阳，住在离小屯村较近的洹上村的彰德高级中学校园中。

10月12日，董作宾、郭宝钧、王湘等数人全部来到小屯村，先到村长张学献家，商量招工开工事宜。工人当天招齐，共21人，大都是小屯村的村民。当时，县政府也派委员一人、警察二人和人民自卫军官员11人来小屯村协助工作，保护安全。

从1928年10月13日至1929年12月12日，共发掘了三次。

第一次发掘，董作宾为主持人，负责发掘的全面工作，参加者张锡晋、郭宝钧、王湘、李春昱、赵芝庭等。收获字甲555片、字骨299片，共计854片。第二次发掘，收获字甲55片、字骨685片，共计740片。第三次发掘，收获字甲2050片、字骨962片，共计甲骨3012片。著名的"大龟四版"即是这次发现的。第二、第三次发掘，由李济主持，工作人员有董作宾、董光忠、王庆昌、王湘、裴文中等人参加。

上世纪30年代安阳小屯的发掘工地

第四次发掘，于1931年2月21日进行至5月12日结束，发掘团仍由考古组主任李济主持，董作宾、王湘等人辅助，还有梁思永、郭宝钧、吴金鼎、刘屿霞、李光宇、周学英等人。同时，河南省政府还派来了罗振玉的学生关百益以及许敬参、马元材、谷重轮、冯进贤等协助工作。河南大学也送来了实习生刘燿、石璋如。这样，共计有工作人员16人，每天雇用民工一百名左右。第四次发掘共收获字甲751片，字骨31片，共计782片。其中又有一鹿头刻辞出土。

第五次发掘，由董作宾主持，成员有梁恩永、郭宝钧、刘屿霞、王湘以及河南省政府代表马元材，安阳县教育局李英百、郝升霖，河南大学实习生刘燿、石璋如，清华大学实习生张善共11人。又雇用民工40人。11月7日至12月19日共工作了43天，收获字甲275片、字骨106片，总计381片，其中包括一版牛肋骨刻辞。

第六次发掘，从1932年4月1日至5月31日，共工作61天，考古组由李济主持，董作宾、吴金鼎、刘燿、石璋如、王湘、李光宇、周学英共七人参加，雇用民工60人。遗址、遗迹方面收获很大。甲骨只发现一片牛肩胛骨。

第七次发掘，从1932年10月19日至12月15日共58天，由董作宾主持，参加人员有马元材、李光宇、石璋如等，雇用民工60人。发掘收获字甲23片、字骨6片，总计甲骨29片。同时还出土了不少古器物。尤其值得一提的是，在一片白陶残片上，发现了一个用毛笔墨书的"祀"字。

第八次发掘，从1933年10月20日至12月25日，共工作67天，由郭宝钧主持，石璋如、刘燿、李景聃、李光宇及河南代表马元材，雇用民工49名，收获字甲256片、字骨1片，共计257片。

第九次发掘，从1934年3月9日至4月1日，工作了24天。董作宾主持，石璋如、刘曜、李景聃、祁延霈、尹焕章及河南代表冯进贤等人。收获字甲438片，字骨3片，共计441片。

1936年董作宾摄于安阳小屯工地

第十、十一、十二次发掘，没有发现有字甲骨片。

第十三次发掘，1936年3月18日开工至6月24日结束，共99天。共出土字甲17756片，字骨48片，共计甲骨17804片。由郭宝钧、石璋如主持，参加工作人员有李景聃、祁延霈、王湘、高去寻、尹焕章、潘慤、魏善臣、王作宾、孙文青等人。保安队十余人前来维持秩序，保护安全。共雇用长工20名，短工120名。尤其重要的是，这次发掘，无意中发现了一个未经翻扰、蕴藏丰富的甲骨宝藏——YH127坑。此外，其余坑中也发掘出土了甲骨片，其中字甲668片、字骨40片。YH127坑的发现纯属意外，原计划发掘于6月12日结束。这天下午四点多钟，大家都在做收工清理准备，突然王湘一声惊呼："哎，这儿还有大片甲骨！"这时大家闻声都围拢过来一看确实是有许多甲骨。原本打算收工的负责人郭宝钧立即改变了主意，决定延长一个半钟头，让石璋如、王湘二人负责从中一块块地揭取。可一个半钟头很快过去了，他们在不到半立方米的土里竟然出土了376片龟版，这时大家都非常兴奋，决定再延长一会儿，可天越来越黑，坑的边缘还没有找到，只好先收工，明天再延长一天工期，争取取完。

为安全起见，收工前他们又让民工把挖出的松土回填进坑，考古组的魏善臣还用石灰粉在土层上面写了几个蒙古文字，作为记号。又命几个民工住在工地看守，以防万一。

第二天一早，考古组成员全部都来到127坑，掏出浮土，挖出坑形。石璋如、王湘二人又继续在坑中清理土层中的甲骨，其他人在旁帮忙，整理、装筐。石璋如、王湘二人整整干了一天，腰酸背痛，手脚发麻，但也只是清理了一层不到，取出的龟版已装满了四大箩筐。再看看下面，还有一米多厚的甲骨层，沿南壁再向下探40厘米，仍有龟版。照这样的速度，再有几天也干不完。127坑的实际情况完全超出了考古家们的想象和预期。

当时正值六月中旬，骄阳似火，暑气蒸人。新出土的龟甲，本来极其脆弱，容易剥碎，哪里还经受得起炎炎烈日的烤灼。因此，必须改变方法，方能保全所剩的龟版完好无损。经过大家反复商量，负责人郭宝钧决定做一个大木箱子，把出甲骨的一段灰土整个儿装进箱中，运回南京史语所，在室内进行发掘。

当天晚上，王湘、高去寻、魏善臣、李治国、靳九发、石璋如六位年轻的考古人员，邀同十几名村中民工，再加上10名荷枪实弹的士兵，露宿在坑边，保护现场，防止被人盗窃，破坏遗迹。

1936年7月12日甲骨箱被运抵位于鸡鸣寺的"史语所"

14日早晨，如期开工。依照商定计划，以127坑为中心，把四周生土挖空，把灰坑孤立成一个大灰柱。又从村中雇用木工，做大木箱子。大木箱做好了，高约一米，长、宽各1.7米，但怎样把大灰柱装入箱子，又颇费脑筋。人们想了各种办法，做了各种试验，在18日这天，将大灰柱装入大木箱中，并抬到了坑外地面。

“好大一个龟！”——取去木箱，甲骨堆在南京史语所室内初露尊容

考古学家们为了127坑的发掘，连续工作了四天四夜，李济主任听到这个消息，特地从南京赶到安阳小屯村，并现场指挥127坑的发掘和运输工作。克服重重困难，127坑的甲骨箱子终于在7月12日安全顺利地运到了南京史语所。至此，127坑甲骨的发掘由田野揭取，转入了漫长的室内清理阶段。

127坑运回南京史语所后，由董作宾、胡厚宣二人负责此项光荣而艰巨的重任。关德儒、魏善臣、张秉权等协同，一起在室内进行发掘甲骨工作。在董作宾的指导下，胡厚宣等人进行了甲骨剔剥、绘图、清洗、拼合、编号等工作。经过极其艰难的三个月奋斗，至10月中旬，终于将127坑的甲骨全部清理完毕，共清理出甲骨16720片，其中字甲16712片，字骨8片，完整的龟甲有320余版。

127坑的甲骨，有些字是用毛笔写的，有些卜辞刻道内涂朱或涂墨。这对于了解殷商时期的书写、用笔、刻字程序都有很大的启示。127坑的甲骨，最大的一版达1尺2寸，被董作宾称为“武丁大龟”。据著名生物学家伍献文说，此种大龟是来自马来半岛，是进贡而来的。

史语所考古组同仁（后排左三为李济，前排左二为董作宾），1936年摄于南京鸡鸣寺

127坑成批的甲骨出土和其他大量科学发掘所得甲骨文，大大开阔了学者们研究甲骨文的视野，并使研究的思路更为开阔。与分期断代研究一起，甲骨学其他方面的课题，诸如卜法、文例、记事刻辞、卜辞同文、卜辞杂例等有关甲骨学的知识和自身规律的探索、研究也获得了有利条件，并由此取得了

很大进展。

第十四次发掘，1936年9月20日开工，12月31日止，共103天。这次发掘由梁思永、石璋如主持，王湘、高去寻、尹焕章、潘慤、王建勋、魏鸿纯、李永淦、石伟以及河南省政府的王思睿共11人，参加了工作。雇用民工一百余名。有字甲骨只发现了两片。

第十五次发掘，是抗战前最后一次发掘。1937年3月16日开工，6月19日止，共工作96天。这次由石璋如主持，王湘、高去寻、尹焕章、潘慤、王建勋、魏鸿纯、李永淦、石伟以及河南省政府派出的张光毅，共10人参加工作，雇用民工120名。这次发掘出土甲骨599片，其中字甲549片、字骨50片。这次发掘，董作宾先生在百忙中，抽出时间到现场进行视察。

自1928年史语所成立后，开始了殷墟甲骨正式科学发掘，到1937年6月19日共发掘了15次，历时10年。可谓千辛万苦，历经曲折磨难，但收获颇丰。从第一次正式发掘到第九次发掘结束，共获得甲骨6513版。第十三次到第十五次发掘共获18405版。总计得有字甲骨24918片。如此数量的甲骨出土，为甲骨学研究的全面发展奠定了基础并提供了充足的材料。

三、开展编辑出版工作，推动甲骨学研究向前发展

历时10年的15次大规模科学发掘，为甲骨学的研究提供了大批第一手甲骨文实物资料。董作宾决定，将第一到第九次发掘的殷墟甲骨文编辑出版成书，作为一段落之结束。对此，所长傅斯年非常支持，并研究确定为《殷虚文字甲编》。

编辑工作从1935年的春天开始，一直到《殷虚文字甲编》正式出版，历时13年，1948年4月由商务印书馆正式出版发行。《殷虚文字甲编》共收甲骨3942片，其中包括字甲2513片、字骨1425片、牛头刻辞1片、鹿头刻辞2片、鹿角器1片。书前有董作宾的《自序》和李济的《跋彦堂自序》，分别对《甲编》材料的出土经过、编辑历程及其中的种种艰难作了追述。

董作宾在参加殷墟发掘工作过程中，不仅发掘出大量珍贵的甲骨文，而且发掘出了“甲骨文字的断代方法”。1933年他的《甲骨文断代研究例》正式发表。这是一篇甲骨学史上划时代的名著，将甲骨学研究推向了一个全新的阶段。“从此凿破鸿濛，有可能探索甲骨文所记载的史实、礼制、祭祀和文例发展变化，把对晚商各朝的历史研究建立在科学的基础上。”此文将罗振玉、王国维以来把甲骨文作为晚商273年史料的一团“浑沌”，犁然为早晚不同的五期。50多年来，一直沿用不衰，证明它的体系缜密科学和具有强大的生命力。

董作宾虽然在甲骨文分期断代研究方面取得了巨大成功，但他并不就此止步，他还“搜集材料，写了一部《殷历谱》。在这10多年研究中，又找到了分派新法”。

很多学者经过苦苦追索，使这一时期的甲骨学研究有了很大的拓展，取得了一系列突破性的成就。

1929年8月，董作宾《商代龟卜之推测》发表。

1930年8月，郭沫若《甲骨文字研究》出版。

1933年4月，商承祚《福氏所藏甲骨文字》由金陵大学中国文化研究所出版。

1933年9月，罗振玉《殷虚书契续编》出版。

1933年10月，叶玉森《殷虚书契前编集释》出版。

同年10月，商承祚《殷契佚序》由金陵大学中国文化研究所出版。

11月，陈晋《龟甲文字概论》出版。

12月，朱芳圃《甲骨学文字编》出版。

12月，郭沫若《殷契余论》出版。

1934年10月，孙海波《甲骨文编》出版。

1937年4月，董作宾、胡厚宣《甲骨年表》出版。

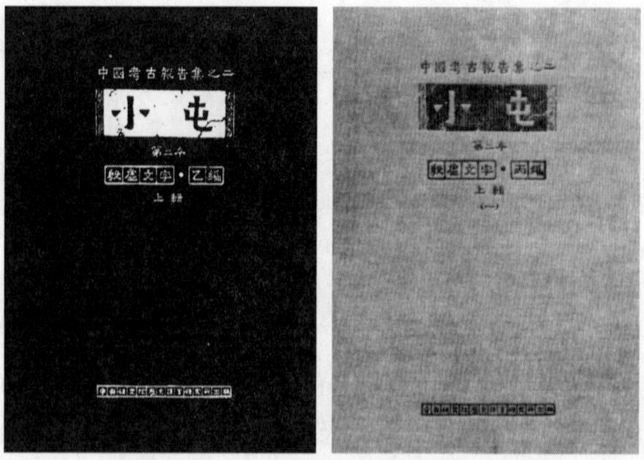

YH127甲骨堆积在史语所剥剔“发掘”，1938～1943年将发掘所得甲骨编为《殷虚文字乙编》和《殷虚文字丙编》各上、中、下三辑

1937年夏，第十五次发掘结束。董作宾负责，开始编辑著录《殷虚文字乙编》。高去寻、胡厚宣、屈万里、张秉权、李孝定等也都先后参加了《乙编》的整理与编纂工作。《乙编》共收录甲骨9105片，数量超过《甲编》三倍。《乙编》分上、中、下三辑。上辑于1948年10月、中辑于1949年3月，下辑于1953年12月出版。

《甲编》和《乙编》的出版发行，为我们科学地研究殷商历史和甲骨学提供了很有价值的资料，从而“开创了甲骨学与考古学相结合”的著录新体例，为以后的殷墟科学发掘所得甲骨的著录提供了范例。

正如董作宾在《序言》中所说：“这真是一块尚未开发的新园地。这里奇花异葩，满目琳琅，足供研究甲骨文字的人们探讨，欣赏。”

在甲骨学史上，甲骨最大发现的YH127坑，胡厚宣是室内发掘和整理的主要参与人。胡厚宣经过艰苦的搜集和努力，于1944～1946年三年间，编成享誉海内外的甲骨学名著《甲骨学商史论丛》共四集9册，收入论文32篇，被誉为是“空前的金字塔式”论文集，是继董作宾《甲骨文断代研究例》之后又一划时代的著作。

1939年4月，唐兰《天壤阁甲骨文存》出版。唐兰在序言中高度评价了对甲骨贡献最大的四位学者，他们是罗振玉、王国维、董作宾、郭沫若。序中说：“卜辞研究，自雪堂导夫先路，观堂继以考史，彦堂区其时代，鼎堂发其辞例，固已极一时之盛”，指出甲骨“四堂”的研究，是站在他们所处时代研究的最前沿。因此，可以说“罗，王是甲骨草创时期的奠基者，郭、董则是转向系统科学整理和研究时期的巨匠”。

1940年至1944年，于省吾编辑出版了《双剑誃殷契骈枝》、《续编》、《三编》。35年后又将其增删和修订，于1979年出版了总结他自己考释文字成果的专著《甲骨文字释林》，并主编了总结九十多年甲骨文字考释成果的大型专著《甲骨文字诂林》，于1996年出版。

甲骨文自1899年发现至今，虽然只有百余年，但甲骨学的研究、考证、发展却是非常迅速的，成果巨大。甲骨学的发展，能有今天，完全是和前辈们辛勤耕耘以及几代人的努力分不开的。前辈们不畏艰难险阻，克服重重困难，为我们留下了严谨的、科学的治学精神和忘我的无私奉献精神，是永远值得我们学习和弘扬光大的。

（作者为江苏省甲骨文学会篆刻部副主任）

明义士甲骨入藏南博

尹焕章

凡是学习甲骨卜辞的人，都晓得作过小偷的加拿大人明义士。他偷窃我国文物，是用一种披着传教外衣和“慈善”的手段下进行窃盗的。他这批赃物中的一部分，现在却在人民政府严明监视之下，重归祖国了。事情是这样的，在二月十二日，南京杨宪益先生交南博木箱一只，钥匙一把，还有信一件。信的大意是：“这批甲骨是前几天加拿大外侨穰杰德（前加拿大大使馆代办）交给我的，他并且说：‘他要离开了，他整理前大使馆私人东西，发现木箱一只，内有甲骨文，是以前朋友留下的。’我就请他交我处理。……现在送请贵院研究一下……一定知道如何妥善处理。”二月十六日，杨先生又来信，大意说：“几年前，明义士采集的甲骨，装了一箱，交加拿大使馆内暂存。明义士回国，老病半身不遂，这批东西就变做无人要了，我就劝穰杰德交给你们……如果不趁热拿来，他们很可能怕惹麻烦，而不报外侨管理科，或流入骨董商人之手，岂不是很大损失？……”从这两封信上，我们可以看出杨先生对祖国文化是如何的重视，而杨先生这种为人民服务的精神，更是值得钦佩的。

我回忆抗日以前，在安阳殷墟发掘时，知道明义士这老头儿，携着《圣经》，骑着白马，传道说法，暗地里却偷偷摸摸，鬼鬼祟祟，和盗掘工人混在一起，先后弄到大批甲骨。这批呢，据我们清点的结果，确是明义士所藏《殷墟卜辞》的实物，字甲、字骨和卜骨，共计二千三百九十片，其中没有字的卜骨只有大片，最大的字骨长度为二十八公分，最小的和人的指头一般大。反正两面都是黄泥，卜辞上没有剔的痕迹，也未经拓搨。我们知道，《殷墟卜辞》是摹写的，而非拓搨影印。这一部分甲骨重归祖国，说明了帝国主义者以往在中国窃盗我国文物的铁证。我们已清点造册，□□上级请示处理，并加了防朽药剂。不久还要去泥粘对，分类整理。这是一件可喜的事，是多么真正值得大家兴奋啊！

（原载 1951 年 5 月 31 日《南博旬刊》）

说明：

明义士甲骨在考古界以及甲骨界是非常有名的。明义士（1885～1957），加拿大传教士，本名孟席斯·詹姆斯·梅隆（Menzies James Mellon），1910 年来到中国河南安阳传教，之后，他与安阳殷墟甲骨结下了不解之缘，他常常骑着一匹白马在安阳农村向村民们收购甲骨，并利用铜钱哄着小孩为他在庄稼地里四处寻找，他先后收有甲骨五万余片。1917 年，明义士出版他的研究专著《商代文化——殷墟甲骨》，收录甲骨 2396 片。1932 年，明义士到山东齐鲁大学任教，1937 年，抗战爆发，他带着许多珍贵文物离开中国回到加拿大，未及带走的一部分埋在了齐鲁大学校园里。其甲骨有一部分存在了当时加拿大驻华使馆里。解放后，中国政府不承认仍然留在南京的加拿大大使馆，当时加拿大大使馆临时代办切斯特·朗宁（Chester Ronning）先生只得以加拿大侨民的身份留居中国。

朗宁先生是我国著名文学家、翻译家杨宪益先生的朋友，朗宁先生以为明义士已死，所以在1951年奉命回国之前，通过杨宪益先生将明义士所存的甲骨转交给了南京博物院。为此当时还引起了一场不大不小的政治风波，这在《杨宪益传》中有交待。杨宪益先生转交的2390片甲骨，就是明义士著录在《商代文化——殷墟甲骨》一书中的甲骨实物，确为稀世之宝。

明义士其人，在中国学术界一直是个有争议的人，有人说他是个真正的学者，有人说他是个盗窃中国文物的贩子，但不论怎么说，明义士对甲骨文研究的成就是不容否认的。其子明明德在上世纪90年代，曾任加拿大驻中华人民共和国大使。

本文原名《本院新获卜辞喜讯》，是尹焕章先生为南京博物院油印刊物《南博旬刊》所写的报道。尹焕章先生（1919~1969），我国著名考古学家，曾于1934年至1937年参加安阳殷墟的考古发掘工作，解放后任南京博物院保管部主任，明义士的那批甲骨就是经他手入藏南京博物院的，文中所说《殷墟卜辞》，就是指明义士的《商代文化——殷墟甲骨》一书。此次重刊此文，特将原名《本院新获卜辞喜讯》改为《明义士甲骨入藏南博》。

朱元曙谨识

2009年3月25日

胡小石的甲骨文研究

赵　诚

胡小石（1888～1962）

胡小石，名光炜，字小石，号倩尹、子夏、夏庐，晚号沙公。著名语言学家、古文字学家、书法家。祖籍浙江嘉兴，清光绪十四年（1888）七月九日出生于南京；11岁时父亲去世，母亲以络丝所得供其入私塾就读；14岁考中秀才，曾被誉为江南才子；19岁考入南京两江优级师范学堂，以农博科为专业，1909年毕业，任中学博物教员。1914年在上海开始研究古文字。1918年为李瑞清家庭教师。1920年受聘为北京女子师范大学教授兼中国文学部主任。1923年以后，历任武昌高等师范学校、西北大学、金陵大学、东南大学、中央大学、白沙女子师范学院、云南大学等校中文系教授、系主任、文学院院长等职。1945年抗战胜利之后随中央大学回南京。1949年后任南京大学教授兼文学院院长、图书馆馆长，直至1962年初病逝。[1]

胡小石有关甲骨文的论著以及与甲骨文有关的著作主要有三：

一、《甲骨文例》二卷[2]。此书为第一部研究甲骨文例之专著，故邵子风赞之云："其于契文略例之研索，固已导夫先路，后之作者，或将踵兴，则是书之成，已获一新领域矣。"[3]应是实事求是之论。

胡氏此书称为甲骨文例，容易使人以为仅是从甲骨学的角度归纳文例，其实并非完全如此。从内容来看，书之上卷为《形式篇》，[4]从《单字例》开始，到《合文例》为止，共28例，主要是讲甲骨刻辞行文的形式，如云"左行"、"右行"；又如云"一方左行一方右行"；再如云"两文左右异行者，则左右多相背"。也有的是讲书写形式，如云"殷周文字凡常见之语，多以合体书之"。属于这一方面的研究，完全可以说只是开了一个头，即邵氏所谓的"导夫先路"，"获一新领域"。胡氏此书完成于1927年，科学发掘尚未开始，大批完整的甲骨刻辞基本没有看到，关于刻辞行文的形式说得不透，分例也过繁，当是其不足之处，但开创之功不可没。

书之下卷为《辞例篇》，从《言之例》开始，到《言亡言不言弗言勿言毋例》为止，共16例，则是从语言学的角度讲语法、讲虚词，由此进而探求文意、句意以及某字用作某词在句中为何义。正如胡氏所云："夫殷虚契文之成，其时代虽远在三千年以上，然无论如何古语，在今人视之，虽诘屈难解，其在当时，必为文从字顺，故吾谓世上无不能断句之古文词。古者读书，首明句读，故学记一年即离经辨志，汉儒治经，章句为本。今之释契文，多好抉字于句，强附形体以释之，其置之一句中安否不论也。其流弊所及，往往一字似可解，而一句转难通。愚意治契文当自断句始，与其认一字而遗全句之文，何如比较数句而得一字之义。昔作《甲骨辞例篇》，即略明此旨。”[5] 确有相当道理。胡氏1928年发表的《辞例篇》，无异于在甲骨文字考释方法上提出了一种有益的新意见。他正是按照这一原则释读甲骨刻辞，所以颇有新获。但是胡氏所说这一原则，不能强调过甚，必须与字形分析相结合，并以偏旁分析为基础，且结合其他方法，相辅相成，方臻于科学。但是，从学术发展的历史来看，胡氏从语言学的角度来研究甲骨文，又何尝不是“导夫先路”，“获一新领域”呢？

胡氏《辞例篇》的特色，有学者已经看到。如管燮初指出：“关于语法方面的研究，如胡光炜先生著《甲骨文例》，郭沫若先生释冎、释介等等，散见各家著作中。”[6] 把《甲骨文例》作为语法研究著作，实指《辞例篇》。陈梦家有时说“胡光炜之于文法例”[7] 是指《辞例篇》；有时说“胡光炜、董作宾、胡厚宣对于甲骨文的辞例都有过论述”，其中所说胡光炜的论述当是指胡的《形式篇》；[8] 有时说“胡光炜的《甲骨文例》初次接触到卜辞中若干所谓虚字的用法”，[9] 则是指《辞例篇》中所论及的“之”、“其”、“不其”、“弗其”、“于”、“在”、“乎”、“曰”、“隹”、“自”、“今”、“罘”、“亦”、“乍”、“乃”、“允”、“亡”、“不”、“弗”、“勿”、“毋”等字。实际上胡氏是第一个集中卜辞虚词进行研究的学者，不仅继承并发展了我国国学研究的传统，也为后来甲骨文虚词词典的编撰、甲骨语言学的建立指出了道路，贡献显然。总之，《甲骨文例》的《形式篇》和《辞例篇》研究的角度不同，所论内容有别，不宜混而言之，当分别对待。

二、《说文古文考》，分为卷上、卷下两部分，1927年完稿，曾作为讲义油印发给学生。由于是第一部在研究《说文》古文时引用了殷墟甲骨文，颇为学术界重视。商承祚于1940年写定一部《说文中之古文考》，曾在《金陵学报》连载，后汇集成册，由上海古籍出版社于1983年3月出版。商氏在1981年秋8月为该书所写的《序》中云：“胡光炜小石先生亦有《说文古文考》，早于我著13年，但最近始问世。内多精义，不可不读。”所谓“最近始问世”，实是指中国社会科学院历史研究所再行刻写油印之本，[10] 由此在学术界更广为流传。自1988年起，《说文古文考》才由南京大学中文系万业馨加以校核抄写，收入《胡小石论文集三编》，成了正式出版物。

三、《读契札记》，共93例，曾分两次发表。[11] 胡氏此文从语言学角度发现了一些非常有意思的现象，很值得对旧有的某些解释再作考虑，有相当价值。如甲骨文有一“帚”字，孙诒让以为“当假为归字”，罗振玉、王襄、叶玉森、吴其昌均从之。郭沫若改释为“妇”，被认为是一大贡献，学界皆从之，释“妇”之说遂成定论。[12] 但是，胡氏发现有一版甲骨有这样两条刻辞：

辛未卜：王帚。

辛未卜：王勿帚。《战后京津新获甲骨集》2030，即《合集》4923。

其中的“王帚”如释为“王妇”，似亦可通。但另一辞的“王勿帚”如释为“王勿妇”，胡氏表示，“则‘勿妇’不辞”[13]。这确是一个值得再思考的问题。胡氏以为：“此则以帚为归，盖一时之省。”[14] 如果胡氏所说属实，则甲骨文中出现的“帚”并非均作“妇”。提出或发现问题，就是解决问题的开始。从这种意义上而言，此当是胡氏对甲骨文研究的新贡献。

又如胡氏于《岁之古读》一节指出：“卜辞凡今岁字皆作。岁作与戉形无异。《说文·步部》，岁‘从步戌声’。《唐韵》相锐切。然从岁得声之字，如薉、如嵗、如濊、如翽、如劌、如薉、如鱥，今读并入喉，无一作齿头音者。则岁之读相锐切，为后起之音无疑。卜辞以为岁，正是初音如此。《说文》岁从戌声。戉古作，与戉亦无分，盖皆象古兵之形。《释名》'岁，越也。越故限也。' 以越训岁，正取其同声，则汉代岁字犹有喉音之读。"[15] 胡氏所论实际上是一个带有规律性的总结，即后代有相当一些从岁得声之字如檅、秽、獩、鐬等等，不是读齿头音而是读喉音。可以说是通过甲骨文形与音相互关系的考察，结合相关文献，为上古音研究提供了一条很好的材料。胡氏用甲骨文证明岁本读喉音，而现今古音学家多拟其上古时之声母为S，与商代音系不合；也为唐兰所说后人所拟上古音系与商代音系不合补充了一个很好的证据。说明一点，释岁为像戉之象形字，应从戉声，并不始于胡氏，但据谐声推断岁读相锐切作齿头音为后起之音，则首先为胡氏所提出。此当是另一方面的贡献。类似以上所列二例，在《读契札记》中不少见，均有益于甲骨文之研究。

胡氏考释甲骨文字不多，却颇有所获：

一、甲骨文有一"㞢"字，构形不明，孙诒让、罗振玉均释为"之"[16]，因其与小篆的"之"字写作"㞢"形体相近而误。胡氏首先从辞例分辨出甲骨文的"㞢"与小篆的"㞢"有别，而甲骨文的""才相当于小篆的"㞢"，这是甲骨文研究上的一个重大发现，其贡献至巨。胡氏云："考卜辞用'㞢'之例，或以为'又'。如'俘人十㞢六人'[17]，即'俘人十又六人'也。或用为'有'。如'允㞢来嬉（艱）'，[18] 即'允有来嬉'也"[19]。其言极是。卜辞"㞢"字所用极多，由于此字不识，众多的卜辞均不能通读，或通读不顺，胡氏此释，无异于解放了一大片，其影响之深远，可以想见。胡氏首释"㞢"用作"又"、"有"，突破了难关，所以才引起"㞢"用作"侑"、用作"祐"之释加以补充，此字在卜辞中的用义始完全被认识。胡氏释"㞢"用作"又"或"有"之后，特别指出："其用与''绝异。"[20] 早期研契诸家将卜辞中的"㞢"与""（之）混而为一，至胡氏始判然分辨，可谓卓识。但胡氏也有不足之处，即以为"㞢""为告之省"[21]，则是牵强附会。

二、甲骨文有""字，罗振玉释为"之"，并云："卜辞从止从一，人所之也。《尔雅·释诂》：'之，往也。' 当为'之'之初谊。"[22] 字从象足趾之形，从一表示地面，合在一起表示有所往，小篆写作㞢，罗氏释此字构形正确，但释"之"字在卜辞中的用义则误。胡氏第一个从语言学的角度据辞例解释云："在卜辞则以'之'为代词，其用当于《尔雅》'之子'，犹言'是子'也。古经传多以'之'为代词。""（卜辞）凡言'之'者，其谊皆为'是'。""'之日允雨'犹言'是日允雨'。"[23] 胡氏所释极是，今已成为定论。胡氏不仅精辟地指出了（之）有别于"㞢"；并正确释出了"之"作为代词的用义；尤其是卜辞用"之"字甚多，由于释出了"之"的这一用义，使一大批刻辞得以通读，对甲骨文研究极为有利，可以说是功莫大焉。

三、甲骨文有字，罗振玉释为"其"，并以为"假为语词"[24]，甚是。但未释出"其"字在卜辞中的实际用义，则为不足。胡氏第一个指出："其，在卜辞皆以为拟议未定之词，与《盘庚》言'天其永我命于兹新邑'、《易·否·九五》'其亡其亡'、《国语》言'土膏其动'言'土其俱动'相当。"并举出卜辞中习见的"其雨"等例加以比较说明，同时指出"其雨"是"卜雨豫拟之辞，与《诗·魏风·伯兮》言'其雨其雨'正同"[25]。后来，陈梦家补充云："卜辞中的'其'字多用作疑惑不定之义，和西周以后之多用作指示者不同。'其雨'之辞在《诗》中两见，《鄘风·蝃蝀》'崇朝其雨'，《卫风·伯兮》'其雨其雨'，凡此两首皆是卫诗，所以有殷人遗语。(《甲骨文例》下已先有此说)"[26] 由此反过来可以看出，在当时学者多读周以后书熟知“其”多用作指示词的情况下，胡氏能指出卜辞的“其”字为拟议未定之义，实属不易，也可见胡氏确有卓识。胡氏此释也极有益于卜辞通读。

四、有这样一条卜辞：

乙丑卜：王于唐告。(《殷虚书契后编》上9页，即《合集》19824)

胡氏指出“王于唐告”即“王告于唐”，“告”为动词，后置，胡氏称之为“业词后置”，用现代的话来讲就是“动词后置”，为甲骨文语法现象之一，也可以说成是甲骨文语法有“业词后置例”[27]。为了证明这一点，胡氏提出了另一证据：“卜辞屡言‘兹用’，‘兹’为代词，‘用’为业词，亦为业词后置之例。”[28] 按照胡氏的看法，“兹”为代词，则是用作“此”。“用”为动词后置，则“兹用”者当是“用兹”、“用此”也。胡氏这一解释对于理解卜辞、研究甲骨文语法颇为有益。后来郭沫若采用了胡氏的看法，在解释“兹御”时指出：“御者，用也，‘兹御’殆犹他辞言‘兹用’矣。”[29] 则“兹御”与“兹用”同，均是动词后置，皆为“用兹”、“用此”之意。再后来，胡厚宣撰有《释兹用兹御》一文[30]，增列了若干卜辞用例，进一步肯定：“‘兹用’者，用此也。”“‘兹御’者，即‘兹用’也。”学者均从之。“兹用”、“兹御”之释遂成定论。由此反过来看，胡氏在1928年《甲骨文例》中的首释，确实难能可贵，功不可没。

五、甲骨文有字，孙诒让释为乍，即作之古文，以为是动词。叶玉森肯定“孙释至确”，并以卜辞所见之“乍邑”即“作邑”为证。[31] 有相当道理。但有这样的刻辞：

我其祀宾乍帝降若。

我勿祀宾乍帝降不若。(《殷虚书契前编》7-38，即《合集》6497)

辞中的“乍”如释成动词“作”则读不通，也不辞。胡氏首先表示：“以文意推之，‘乍’当读为‘则’”，“以为承上之词”，由于“乍、则声转”。并指出：《书·盘庚》云“国之臧，则惟女众；国之不臧，则惟余一人有佚罚”。《诗·小旻》云：“某之其臧，则具是违。某之不臧，则具是依。”“语例”与卜辞“正同”。[32] 郭沫若首先肯定胡氏“其说是也”，并补充云：“读‘作’为‘则’之例经籍中饶有也。《尚书·皋陶谟》‘烝民乃粒，万邦作乂’，作与乃对文，与《洪范》‘鲧则殛死，禹乃嗣兴’同例。《禹贡》‘莱夷作牧’、又‘沱潜既道，云土梦作乂’、《梓材》‘庶邦享作兄弟方来’、《多方》‘惟圣罔念作狂，惟狂克念作圣’，读为则字义均畅适。又《诗·大雅·文王》‘仪型文王，万邦作孚’、《下武》‘王配于京，世德作求’，作孚犹言则服，作求犹言则就。金文亦有假‘作’为‘则’之一例，见潍县陈氏器之《大丰簋》。此器乃周武王禋祀文王时其助享之臣工所作，中有语云：‘文王监在上，不(丕)显王乍(则)相，不(丕)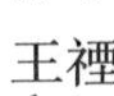王乍(则)唐’。”[33] 后来郭氏在撰写《卜辞通纂》考释“我其祀宾乍帝降若。我勿祀宾乍帝降不若”时仍肯定“乍读为则”[34]。于省吾曾经撰写过《释巳宾乍》一文，主要是反对胡、郭二氏之论，以为“乍、作古今字”，乍当读为作，古“作为互训”，作当是“作为”之为。[35] 李孝定则反对于氏之说，以为“于氏谓《前》七—三八——辞之乍当读为作似有未安。盖如于氏言，则‘作’、‘祀’同为动词，颇觉不辞。且与其所举‘惠宾为’、‘我为宾’诸辞之但有一动词‘为’者辞例不同，不如胡(小石)先生读为‘则’之辞从义顺也”[36]。并一再表示“胡先生谓卜辞‘作’或叚为‘则’至确”[37]。后来，于氏编辑《甲骨文字释林》时未将《释祀宾乍》一文收入，可能是采用了李氏的意见。[38] 此后，学术界基本上接受“乍”用为“则”之说。如徐中舒主编的《甲骨文字典》于作（乍）字下列了四个义项，第四项为“读如则，连词”，所列辞例即胡氏列出的那条辞。[39]

六、甲骨文有一字，胡氏首先释为“尤”，并将卜辞习见之“亡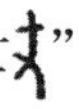”释为“亡尤”，同时指出：“尤、邮古通。《吕氏春秋》：‘孔子始用于鲁，鲁人谤之曰[40]：麛裘而韠，投之无戾；韠而麛裘，投之无邮。‘无戾’即‘无’，‘无邮’即‘无尤’。”[41] 三个月之后，丁山发表了《殷契亡尤说》一文云：“殷契中言‘亡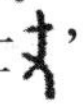’者不下数百事，孙仲容《契文举例》谓即‘亡它’，王襄《簠室殷契征文考释》谓即‘亡戾’，王静安《戬寿堂所藏殷虚文字考释》谓其形‘不可识’，其义‘犹言亡咎、亡它’。愚尝遍征殷契，审其形义，疑即《易传》之‘无尤’。”“《广雅·释言》：‘尤，异也。’《说文》‘就从尤’云：‘尤，异于常（凡）也。’异、尤一声之转，其义故相通。”“《晋语》‘言无邮’（尤、邮古通用），《论语》‘则寡尤’，《孟子》‘君无尤焉’、‘畜君何尤。”“‘何尤’、‘寡尤’皆‘无尤’一义之转，‘无尤’者乃殷周以来之成语。”[42] 基本看法与胡氏同，真可谓不谋而合。李孝定云：“胡师与丁氏并释尤，是也。”[43] 今已成为定论。但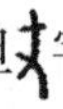字之构形，直到1979年才得到比较合理的解释。于省吾云：“尤字的造字本义，系于（又）字上部附加一个横画或斜画，作为指事字的标志，以别于又，而仍因又字以为声。”[44] 已为多数学者所认可。可见一个甲骨文字的形音义完全被考释清楚实非易事，也颇费时日，而首释之功更显珍贵。

七、甲骨文有一个字，或写作。又有一个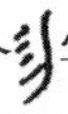字，或写作。这两个字形体相近[45]，而金文则仅有字，或写作。[46] 大概因为这两个原因，所以王国维把甲骨文这两种形体均释为“勿”，看成是同一个字。[47] 胡氏首先指出：“‘’或作‘’，余据文谊释为‘勿剪勿伐’之‘勿’。在卜辞，‘’与‘’异字。”[48] 后来，商承祚也认为“卜辞之”“与不之有别”。[49] 郭沫若进一步肯定：“卜辞勿作，字作，判然有别。”[50] 值得注意的是有这样一条刻辞：“癸亥卜，贞：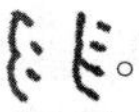。”勿与连用而形体有别进一步证明勿与并非是同一个字。最有意思的是花园庄东地甲骨的出土，不仅让人们看清了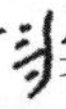实是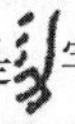字的简化写法，为犁字之初文，与确不同字。[51] 由此回过头来看，在将近八十年之前、殷墟甲骨尚出土不多、研究也不太深入之时，胡氏竟能只根据文意就判定此二字有别，准确地释出了甲骨文的“勿”字，确具卓识。

从以上所列各例，可以大体看出，胡氏考释甲骨文字，虽然也依据字形，但同时又注意到了文意、辞例和语法，与仅凭字形分析偏旁的考释有所不同。在二十世纪二十年代后期，胡氏的考释，从某种意义上来讲，无异于是提出了一种新的考释方法，因而颇有收获，产生了相当的影响，做出了较为瞩目的贡献。陈梦家在论到胡氏的《甲骨文例》初次接触到卜辞中的若干虚词时，肯定了胡氏的某些考释“是正确的”之后，特别指出：“当作一个问题来处理某个或某些字，是可能得到满意的结果的，是比单单分析字形更可以全面的了解某字的意义的。”[52] 以此来评论胡氏，实非过誉，同时也说明陈氏对胡氏确有所了解，且理解较深。从胡氏的考释来看，多为习见常用之字，故于通读卜辞颇为有益，其贡献也就更为显著。陈氏进一步评论云：“甲骨文字不认识的字很多，偏僻一点的难字固然要去认，但更重要的是先解决习用的字。认字是为了通读卜辞，为了了解文字所反映的意识，不在乎出奇制胜的要发明什么。”[53] 看来陈氏不仅理解胡氏，并与胡氏的看法基本相同，正因为观点相同，所以更能理解，也因为理解，而由此产生肯定和赞赏。由陈氏的评论来看胡氏，更有助于认识胡氏的贡献，就会对胡氏有一个比较深刻而公正的看法，也更符合历史主义原则。

注释：

[1] 介绍胡氏生平的文章不多见，最具权威性的当数吴白匋的《胡小石先生传》，载《文献》杂志1986年第2期，为本文的主要依据，可以参看。

[2] 最初由余永梁手抄，1928年7月作为中山大学语言历史学研究所《考古学丛书》之一石印出版，有余永梁《写校后记》。后经南京大学中文系万业馨重新校核抄写，收入《胡小石论文集三编》，上海古籍出版社1995年版。

[3] 邵子风：《甲骨书录解题》卷三第141页，燕京大学研究院审定，商务印书馆1935年版。

[4] 1934～1935年间国学特别研究班刻写的油印本讲义改为《行式篇》。此讲义为徐复所藏。详见《胡小石论文集三编》第1页“整理者按”。

[5] 胡小石：《书库方二氏藏甲骨卜辞印本》，原载1935年《国学季刊》第3期，后收入《胡小石论文集三编》89页。

[6] 见管燮初《殷虚甲骨刻辞的语法研究》的《序》，中国科学院语言研究所语言学专刊，中国科学院1953年版。

[7] 陈梦家：《殷虚卜辞综述》52页，中华书局1988年版。

[8] 同上53页。

[9] 同上67页。

[10] 该油印本最后一页之末特别注明：南京大学图书馆藏书，中国社会科学院历史研究所重印，一九七九年夏。但并非正式出版物，由此才更能说明，学术界对胡氏此书之重视实非同一般。1979年夏，改革开放才刚刚半年，学术研究尚在起步之初，一部并未正式出版的油印讲义，能够受到如此待遇，实属罕见。

[11] 分两次载于1958年《江海学刊》第一期和第二期。后收入《胡小石论文集三编》。

[12] 于省吾主编：《甲骨文字诂林》2983号，中华书局1996年版。

[13]《胡小石论文集三编》102页。

[14] 同上。

[15] 同上。

[16] 于省吾主编《甲骨文字诂林》3350号。

[17]《殷虚书契菁华》6页，即《甲骨文合集》137反。

[18]《殷虚书契菁华》1页，即《甲骨文合集》137正。

[19]《胡小石论文集三编》54页。其中有一例余永梁本无，故不列出，但并不影响文意。

[20]《胡小石论文集三编》54页。

[21]《甲骨文字诂林》3426号。

[22] 罗振玉：《增订殷虚书契考释》中六十三页下，中华书局本《殷虚书契考释三种》下510页。罗振玉《殷虚书契考释》五十七页下所释大体相同，中华书局本《殷虚书契考释三种》上214页。

[23] 此类用例卜辞习见，可参看姚孝遂主编《殷墟甲骨刻辞类纂》上册290页，中华书局1988年版。胡氏之论见《辞例篇》一《言之例》，《胡小石论文集三编》54～55页。

[24]《增订殷虚书契考释》中四十七页上。

[25]《辞例篇》二《言其例》,《胡小石论文集三编》56～57页。

[26]陈梦家:《殷虚卜辞综述》88页,中华书局1988年版。

[27]胡氏语。“业词后置例”即“动词后置例”,胡氏将“动词”称之为“业词”,为当时用语。见《胡小石论文集三编》60页。

[28]《胡小石论文集三编》61页。

[29]郭沫若《卜辞通纂》18片考释,初版本1933年在日本东京印行。后增补了校勘和注释,作为《郭沫若全集·考古编》第二卷,科学出版社1983年版。18片考释见该书231页。

[30]载于1939年《历史语言研究所集刊》第八本第四分。

[31]叶玉森:《说契》第四页下,北平富晋书社1929年版。

[32]《辞例篇》十三《言乍例》,《胡小石论文集三编》77页。

[33]郭沫若:《甲骨文字研究》下册《释作》,此转引自《甲骨文字诂林》3247号。

[34]郭沫若:《卜辞通纂》367片考释。

[35]于省吾:《双剑誃殷契骈枝三编》三六页。1944年石印本。1975年台北艺文印书馆《殷契骈枝全编》本75页。

[36]李孝定:《甲骨文字集释》3810页,1970年台北中央研究院历史语言研究所出版。

[37]《集释》2641页。

[38]于省吾:《甲骨文字释林》,中华书局1979年版。

[39]《甲骨文字典》889页,四川辞书出版社1988年版。

[40]原文见于该书《乐成》,本作“鲁人鷖诵之曰”,鷖通繄,诵有怨谤、讽诵之意,胡氏据文意引作“鲁人谤之曰”。

[41]《辞例篇》十六《言亡言不言弗言勿言毋例》甲《言亡例》,《胡小石论文集三编》82页。

[42]见《历史语言研究所集刊》一本一分25至28页,1928年10月出版。

[43]《甲骨文字集释》4229页。李孝定是胡小石在中央大学的学生,故称“胡师”。

[44]《甲骨文字释林》452页。

[45]甲骨文的这两种写法,《甲骨文编》386页1134号合在一起,均释为“勿”,中国科学院考古研究所编辑,中华书局1965年版。

[46]容庚:《金文编》第四版665页1578号,中华书局1985年版。

[47]参《王国维遗书》第一册《观堂集林》卷六第十三页,上海书店1983年版。

[48]《辞例篇》十六之丁《言勿例》《胡小石论文集三编》85页。

[49]商承祚:《殷契佚存考释》32页,金陵大学中国文化研究所丛刊甲种影印本,1933年10月。

[50]郭沫若《殷契粹编》424片考释,1937年5月日本东京文求堂书店初版,后收入《郭沫若全集·考古编》第三卷481页。

[51]中国社会科学院考古研究所《殷墟花园庄东地甲骨》第六册释文,云南人民出版社2003年版。

[52]陈梦家:《殷虚卜辞综述》67页,中华书局1988年版。

[53]同上73页。

(作者为中华书局编审,中国古文字研究会副会长兼秘书长,江苏省甲骨文学会顾问)

罗振玉与淮安

罗　琨　张永山

罗振玉（1866～1940）

罗振玉字叔蕴、叔言，号雪堂，又称永丰乡人、仇亭老民，晚年号贞松老人。清同治五年（1866）六月二十八日生于江苏淮安，原籍浙江上虞。

上虞罗氏是一个大族，据说其先世居河南阌乡，即今灵宝故县。北宋末南迁至今浙江慈溪，南宋时再迁上虞永丰乡，即今小越镇。世代务农。其上虞本支在科举时代，仅八世出一贡生，十一世出一举人，做官最高不过七品知县。

罗振玉的曾祖名敦贤，号希斋，是迁上虞后的第十九代。兄弟五人，生齿繁衍，其本人又是庶出，在祖产难以维持大家庭生计的情况下，出外谋生。先至扬州投靠亲戚芜湖缪镕，经缪氏介绍作了盐司、河督的幕客。晚年回乡，用做数十年“绍兴师爷”的俸入，经营商业获得成功，据《上虞罗氏枝分谱》[1]所记，“遂致产数十万金”，由于其子“服官江苏，遂侨居淮安之清河”，这是迁淮安的第一世。咸丰四年（1854）80岁卒，葬上虞何家陕。有子鹤松、鹤龄、鹤翔、鹤畴、鹤云、鹤轩、鹤昇等，还有四女。

罗振玉的祖父名鹤翔，号翼云，排行第三。青少年时随父寄食缪家，佐其家政，得到缪镕器重，又代捐江苏候补布政司理问。道光二十二年（1842）英军进犯长江，以防海有劳，保知州衔。冬，任淮安军捕通判，后又任泰兴县知县等职。他做官以干练著称，咸丰二年（1852）四十三岁卒于任上，葬山阳[2]东南乡张桥南西黄庄。有二子树勋、树棠和一女。

鹤翔初娶于陈，不足一年而亡；继娶于缪，遗一女而卒；再娶于方。方氏祖母籍安徽桐城，桐城方氏是个大家，明清两代出了不少名人，方氏的父亲虽不过是县丞，但她自幼受到很好的家庭教育，素有贤淑之名。婚后不仅把家政安排得井井有条，抚养继女有如亲生，而且对丈夫的事业也有很大帮助。鹤翔任淮安通判时，一次因公务外出，下属乘机营私舞弊，她察明事，实密函以告，鹤翔回来加以惩处，引起震动，从此再没有发生类似的事。高淳水灾，她也撤簪珥助赈济，给丈夫很大支持。1852年鹤翔去世，方氏年轻居孀，带着幼子回上虞奉养翁姑，以十余年积蓄一万五千金进于堂上，翁姑不受，说“此汝夫妇辛勤所积，为两孤读书之资可也”。

咸丰四年（1854），罗振玉的曾祖父敦贤过世，大家族瓦解。面对六十万金祖产的剖分，族人说兄弟无异产，唯三房有私蓄，无权继承族产，并告到官府。方氏得知，说一万五千金俸余乃堂上所赐不敢辞，公产则可让，告诫二子说：他们的父亲“以只身羁旅，并此万五千金者亦无之，徒以忠信勤俭得有今日。汝曹异日能自立者，何必籍祖产。使不年自立，则祖产适长汝曹罪恶，终亦不能保也”。在清河县立案放弃公产，并按照族人要求，让两个儿子也立了字据：“推产虽禀庭训，然异日即贫无立锥，亦无悔。”从此，方氏携子女，告别老宅至淮安，买宅于河下的罗家桥，“时值黄河北徙，后当道设局招垦滩地，乃认领二十顷治之”，并为十岁、十二岁的两个幼子延师读书。

孤儿寡母的生活是不容易的，尤其是随着子女长大，人口日多，以薄产维持生活日益艰难。光绪初年与同乡聚资在清河县经营典当之业——恒益典，由于受委托的经办人不善经营，两年亏损二万金，典当闭歇，这时罗振玉的叔父树棠适选浙江遂昌教谕，于是析产赴任。父亲树勋是长子，继承了淮安家产，据《枝分谱》有子振鋆、振镛、玉、振常、振銮、振铎、振钧、振钺等，除了振镛出继、振銮早殇，子女还很多，债务日重。光绪七年（1881）接到署江宁县丞通知，前往就职避债，命十六岁罗振玉协助母亲主家政，承担起接待债家，奔走衣食的责任。[3]

父亲就职前将债单交给他，还让他与司田租者接洽。这时的田产，只能偿还债务的一半，而母亲则因为田产是祖母辛苦置办，无论如何不肯出售。但每年的田租收入还不够欠债利息的一半，以至债主日日来催，有的携家坐索，累月不去。这一切不能不使这平日足不逾书塾的少年，常常“汗出如浆”了。

不仅如此，父亲外出避债时，兄弟们渐次到了婚嫁的年龄。先是长兄、仲兄均自幼聘清河王氏女，光绪八年，即协助母亲主家政的第二年，媒人催娶。冬天，典当筹款办定喜事，生活费都用尽了，除夕之晨，母亲来告诉他，岁暮祀祖还无从筹办，急出奔走借贷，傍晚，借得四千钱（制钱四吊），才算过了年。次年，长姊出嫁，以后，嫁娶之事，一两年就有一次。除了婚嫁还有丧葬。光绪十二年，二十四岁的长兄病殁，由于经济窘迫，难以入殓，罗振玉的妻子范氏拿出陪嫁的金饰，易六万钱，才算办了丧事。光绪十六年，祖母方氏卒；光绪十八年，妻子范氏也因为产后褥劳而卒。这一切更使家庭经济状况雪上加霜。

YH127出土的朱书甲骨及其钻灼形态
（《殷虚文字乙编》7285）

这段经历对罗振玉一生有很深的影响。1916年，在淮安的庶母、庶弟因家产发生纠葛，原拟次年亲自回乡处理，因病未能成行，手疏处分条例派长子福成回乡传达。在“处理淮安家务谕福成”[4]的手书中，首先回顾当他的父亲避债出门时，长兄在勤修举业，仲兄随侍父亲，四弟六弟皆幼，七弟八弟未生，16岁的他就开始协助母亲管理家务，面对债主。今诸弟已长大，自己“余生况瘁，久思息肩”，因派长子“将历年账目送诸父核阅，由诸父公议如何接管”。还说“我平生极恶人分家析产”，“此次办理仍是公共维持，并非析产”。家务的解决办法是留出祭田，准备改建老屋为祠堂，其余田产“岁入租石，公平摊付汝诸父，除我（三房）应得租数仍充公外，汝所应得（即指承嗣长房的一份）由汝自己酌量”，“然我先太淑人让产事，汝得知悉；我平生以让为得，亦汝所悉；汝倘有人心者，当能自知推让，无待我命”。还着重指出“子孙之对先人，权利、义务当双方交尽，食遗产，权利也；守家风、勉祭扫、保产业，义务也。权利以推让为美，义务以交尽为上”，但遗产推让了，“应尽的义务仍义不容辞，我老矣，对家门负责三十余年，今日弛肩，此责任即归汝诸弟承任之，汝承长房宗祧，责任尤重，应如何兢兢业业免力图维，汝勉之，勉之！至汝弟等，除家门义务外，有以权利为言者，非我子孙”。最后还谆谆告诫长子，“汝年逾三十，初次任事，应和平谦虚传达我意”，使“汝诸父能知我对家庭之苦心，日后接管，必能敦睦推让，汝诸父不致因此有所争执，则我之所至盼也”。

罗氏在《集蓼编》回忆说：自佐母主家政“毕生忧患自此始矣”。然而忧患、艰辛也能锤炼坚韧，培养才干、开启智能。例如在淮安时，罗氏为补助家用曾为人刻印，订有“陆庵仿秦汉篆刻润例”[5]。其后人继之，渐成一派。又如罗氏于1896年“出门谋食，一肩行李，他无长物”。开始是与蒋伯斧创建农报馆和东文学社，后来举私债“一身兼报、社两事，财力之穷，一如予之理家，同辈赞予果毅，且为予危，其实此境予所惯经也”[6]。以后，经济情况好转，却有搜集古物的癖好，每每节衣缩食购置古器物和书画、碑帖，遇到印书、抢救大库史料等大宗急用，往往要举债或出卖藏品，正如王国维所说：“国家与群力所不能为者，竟以一人之力成之。”有人猜测这是因为他有莫大的财力，而当时朝夕共处的王国维却写道：在“流寓海外，鬻长物以自给”之时，“旅食八年，印书之费以钜万计。家无旬月之蓄而先生安之。自编次、校写、选工、监役，下至装潢之款式、纸墨之料量，诸零杂烦辱之事，为古学人所不屑为者，而先生亲为之”[7]。道出罗氏成就取得的一个重要原因，其形成正植根于艰辛的少年时代。

咸丰四年（1856）方氏携子定居淮安，居于河下的罗家桥后，咸丰十年（1860）捻军至盐城，“罗家桥宅毁于兵，乃至郡城（即淮安府山阳县城）别购更楼东赵姓宅，鬻河滩垦地，治山阳田产”。这个山阳县南门更楼东老宅是罗振玉出生的地方，也是他1896年到上海创办“学农社”、“东文学社”、《农学报》、《教育世界》之前，居住了30年的地方，不过离家后，年年都要回淮安省亲，直到1903年他的母亲去世。后来，除了1905年营葬父亲、1915年祭扫祖坟，再没有回淮安了。不过老屋一直有罗氏后人居住，只是数十年来，经过翻盖更新，面貌已经完全改观了。[8]

罗振玉的母亲范氏，是山阳副榜范咏春（以煦）之长女，出身淮安城内的书香门第。[9]出嫁后，生育了十个子女，主持着一个家道中落、负债累累的家庭，终日操劳，常以他人为重。《枝分谱》记述，“先妣秉操坚贞”，“有疾隐忍不言，但假寐须臾即起操作如故，有健丈夫所不能堪者”。光绪二十年（1894）罗氏正在邱于蕃家作私塾的塾师，母亲病疟，不让告诉儿子，“一日归省乃知，留侍疾，先妣斥之曰：‘疟非大病，速趋馆，愈即以告。’”过了几天派人告知已愈，令勿归。罗氏不放心，回去一看，母亲病势已愈加沉重，“犹以勿荒馆勿误人子弟，令趋返馆”。《集蓼编》中还有一段记述，说在甲午战后，“我国兵事新挫，海内人心沸腾，予欲稍知外事，乃从友人借江南制造局译本书读之。先妣曰：‘汝曹读圣贤书岂不足，何必是？且我幼年闻长老言五口通商事，至今愤痛，我实不愿汝曹观此等书也。’”此说是否正确姑且不论，但它真切地反映出一百多年前一位淮安妇女关心国家命运的情怀。

罗振玉同母兄弟五人，排行第三，上还有长姊。他生而体弱，三岁始免乳，四岁始从长姊学字，次年入家塾前已识字千余。塾师山阳李泯江（导源）是一位老拔贡，也是他父亲的业师。罗振玉五岁开始读《诗经》，六岁开始读四子书，从七岁开始常发扁桃腺炎，十三岁才读完《诗经》、《易经》和《尚书》，十五岁读《礼记》、《春秋》以及唐宋诗词、学作诗文短论，同时开始自学篆刻，没有老师，用百枚制钱从旧货商手中买下一方汉铜私印，反复摹刻，已显露出对古文物广泛的兴趣。

虽然由于多病，塾师授读进度慢，但当时祖母家教很严，只要能够起床，就得入塾随诸兄读书，所以对诸兄的功课倒往往能默记、理解，而且能勤于思考提出疑问。如塾师讲《诗经·小雅·四月》"先祖匪人，胡宁忍予"，说诗句反映古人的质朴，如果现在直斥先祖不是人，是不可以的。他提出质疑，以为和《庸风·柏舟》的"母也天只，不谅人只"相近，是说先祖也是人，人莫慈于祖父，怎么会忍见子孙苦厄呢？老师大惊，认为这个七岁孩子的理解，确实比自己照字面的解释更为贴切。一些类似的例子每每使长辈惊异，觉得他聪颖过人，祖母分外看重他，父亲更对他抱以更大的期望，希望他能通过科举走上仕途，老师说他的前途必然远大，只是体质太弱，督课不能太严，所以把课程进度放慢，让他多自学。这种自学习惯的养成，对他一生治学也是不无益处的。

光绪七年（1881），罗振玉十六岁，开始学做八股文，随返上虞县应童子试，不意入县学第七名，次年与兄同赴乡试不中。光绪十四年（1888），遵父命从山阳杜宾谷（秉寅）学作八股文，由于自认为得意之作，文字之佳深得老师赞许，但老师却说不合制法，从而使罗振玉对科举丧失信心。这一年勉强应试，又不中，此后，再不曾下场了。

十六岁，童子试的顺利通过，并没有打开他通向仕途之门，但杭州之行却大大开阔了他的眼界，是远比考中第七名秀才更为重大的收获，为日后的学术活动奠定了第一块基石。

在杭州，他参观了郡庠，看到宋高宗写的《孝经》刻石，堂壁上还刻着清代经学和金石学家阮元摹勒的《石鼓文》，这些都深深吸引了他，还手拓了一份《石鼓文》。游西湖，看到山上更多的唐宋题刻，摩挲流连，不忍离去，第二年，他就开始赁碑校读。杭州之行还使他得识前辈学者，在郡庠经堂书肆，得遇乌程汪谢城，这是一位饱学知名的老者，能诗且精通历算，当时为会稽教谕。在书肆谈了几句就很投契，老者对少年罗振玉大加勉励推重，还把自己辑刻的《荔墙丛刻》送给了他。在旅舍，又遇当时以收藏古砖而著名的桐城吴康甫（延康），获赠四幅古琴拓本。[10]

在杭州北归的路上，父亲的挚友萧山单棣华（恩溥）与他们同行。一日，谈到读杜甫、陆游诗，被问及喜好哪些诗句，罗振玉答杜甫的"致君尧舜上，再使风俗淳"，陆游的"外物不移方是学，百家屏尽独穷经"。单棣华赞扬说："此子异日未可以儒生限之。"很多年以后，他还把陆游的这一诗句写成篆书联，送给他的弟子柯昌泗，遗墨今发表于台湾版《罗雪堂先生全集》第一编，题给"燕聆仁弟"。

在淮安的那些年代，十六七岁的罗振玉，白天应付债主，奔走衣食，夜晚读书。每天准备好满满两盏灯的油，总要用尽才睡。由于睡眠不足，一年后，患了严重的失眠症。后来迎娶了比他大一岁的范氏入门，生活比较有规律了，失眠症才渐愈，但在贤淑妻子的支持下仍经常夜读。《集蓼编》中写道：当时小仅方丈的书斋，别置小榻，每夕夜读，妻子总要先帮他整理书案，自己持衣在旁缝纫，"儿啼则往抚之，予丙夜就寝，淑人必为予整书卷、理衾枕，始伴儿眠，往往匝月不通一语，恐妨予读也"。

当时读的书大多是借来的，而引他入门的一部书，却是父亲以三十千钱给他买的《皇清经解》。光绪八年，他与兄长同赴乡试，归途绕道江宁省视父亲，于书肆见到《皇清经解》，产生很大兴趣，却无钱购买，父亲知道后，满足了他的愿望。书到手，他如获至宝，归后，按计划每天读三册，一年间一字一句地将书读了三遍。他在《集蓼编》中回忆说："闻先辈言，读书当一字不遗"，所以"虽观象授时、畴人诸书读之不能解，亦强解之。予今日得稍知读书门径，盖植于是时也"。

在读经史的同时，他深感古碑刻对经史考订的意义很大，十七岁乡试之行的另一项重要收获，就是在扬州买到仪征张氏榕园藏石拓本十余纸，这是他一生收藏墓志拓本的开始，对碑刻资料的收集、整理，用于经史考订之学，就是从这里起步的。

首先校勘《金石萃编》，这是清代重要金石著作，收录秦至宋、辽、金碑刻达一千五百种，还有一些铜器和其它铭刻，铭文、考释内容丰富，但有一些讹文、误字、漏字。当时家无碑刻拓本，又无力购买，就赁碑校读。当时山东碑帖商人刘金科常带山东、河南、陕西碑刻拓本到淮安贩卖，租赁每份二十钱。从光绪九年到十一年（1882～1885）罗振玉共赁碑八百余通，与长兄振鋆共同研读，罗氏后来回忆说：当时兄弟二人各居东西二舍，每夜在青油灯下疾读，煤染于手，十指尽黑，摩挲倦眼，面目亦黝然而墨，二人相顾不禁哑然失笑，就这样涤荡了平日的抑郁忧愁。在长兄去世的第五个周年，他曾请人画《赁碑图》，自己写了《赁碑图记》，编入《面城精舍杂文》甲集，追忆这一段生活经历，寄托对长兄的怀念，"且以志寒士为学之非易也"。

在这几年中，长兄完成了《碑别字》五卷。长兄去世后，随着所见碑志的增多，罗氏又一再对此书进行校补，而他自己，通过赁碑校读完成了《金石萃编校字记》，对照碑文将《金石萃编》失录的字补上，讹文误字予以补正。又作《寰宇访碑录刊缪》一卷，廿八岁再作《补寰宇访碑录刊缪》一卷，和《再续寰宇访碑录》二卷，以后还有学者不断续补、校勘，使《寰宇访碑录》逐步得到丰富和完善。

罗氏通过赁碑校读，还著有《读碑小笺》、《存拙斋札疏》各一卷，均成于十九岁（光绪十年）。《读碑小笺》主要是以碑刻证经史，收笔记九十九条，除了订正《金石萃编》十九条外，订正涉及的书有《段氏说文解字注》、《集古录》、《金石录》、《中州金石记》、《字汇》、《正字通》、《宝刻类编》、《授堂金石跋》、《关中金石记》、《曲阜志》等二十余种书，反映他当时确已读了很多书，而且能融会贯通。《存拙斋札疏》是集小小考订，如证《论语》"温故而知新"的"温"即"蕴"字；《礼记·中庸》"素隐行怪"，《汉书》引作"索隐"，乃知"素"、"索"古字通用。清代经学大师俞樾曾将其中的一些考证摘入《茶香室笔记》，就像应童子试时学使张霁亭怀疑试卷并非出于少年之手一样，《存拙斋札疏》再次被误认为出于名宿。后来，有人把该书送给著名学者汪梅村看，汪梅村为之作《跋》，称"其书不盈一卷，而考证极多精核"，"君贫笃行，敏于著述，年才弱冠，斐然有成，后来之彦，非君莫属"。这两本小书是罗氏著书之始，由妻子范氏脱簪珥刻行。

从十九岁开始著书，到二十九岁十年间著作近二十种，这些成就中，还凝聚了淮安友人支持。《集蓼编》中记述"予家无藏书，淮安亦无书肆，每学使案试，则江南书坊多列肆试院前，予力不能购，时时就肆中阅之。平时则就人借书，阅后还之，日必夹册出入"。还一一记下"当日所从借书者"，有姐夫何益三、丹徒刘渭清、盩厔路山夫、清河王寿蘐、山阳邱于蕃、吴县蒋伯斧。

最年长的是路山夫，他出身翰苑世家，少承家学，以荫子得官做到知县，由于不肯逢迎上司，被劾罢官，流寓淮安，筑屋于郡城东北隅，因在边高士（寿民）苇间书屋之西，就称“苇西草堂”。光绪九年（1883）冬天，十八岁的罗振玉与他结识，二人年龄相差一倍，谈起金石考订之学却很投契，从而订忘年之交。“遂晨夕过从，无间寒暑”。后来常会刘梦熊、刘铁云兄弟、邱于蕃、蒋伯斧等，“每就君园林，各出金石书画，相娱乐或剧谈，痛饮抽毫赋诗”[11]。

与山阳邱于蕃（崧生）订交是在光绪十四年（1888）二十三岁时。邱氏出身诗礼世家，家境也不错，有先世的遗产足以自赡，但因不善治家，随着子女婚嫁，日益衰落了。[12] 在淮安时代，他们不仅一起谈学，邱氏对罗氏经济困境的解脱，也给予过帮助。例如罗氏自长兄病逝，家计愈加艰难。祖母说：死守祖产不忍割舍，志虽可佳却未免太愚，应割产一半还去急债，得脱身出门谋生才能打破僵局，使家庭有复兴的希望。但当时米价极贱，田更难卖，想在外谋职，也未找到门路。后来，还是邱于蕃推荐，应山阳刘氏馆为童子师，每年酬束脩二万钱（约合白银二十两）。三年后，移馆邱于蕃家，再一年又移馆刘家，教授刘梦熊、刘铁云兄弟之子，岁脩增至八万钱。由于当时的物价贱，这笔收入对一个债务重压下的家庭是不小的帮助。罗氏家庭困境的缓解，第一步是在邱氏帮助下迈出的，这是事实，然而有一种说法流传颇广，如溥仪在《我的前半生》中就说罗氏在邱家教书时，将其百数十件唐人写经及五百多件唐、宋、元、明字画席卷而去，因此发了家，却是无稽之谈。罗继祖在《永丰乡人行年录》中进行了剖析，特别指出：唐人写经是光绪二十六年（1900）在甘肃敦煌始被发现，光绪三十三（1907）年以后，大量流出国外才逐渐被国人所知。罗振玉于邱家为童子师是在光绪十九年（1893），初见敦煌卷轴是在宣统元年（1909）赴日本考察农学归国返京，与伯希和相见时，伯氏告知石室尚有卷轴约八千，以写经为多，由此罗氏奔走于学部和京师大学堂，致力于将“唐人写经”等购至京师。而邱于蕃卒于光绪三十一年（1905），完全不可能家藏“唐人写经”。可见这种说法缺乏基本的历史常识。而且从《永丰乡人行年录》中可以看到，罗、邱的关系决不仅仅是西席与东家，而有终其一生的友谊和交往。

罗振玉甲骨文书法作品：一往无前莫如八十九十，万方多事安得三千大千。

蒋伯斧，家境小康，中乡试后父丧，定居淮安读书养亲。他和罗氏同庚，关系更为密切，交谊“垂二十年，出入与共，方在淮安寓居，过从无虚日”。后来一起在上海办农学社，一起到广东参议学务，到苏州办师范学堂，同在学部授二等谘议官。因而是“在上海居比舍日数见”，“客粤中、客吴下皆与君偕，出则连轸，居则接席”[13]。罗氏在《题伯斧小像》中写道：“淮浦申江共卜居，倩人为画耦耕图。而今岭南重携手，又是年华十余载。”[14]

在刘氏兄弟中，较早熟识的是刘渭清（梦熊），他懂法文，醉心西学，不愿为官而闲居淮安。1895年邑中拟开西学书院，曾聘他教授外文、算学。同刘铁云的交谊始于光绪七年（1891），当时山东河患频繁，山东巡抚的幕僚中，多援引贾让不与河争地说，主张放宽河身。

上海筹账绅士施少卿，更拟用海内赈灾之款收购河边民地。罗振玉以为不可，作《治河论》五千余言，拟投报社以警当世。刘渭清得见文稿，寄给在山东的刘铁云，铁云读后大喜，将自己所作《治河七说》送给罗氏，附信说“君之说与予合者十八九，群盲方竞，不意当世尚有明目如公者也”[15]。1894年，刘铁云回乡守丧，二人才相见。当时正值甲午战前，友朋相聚常论及时事，1915年罗振玉在《五十日梦痕录》中回忆道：

时诸军皆扼守山海关，以拱京师，予谓东人知我国事至熟，恐阳趋关门而阴持旅大，以覆我海军，则我全局败矣。侪辈闻知皆相非难，君之兄且引法越之役法将语，谓旅大难拔以为证。独君意与予合，忧旅大且旦夕陷也。乃未久竟验，于是同侪皆举予与君齿，谓二人者智相等，狂亦相将也。

尽管罗、刘二人性格不同，但不少见解一致，特别是都有“好古癖”。刘铁云对古文物有相当高的鉴赏力，收藏范围广、数量多，罗振玉在同一篇回忆中，曾念念不忘地说“予之知有殷虚文字，实因丹徒刘君铁云”。也许正因为这些共同语言，使他们有较深的交谊，并成为儿女亲家。

淮安时代的交游在罗振玉一生中是难忘的，后来在己酉《题小像五首》[16]之一中深情地回顾道：

少年意气正纵横，何事呼朋共耦耕。
种树书成谁乞稿，海滨回首不胜情。

注释：

［1］罗氏晚年所著《上虞罗氏枝分谱》，收入《辽居杂著乙编》，见《罗雪堂先生全集初编》。

［2］即今江苏淮安市。

［3］见《贞松老人遗稿甲集·集蓼编》，见《罗雪堂先生全集续编》；又罗振玉著《雪堂自述》（中国学人自述丛书），江苏人民出版社1999年版。

［4］《贞松老人外集》卷三，1945年。

［5］见罗继祖《庭闻忆略》第10页。

［6］见《贞松老人外集》卷三《甲子岁谕儿辈》。

［7］王国维：《观堂集林·缀林一·雪堂校刊群书叙录序》

［8］参见罗继祖《鲁诗堂谈往录·家乘别录·我家与淮安的关系》，上海书店出版社2001年版。

［9］王汉义：《〈淮壖小记〉作者范以煦》，《淮安古今人物》第一辑。

［10］参见罗继祖《永丰乡人行年录》，江苏人民出版社1980年版。又罗继祖辑述、罗昌霦校补：《罗振玉年谱》，台湾行素堂1986年版。

［11］《路府君墓志铭》、《永丰乡人甲稿》、《永丰乡人行年录》。

［12］《邱君墓志铭》、《永丰乡人甲稿》。

［13］《蒋君墓志铭》、《永丰乡人甲稿》。

［14］见《贞松老人外集》卷四。

［15］见《五十日梦痕录》、《永丰乡人甲稿》。

［16］见《贞松老人外集》卷四。

（作者为中国社会科学院历史研究所研究员）

风景依稀似去年

——胡厚宣先生与殷墟一二七坑甲骨

胡振宇

《殷墟一二七坑甲骨文的发现和特点》一文，是该甲骨的室内发掘者胡厚宣先生“根据1937年旧作《殷墟第十三次发掘所得龟甲文字举例》一文的未刊稿”[1]写成，并于1988年7月，在长春举行的中国古文字研究会成立十周年纪念学术讨论会上宣读。“对127坑的甲骨，又作了更详细的叙述”。

关于127坑甲骨的特点，胡先生1937年在《举例》一文，曾列出12条。1945年作《甲骨六录》一书，在《释双剑誃所藏龟甲文字》一节，又列为4条。1955年作《殷墟发掘》一书，又列为10条。1948年董作宾先生作《殷虚文字乙编序》（见《殷虚文字乙编》一书，1948年。又刊《中国考古学报》第四册，1949年），1977年李济先生作英文本《安阳》（Li-Chi，Anyang，University of Washington Press，1977）一书，都曾有所采摘征引。

更早，1945年抗战胜利后，任岭南大学中文系主任的容庚先生，“在1947年7月出版的《岭南学报》7卷2期上，第一篇文章就是容先生的《甲骨学概况》，共分发现、作家、著作三章，长篇巨制，非常翔实。其作家一章，共举孙诒让、罗振玉、王国维、王襄、叶玉森、商承祚、董作宾、郭沫若、唐兰、孙海波、于省吾、胡厚宣12人。……容先生说，‘胡氏二十九年（1940）以后之文，皆未得见。去年春，与胡氏复相见于北平，其于甲骨断代与辞例，精熟如流，留平逾月，即成《战后平津新获甲骨集》。董氏之后，钜子谁属，其在斯人’”。“又说‘胡氏尚有卜辞成语考例，第十三次发掘殷墟所得龟甲文字举例二文，想更精采，均恨未得见耳’”。[2]

就在当年的“中国古文字研讨会”上，胡厚宣先生的文章同样很引起学人的注意。吉林大学的陈世辉教授就曾对胡先生说，文章给我们提出了许多新问题。只是会议论文无法集结，恰逢北京中国历史博物馆新馆建成三十周年，准备出版“纪念专号”，并且先于1987年在安阳建成的“殷墟博物苑”，这年准备在苑内再成立“殷墟甲骨文展厅，”并以一二七坑甲骨文为重点，这是一件非常有意义的事情。这样一来文章就给了《中国历史博物馆馆刊》在总第十三至十四期上发表了。

今年，离殷墟一二七坑甲骨文的发现整整过去了七十年。吾生也晚，对一个尚不及“知天命”之年的人，却要其“回头七十年前事”，当然令人生疑。但是吾家大人时时讲述殷墟发掘的往事，个人对于殷墟甲骨文更像是生于斯长于斯，念兹在兹的也是古文字的种种，回想胡先生此文写作时，抄写校对自不必说，在旁帮助统计的种种情景恍如昨日，当然有责任加以述说。思及于此，就也顾不得许多了。

我的父亲胡厚宣先生，幼名福林，1911年12月20日生于河北省望都县一个半耕半读的家庭。我的祖父乃前清秀才，家中收入不多，土地又少，生活还是比较困难。父亲胡先生没有上过私塾，6岁进农村的国民小学，后至保定第二模范小学就读。小学毕业，考入培德中学。在培德，幸遇国文老师缪钺先生，缪先生在培德四年，先后开国文、国学概论及中国文学史三门课程，又指导同学课外读书，根据缪先生所开书目，凡先秦经子、《说文解字》、“四史”、《通鉴》、《昭明文选》和诗词选集等等，无不研习。中学四年在国学方面就打下了一定的基础。四年中，胡先生各科成绩都还不错，每期发榜，总名列第一。因此毕业时学校破格发给一笔奖金，帮助上大学预科本科，六年毕业。

1928年，胡先生考入北京大学预科，这年刚好是中央研究院和历史语言研究所成立，董作宾先生奉命发掘殷墟，出土了一批甲骨文字。

1930年，胡先生从预科升人史学系。史语所从广州迁到北京，在北海静心斋和蚕坛办公。这时北大校长是蒋孟麟，文学院长是胡适，史语所所长傅斯年兼代史学系主任。史学系名教授本来已经很多，傅先生不仅亲自上课，而且还请史语所的专家们在史学系教课。傅斯年教“中国上古史择题研究”，李济、梁思永合开“考古学人类学导论”，徐中舒开“殷周史料考订”，董作宾开“甲骨文字研究”。董先生去发掘的时候，则由唐兰先生代课，除了“甲骨文字研究”之外，还教过“先秦文化史”和“古籍新证”等课。讲课内容均由史料结合考古发掘所得，即王静安“二重证据法”，使学生们耳目一新。

1934年北大毕业后，胡先生在傅斯年“拔尖主义”的政策下，进入中央研究院历史语言研究所的考古组。是年中研院安阳殷墟发掘团已驻安阳，殷墟发掘已进入第6个年头，发掘工作开展了9次。23岁的先生意气风发、踌躇满志地开赴安阳，加入了田野考古工作的行列，开始了他60年的甲骨学、考古学、古代史研究的人生历程。“先到安阳住过一年多，在梁思永先生带队下，先发掘同乐寨的三层文化，又主持西北冈1004号大墓的发掘。大墓中出土了大型豪华的牛鼎和鹿鼎，还发现了一层带把的青铜戈，一层成捆的青铜矛和一层各种兽头形的青铜盔，在当时曾轰动一时，引起了法国伯希和、日本梅原末治的前来参观，并拍了电影。”[3]

从1931到1935年侯家庄西北冈殷代王陵发掘共三次，共发掘大墓十座，由梁思永主持，年轻的有李景聃、石璋如、李光宇、尹达（刘燿）、尹焕章、祁延霈、胡厚宣、王湘、高去寻、潘悫共十人，号称“十兄弟”。夏鼐先生清华毕业，于留学英国前亦特来殷墟实习，他们受到严格的田野发掘和实物整理、撰写报告的训练，日后成为大陆和台湾考古学界的著名专家。

胡先生1935年回到南京本所，整理研究殷墟出土的甲骨。先协助董作宾先生编辑《殷虚文字甲编》，然后根据拓本，对照实物，

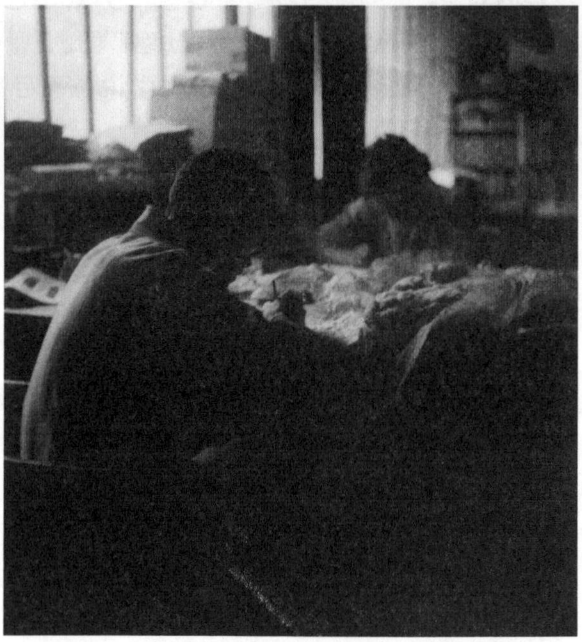
高去寻、胡厚宣在发掘整理中

撰写《殷虚文字甲编释文》，并有简单的考证。抗战结束，回到南京，夏鼐代理所长，曾计划付印，后来研究所迁到台湾，因为先生已经离开，就由屈万里以考释名义出版了。[4]

127坑运回南京本所做室内发掘，胡先生谈道："甲骨起出后，每片都轻轻地用清水及火酒浸润而洗去其粘土。其一版碎为多片者，则初步加以拼合。然后涂上胶水，使其牢固。如是者工作又逾半年，还没有来得及编号照相及墨拓，而'七七事变'起。1937年8月13日敌机轰炸上海，14日轰炸杭州，15日轰炸南京。乃仓猝装箱，先运长沙，后运桂林，再运昆明。先在昆明城内青云街靛花巷3号，因敌机仍有轰炸，乃又迁至城北15里龙泉镇棕皮营之龙头书屋。生活稍定，乃由胡厚宣、高去寻担任登记编号。1940年研究所迁四川宜宾李庄，遂逐渐墨拓编排，由董作宾主编，先后编辑出版为《殷虚文字乙编》上中下三辑（1948～1953年）。"

"127坑甲骨，17096片，被著录于《殷虚文字乙编》的，自486片至8500片，共8015片。……至于断片拼合之例，先有郭若愚等所编辑的《殷虚文字缀合》一书（1955年），后有张秉权《殷虚文字丙编》上中下三辑（1957～1972年），我们编辑的《甲骨文合集》（1979～1983年）也拼了不少。最近有好多位学者写文章时也补充拼合了一些。但拼合并未净尽，还有待补充。"

"关于殷墟第13次发掘127坑甲骨发现的情况，详见董作宾、胡厚宣合编《甲骨年表》一书（1937年），胡厚宣著《甲骨文发现之历史及其材料之统计》一文（收入《甲骨学商史论丛》初集第四册，1944年），又《五十年甲骨文发现的总结》一书（1951年），又《殷墟发掘》一书（1955年）；石璋如著《小屯后五次发掘的重要发现》一文（刊《六同别录》上册，1945年），又《殷墟最近之重要发现附论小屯地层》一文（刊《中国考古学报》第二册，1948年）及《考古年表》一书（1952年）。"[5]

关于这个127坑的甲骨，胡先生也谈到一个故事："抗战时期，我们疏散到昆明，西南联大在昆明城区，中央研究院史语所在昆明城北十五里的龙泉镇。每当星期天，我们常约几个年轻的同事，去到昆明城里才盛巷二号联大教员宿舍，看望唐兰先生，我们问：'唐先生还在研究甲骨么？'唐先生说：'你们那里发掘出那么多甲骨文材料，迟不发表，我还怎么能研究甲骨文呢？你们材料一公布，我的学说说不定就不能成立，我又何必再写文章呢？'他又说郭沫若先生写信给他，说'秘而不宣，与藏之地下何异？'言外之意，很是不满。"[6]

也是由于这一坑甲骨太出名了，就在发掘当年的8月间，就找了河北曲阳的石匠，取其坑东南角原大的四分之一仿制成石雕模型。1989年9月河南安阳"殷墟博物苑"内布置"殷墟甲骨文展厅"，也还复制了127坑甲骨的石雕模型。

1992年，石璋如先生著《中国考古报告集之二·小屯·第一本·遗址的发现与发掘·丁编·甲骨坑层之二》一书，关于这个著名的"石雕模型"，还找到北京历史博物馆相关人员，将"石雕模型"拍照墨拓。而这个著名的"石雕模型"的故事，也如同安阳所出著名的"司母戊鼎"一样，因为本身巨大沉重，先是为躲避日寇而埋入地下，又没有同其他文物一道运往台湾，最后由南京辗转至北京，安放在天安门广场旁的中国国家博物馆内。

1992年12月，振宇随父亲访台，就在台北"中央研究院"历史语言研究所"历史文物陈列馆"中，由史语所管东贵所长及石璋如先生陪同再次观看当年在安阳发掘并经由胡先生一一亲加摩挲的甲骨。

1998年5月，振宇三访宝岛，参加台湾师范大学国文系主办，"中央研究院"历史语言研究所协办的“甲骨文发现一百周年学术研讨会”[7]，于会议当中前往位于“历史文物陈列馆”楼上的办公室内拜望石璋如老伯，也聆听石老伯关于一二七坑甲骨的“老少对谈”。

一年后，1999年4月，江苏南京—淮安召开“纪念甲骨文发现一百周年甲骨文与商代文明国际学术研讨会”，会议期间，在南京大学范毓周教授指引下，振宇与董作宾先生哲嗣董玉京一同前往中央研究院旧址，在史语所南京所址门前留影。振宇曾想，假如那张著名的、被多次引用的史语所南京所址门前留影中诸前辈的后代，能在70年后再集合在同一地点拍下合影，将是何等有意义之事！

注释：

[1] 胡厚宣：《纪念殷墟甲骨文发现90周年，想到127坑》，《文物天地》1989年第6期。

[2] 胡厚宣：《深切怀念容希白先生》，《容庚先生百年诞辰纪念文集》（古文字研究专号），广东人民出版社1998年版。

[3] 胡厚宣：《李济〈安阳〉中译本序言》，《中原文物》1989年第1期。

[4] 1986年7月至1988年6月台北“‘中央研究院’六十周年院庆”出版有《中央研究院概况》乙册，于“甲、简史”中称，1948年“本院决定迁台时，因运输工具及经费的双重困难，结果只将历史语言及数学两研究所人员、古物、图书设备等抢救了出来。而历史语言研究所较为完整”。

1998年历史语言研究所“七十周年所庆”出版有“中央研究院历史语言研究所七十周年纪念文集”《新学术之路》上下两册，下册中收有屈万里夫人屈费海谨《屈万里先生的治学与史语所》一文，于“四、主要的工作与成果”之“（一）殷虚文字甲编考释”一节页下有“编按”作“《殷虚文字甲编考释》在屈先生整理研究前，胡厚宣先生已做了若干基础工作，屈先生是在此基础工作上再继续努力才告完成”。这是有证据才说的话。而到了2002年9月，山东省图书馆、鱼台县政协编，齐鲁书社出版的《屈万里书信集·纪念文集》，在转载此文时，却删掉“编按”！可见还历史真相之形势严峻以及任重而道远。文天祥《正气歌》称赞“在齐太史简，在晋董狐笔”，为天地正气的表现之一，这种“良史精神”，实事求是的态度对今天人们来说极具现实意义。

[5] 胡厚宣：《纪念殷墟甲骨文发现90周年，想到127坑》，《文物天地》1989年第6期。

[6] 胡厚宣：《八九述怀》，《瞭望周刊（海外版）》1990年1月1日，特稿。

[7] 关于“为什么称做‘百年’纪念”，参看胡振宇《甲骨文发现百年的总结与思考》，台湾高雄义守大学《人文与社会》学报第2期，2003年6月。

（作者为中国社会科学院历史研究所研究员）

叶玉森与甲骨文研究

叶正渤

叶玉森，字荭渔，号中泠亭长，原是满族旗人，后入汉籍，自称丹徒或镇江人。生于晚清，卒于20世纪30年代早期。叶玉森虽然不是专业研究甲骨文字的学者，但却写出了五部甲骨文专著，可谓硕果累累。他在甲骨文研究方面的著述主要有：

一、《殷契钩沉》二卷，1923年刊于《学衡》24期。叶氏根据各家著录，就一些疑难文字作出说解。全文分为甲、乙两卷，甲卷57条，乙卷85条，计考释甲骨文字142个，文前有柳诒徵作的序。

二、《说契》，1924年刊于《学衡》31期。此篇所释之字均以类相从，自日月风雨以下，共83条，以补《钩沉》所未及。

三、《研契枝谭》，1924年刊于《学衡》31期。此篇写明为卷甲，却无卷乙，当是未竟之作，计29则。所论以文化、典制为多，如方国、农林、渔猎、古兵、古刑、官制、征伐等，或补罗、王之阙遗，或阐述自己的见解。

四、《铁云藏龟拾遗附考释》，1925年由五凤砚斋石印，一册。本书著录甲骨拓片共240版。所录各版均未编号，仅存页数，每页10余片不等。考释主要征引罗振玉、王国维等人之说，间有自己的见解。

五、《殷虚书契前编集释》八卷，1933年10月上海大东书局石印出版，共8册，乃集各家之说而成。书中在征引诸家说法的同时，对自己先前的著作也多所引用，或阐述己说驳斥他人，或据他人成说修正己说。

此外，叶玉森在《殷虚书契前编集释》自序里提到他曾纂《殷虚书契后编集释》。据说手稿被他的仆人盗卖，故未能刊印问世。目前，我们正在极尽全力访求他的《殷虚书契后编集释》手稿。

在甲骨文发现后的数十年里，即涌现出像孙诒让、罗振玉、王国维等一批知名学者，他们的研究取得了显著的成绩。叶玉森作为一个业余爱好者和研究者，所取得的成绩虽不能和他们相比，但认真阅读他的著作，发现他的研究成果仍有很大的价值，给人们许多启发和教益。叶玉森的甲骨文研究，成果斐然。主要表现在两方面，一是文字考释，二是综合研究。

一　文字考释

叶玉森于甲骨文研究，用功最勤者是文字考释。他的五部甲骨学著作《钩沉》、《拾考》、《说契》为考释文字之作，《枝谭》虽是综合研究性质的，但其中也不乏文字考释，《集释》资料详尽，在采纳他人考释成果的基础上，对自己先前的考释结论，或加以引述，或加以修正，颇多涉及文字考释方面，其中有许多仍是可取的。本文主要以叶氏著作为依据，参照李孝定先生《甲骨文字集释》和于省吾先生主编的《甲骨文字诂林》，拟从以下三个方面对叶氏的文字考释成果进行分析研究。

学术界历来重视首创之功，虽然在文字考释上难免出现“闭门造车，出则合辙”的情况，但是，能够确知某字是某学者首先考释出的，应当尽量予以说明，以肯定其首创之功。叶氏作为业余研究者，首先考释出的甲骨文字虽说不多，但功不可没。经他考释出的文字有：

（一）考释单字

释辻。《钩沉》10页3行，又《后编》卷下第8叶之，从，即土。从，乃歪省，殆即辻字。《说文》：“辻，步行也。”李孝定先生按：“叶释可从。”[1] 姚孝遂先生按：“字当释‘辻’，即‘徒’。”[2] 叶玉森之释，得到了二位先生的认可。

释进。《集释》2.27下：“从隹从止乃进，进骏即献骏也。”李按：“《说文》进，登也。叶氏释此字为进，可从。第一形《文编》失录，金氏《续文编》收第二形作进，殆从叶说。”

释循。《钩沉》17页第110条：“林药园释……为循道，至确。……各辞中之字，诸家释德。寻绎辞义，未能融通，当即循字。《礼记·月令》：循行国邑，即巡。《左庄二一年传》注：‘巡者，循也。’知循、巡古通。卜辞云循土，即循土方。”李按0568：“惟叶君释循于字形辞义均优有可说。”姚按2256：“字当释循，读作巡。”叶氏释循，被后来诸家认可，确为正解。刘桓《甲骨征史·殷代德方说》认为“德方”即“陟方”，为“巡”义。但并未注明是采用叶说，欠妥。[3]

释竹。《说契》，诸家释为。森疑即竹之古文，篆文作竹，分为二个。契文象二小枝相连，上有个叶形。从竹之字，契文不多见，如……竹，国名，言归妹于竹国，犹他辞言“帚（归）羊妻”。（《前编》卷五第十七叶）羊亦指羊方也。李按1568：“叶氏释此为竹是也。”姚按3130：“叶玉森以为‘竹之象形’是对的，字在卜辞为人名及地名。”

释栅。《钩沉》此字从三直木一横木，疑栅字之象形文，《说文》：“栅，编树木也，从木从册，册亦声。”按册非声，乃象栅形，契文册作，象回札二编，则象三木一编。李按1985：“《说文》栅，编树木也，从木从册，册亦声。树或作竖，此正象编树木之形，字形近册，故篆文变作从册也，叶说可从。”《诂林》1395：“释栅仅可备一说，辞残，其义不详。”

释昃。《说契》2页，《说文》：“，日在西方时侧也。从日，仄声。《易》曰：‘日之离。’臣铉等曰：‘今俗作昃，非是。’”罗雪堂释契文为昃，谓“从日在人侧，象日昃之形，作昃正为古文”。森按：罗氏释昃是也，惟说仍未彻。予谓昃之初文为……象人影侧，日昃则人影侧也，非日在人侧之意。变作、，古意失矣。

此字历来争论颇多，正是叶玉森对此字构形作出正确说解。赵诚先生说：“叶氏说此构形，十分精巧，也相当重要。……现在人们能够把昃字的演化发展看得清清楚楚，一是因为甲骨文有了此字的初文，其次则是叶氏准确地释出了此字初文的构形，可见其可贵。”[4]

释昔。《说契》2页、，《说文》：“昔，干肉也，从残肉，日以晞之，与俎同意。籀文作。”森按：籀文乃腊字。古必先有昔，乃孳乳腊。契文昔作、，从、，乃象洪水，即古字：从日，古人殆不忘洪水之，故制昔字取谊于洪水之日。曶鼎作，上亦从。奚度青曰：昔从日说至精。扬子《法言》所云“洪荒之世”，即古昔谊。

叶氏从文字构形指出昔、腊非一字，又从汉字演化规律肯定腊是由昔孳乳而成，最后根据偏旁分析断定昔字从日从会意，并引金文昔字为证。李按2209：“昔为今古义之本字，乃从日从会意，叶说是也。”叶正渤《〈说契〉整理与研究》指出：“叶玉森释昔字字形至确，已成定论。，甲骨文災字，像河川中泥沙淤积之形，因而有泛滥成灾之义。”（待发）

释保。《钩沉》按：予曩疑卜辞之与为一字。……《释名》：抱，保也。是俘、保古谊相通。……卜辞亦假作俘。李按2614：“上出诸形，叶、孙释为保是也，唐氏说其字形尤确不可易。”孙海波《甲骨文编》于1934年成书时也收入。唐兰先生在《殷虚文字记》中指出孙释保是对的，并认为“”象人反手负于背，即保字古文。后因‘书之不便’，则更省为。[5]甲骨文保字，确是叶氏首先释出。

释狐。《钩沉》15页第96条：甲骨文有一个从犬从亡的字，叶氏考释说：“卜辞之亡，均读为无，如亡艰亡尤无它……可证。则从犬从亡，疑即初文狐字。狐，妖兽也，鬼之所乘，有时而亡。……其音当为无，后世转为狐，乃循弧、瓠之例制字。《易·解·九二》：‘田获三狐。’古人以获狐为贵，以其皮可制裘也。”罗振玉释为狼，以为“从犬从良即狼字……许君谓良从亡声，故知亦狼字”。王襄亦释为狼字。唐兰说：“卜辞于狼字，往往以犯为之。”郭沫若说：“叶说为是……他辞有言‘获犷鹿’者，自是狐鹿，狼与鹿不能时获得也。亡音古读无，与瓜音同在鱼部，即读阳部音，亦与瓜为对转也。”陈梦家说：“犷，或释狼，或释狐，由于出土骨骼没有狼，故暂定为狐。”《诂林》1582页按：“字当释狐，卜辞多见田猎获狐之记载，而其繇词皆曰‘吉’‘弘吉’‘大吉’，此不得为狼。”叶氏从甲骨文谐声系统出发，利用古音学知识释出此字，结论确不可易。

释彡。《钩沉》10页：卜辞屡见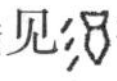字，别作……诸形。孙仲颂释酒，罗雪堂从之，谓从酉从彡，象酒由尊中挹出状，即许书之酒字。 卜辞诸酒字为祭名。森按：酉即古文酒字。从彡，疑卜辞彡（彤）日之彡。酌盖彡日酒祭之专名。《前编》卷三第二十七叶……酌祭与彡祭并举，可知酌祭之日，即彡祭之日。故酌从彡，古当有此字。姚按：“字当隶定作酌，乃祭名，释酒非是。”

释莤。《钩沉》9页：叶氏据偏旁分析，释出莤字，即虞字，卜辞用为地名。其结论正确无疑，为后之学者所认可。

释鼠。《钩沉》15页：甲骨文有一个从鼠从数点的字，叶氏考释说：“谛察字形，细腹修尾，首之却顾，当即鼠字……数点并象米粒形。”“鼠性多善疑，将食米仍却顾疑怯，古人造字，既象其形，并状其性，加小点者仍为鼠。”吴其昌说：“惟叶氏释‘鼠’窃谓近之，何则？尖喙，屖身，修尾，皆鼠象也。”《诂林》1617按：“释鼠可从，卜辞‘妇鼠’为人名。”

释羁。《钩沉》16页第107条：甲骨文有一个从网从糸从马的字，叶氏说：“《说文》：‘羁，马络头也。’张迁碑有‘西羁之戎’一语，其中羁不从‘革’而从‘糸’。《后编》卷上第23页有此字，与汉碑合。乃知隶文易革为糸，犹得古意。”《诂林》2977按：“当以释羁为是，象羁维之形。”叶氏引汉碑以说甲骨文，指出汉碑羁字从糸不从革最早可溯源至甲骨文。

释鼍。《钩沉》15页：甲骨文有一个从单从黾的字，非常罕见。叶氏说：“似从龟，从单省。”从黾一类的字，“古文或亦从龟”。唐兰在《殷虚文字记》中也指出：“龟黾易乱。”（第8页）李按3947：“叶说可从。”孙海波增订《甲骨文编》1582号收入此字。[6]

释雝。《钩沉》9页按：予旧释为雝，卜辞宫作……象列屋参差衔接形，确非玄字。《前编》卷二第二十八叶之上……为同字，当释雝，省巛。李按1277："叶说是也。"姚按1687："字当释雝，从吕声，即宫之初文，或省作从口……实亦雝字，典籍通作'雍'。"

（二）考释合文

1. 释贲泉。《钩沉》9页：《前编》卷二第十五页第六版有字，叶氏据偏旁分析以为上即古贲字，下即古泉字，断定此字实"贲泉二字合文"。并引仲惠父簋"饙字偏旁作为证"。陈梦家指出"卜辞、金文即贲字"。（《综述》265页）可见叶氏的考释是正确的。

2. 释益龟。《钩沉》8页：甲骨文有个字，叶氏"疑即益龟二字合文"。饶宗颐在《贞卜人物通考》中补云："益龟一语见于《易》。《损卦》六五爻辞：'或益之十朋之龟，弗克违，元吉。'殷周行卜，每多用龟，增益卜龟之数，故曰益龟。"（36页）有文献依据。《诂林》2666姚按："益龟二字合文是对的。"可见叶释是正确的。

3. 释亯京。《前》3.65背。按：金文师兑敦，师事敦，散盘并有此字，卜辞为地名，契法或离为二，或合为一，颇疑为亯京二字合文。《诂林》1937姚按："此乃亯京二字合文，亦有分书者，在卜辞均为地名。"此字朱德熙《古文字论集》第一篇释为就。

4. 释有壱。《钩沉》9页。甲骨文有壱字，叶玉森指出为"有壱"合文，并提出"卜辞文字"有"或分或合"的现象。唐兰先生在《古文字学导论》159页指出："古时书法，对于分布方面，不象后世的整齐，学者常把一字误为两字"，"又把两或三字的合文误为一字。"所举事例中，就有这个字，可见唐先生也是把这个字看作合文的。

5. 释敝录。卜辞中所载……雇录，并地名，䔍为正字，䕋为繁文，录省文，乃古麓字。《前编》卷六第11叶之，亦地名。王簠室释敝，予疑敝录二字之合文。叶正渤先生在《说契整理与研究》中说："䔍诸体，叶玉森释麓之古文是也。，其疑为敝录之合文，亦近是。"

（三）提出考释意见，对甲骨文字形、字义、字音等作出较为正确的说解

1.《钩沉》10页，《说文》："，辨别，象兽指爪分别也。"又"番，兽足谓之番，从田象其掌。，古文番。"森按：即象兽番指爪分别，从田，乃后起字，辨别为引申义。卜辞亦有字。如《后编》卷上第22叶"于岳亡从在雨"，"丁卯贞于庚午酌于兕"，……辞中诸，即番。疑并叚为燔柴之燔。惟同页别载"有于六旬六豕卯羊六"一辞，与上癸酉卜有于六旬一辞相似。……疑仍之变体，或燔与尞义本相同，、形亦相近。故古人通用之欤？叶玉森指出与尞义近通用，是正确的。

2.《前编》卷二第39页，"癸亥卜在（缺）次王在妹其往正王"，罗雪堂谓妹为地名，殆即妹邦。森按：乃地名。同页及第四十页并数见，妹似应训妹爽。《释名》："妹，昧也，犹日始出，历时少，尚昧也。"孟鼎昧辰亦作妹辰，古文盖以妹为昧。观同书第42页"戊辰卜贞今日王田妹不冓大雨"辞中之妹，益可证明。……曰妹其饷，盖王于昧爽赐酺也。罗振玉《增订殷虚书契考释》23页妹字补"又借为昧爽字"，似是吸收了叶氏的意见。

3. ……：月之初文必为，象新月。因日作正方长方或多角形，乃亦变作。后又沿日注小直之讹，变为……等形。篆文作，更由蜕化者也。叶氏对月字形体的演变作了明确的剖析，《集释》2256按："叶说字形演变之迹是也。"

4. ……：《说文》："雨，水从云下也。一象天，冂象云，水霝其间也。"森按：契文雨字，别构孔繁。疑为初文，象雨霝形。为准初文。增从一，象天，丨状之小直线，或平列，或参差，上下两层或三层，当同状一物。厥后上半渐变为，……仍误会。《集释》3424：“叶氏说字形衍变之故至确，惟许云上一象云亦不误也。”《诂林》154：“叶玉森释‘雨’之形是对的，殷人以为‘雨’为帝执掌，故多称‘帝令雨’。此外惟见‘河令雨’。”

5. ：《说文》：“妻，妇与夫齐者也。从女从中。又，持事，妻职也。”森按：契文作……从女首戴发，从又或二又，盖手总女发，即妻之初谊。总发者，使成髻施簪也。渤按：甲骨文妻字从女从又，就象一只手给女子头上戴簪之形。女儿长大，其母为之戴簪，以示待嫁将为人妻，因曰妻也。《集释》3607按：“故知此字当从叶说释妻也。”

6. ：《说文》：“余，语之舒也，从八舍省声。”林药园谓“即予之或体，本义为赐予”。森按：《礼·曲礼下》注：“予、余，古今字。”契文有余无予，似予、余为古今字。……金文盂鼎作，通录钟作，与契文同。渤按：叶玉森释甲骨文余字“上为倒口，下从手形。手指口为余，犹指鼻为自也”，较有启发性。下部所从的，似为口气向下舒出的象征符号。

7. 释觳。森按：从角从殳，象持物击角形。《说文》殳部“从下击上也，从殳殸声”。……觳为古今字，初谊为击角。《集释》1564按：“叶谓殸觳古今字是也。”《诂林》1833：“殸、觳为古今字，可备一说。”叶氏说解殸、觳为古今字，为后之学者所认同。

8. 说电。《说文》：“电，阴阳激耀也。”古人制电字从申，申象电耀屈折形，乃初文电字，许书虹下出籀文申，谓申，电也，可证。叶氏指出甲骨文申为电字象形，其说可从。

9.《钩沉》2页背，王襄释为比，为从，实则同为从字。……伐土方，辞同可证。叶氏通过分析字形，指出从字正反无别。《诂林》按：“《说文》以二人为从，反从为比，而金甲文反正无别，实为同字。”可见叶说是正确的。

10.《钩沉》1页，南宫方鼎之旧释原，钱献之释“对扬”二字合文。森疑即《前编》卷二第三十页“其冓大’之，乃古文凤，卜辞叚作风。王襄《征文考释天象》第2页也说：“古凤字假为风。”罗振玉在增订本《殷虚书契考释》卷32中引王国维云：“其遘大凤即其遘大风。”凤假作风，终成定论。叶玉森此条是对假借的说解。

（四）提出考释意见，可与其他学者相互参证，促进对文字的理解

1.《前》2.27上，森按：从止从辰，或古踬字。……《集释》0637按：“叶释踬是也，屈氏证成其说……又详为之辨，尤为审谛，又引经传说赈为警动惊赈，说无可易。”此字首先由叶氏释出，屈万里对字义加以说解，遂至完备。

2.《前》1.78下，《钩沉》云：卜辞屡见“王固曰吉”之文，固或作，作，更变作、。王簠室谓即《书·金縢》“启籥见书”之启，然卜辞固别有启字。森疑即《书·洪范》“明用稽疑”之稽。……《诂林》2177占字下姚按：“‘固’‘’乃早晚不同时期之字形，当释‘占’，读若‘稽’，陈梦家说其形义关系甚详，其说可从。”叶释占，字形分析正确。

3.《拾考》二十六页……为晋之古文，卜辞仅见（《甲骨文编》卷七第2页收为晋，无说）。李按：“叶氏释此为晋可从。”

4.《说契》。……：雪之初文，疑为，诸家释羽，非是。象雪片凝华形。变作，从雨为繁文。复变作……，即之讹。罗雪堂谓象手可掇取，似非朔谊。再变作，古意益晦。许书霸字训水音，疑即误认雪之古文制篆者。《诂林》1360：“叶玉森疑为许慎‘误认雪之古文以制篆者'，其说可从。”叶氏既分析雪之形体，又指出许书霸字的由来。

二　综合研究

叶玉森甲骨文研究，立足点并不完全限于考释文字，而是在考释文字的基础上对商代的社会生活诸多方面作进一步的探索，主要表现在《研契枝谭》一书中。胡厚宣先生在《五十年甲骨学论著目录》一书的序言中说：“第三个十年中又增加了王襄、商承祚、叶玉森、胡光炜、容庚、闻宥、程憬、丁山、董作宾。——叶玉森开始对甲骨文字，作了综合的研究。”胡先生所指叶氏的综合研究，主要也是指《研契枝谭》。叶氏此文，对甲骨文进行分类，从方国、渔猎、农林、古刑、官制、征伐、循行、马政、田狩、用牲之数、有事、帝方方、年、孚年、祭神用矛斧、名谥用干支、口匚、侯伯族、妻妾、发形、风疾、夏、冬、龙、蚕、归、质疑等方面来进行论述，涉及商代政治、经济、文化等诸多方面。

最早对甲骨文进行分类研究的是孙诒让的《契文举例》。孙诒让将甲骨文字分为10类，其后罗振玉在《殷虚书契考释》中分为8类，王襄的《簠室殷契征文》是最早对甲骨文进行分类著录的著作，共分为12类。首先对甲骨文进行分类，再在分类的基础上做进一步深入研究，表明研究已超出单纯的文字考释这一层面，而进入到更深层次。正如《甲骨学一百年》所说：“虽然有的类别不完全准确，但可以看出20年间对甲骨文的研究从单字、单词的分类，到罗王的考字证史以至叶玉森的考字探史，作细致分类的全面研究，是在罗王已有的成果基础上又有所前进。如果不是对甲骨卜辞有所了解，读懂较多的内容，就不可能有如此较详的分类研究。总之，考释文字、分类研究虽说仍是见仁见智，但研究还是日渐向全面、深入方向发展。”（72页）

叶玉森的《研契枝谭》一书对甲骨文进行分类研究，清晰地表明叶氏的甲骨文研究已不局限于单字的考释，而是进入到“以字探史”这一更深层面。在甲骨文研究草创初期，叶氏的开创之功是不可否定的。下面略举数例，以见一斑。

（一）关于日月食的论述

《钩沉》：殷代卜日月食，或专卜，或合卜，如《藏龟》第239页“卜月食我其（缺）”（末字上微缺，似吉字），此专卜月食也。又《类纂》酉字下引“癸酉贞日月又（有）食隹吉”，日字下引“癸酉贞日月又（有）食𦬚若”，此合卜日月食也。孙仲颂训卜辞之若为顺，似含吉祥意。𦬚，疑并字。并若与《书·金滕》《大诰》并吉谊同。这是首先指出商代有日月食之卜辞。1940年董作宾的《殷代之天文》一文中也引用了此三条卜辞。后来董氏作《殷历谱》，于下篇《交食谱》一《殷代之日月食》也用的是这三条卜辞。从董作宾开始，后来学者研究日月食所用材料也是叶氏所提到的这几条。胡厚宣先生曾撰《卜辞日月有食说》进行专题研究，引用的是后两条卜辞，但文中并未指出此是何人最先引用。赵诚先生说：“董氏引叶氏释春夏秋冬之说，肯定见过叶氏关于‘殷代卜日月食’之说，因为在同书同一页，董氏所引也正有叶氏所指出的那三条卜辞。由此可见，叶说对商代日月食的研究是有贡献的，而且是首功。”[7]

（二）关于“献俘”礼

“告执”条云：“殷代献俘之礼，于传无征，考卜辞云：贞告（执）于南室三牢（《殷虚卜辞》第二百三十九版），执从丮象人形，O为梏形，即古文执。曰告执，当即后世之献俘。《前编》卷三第33叶：乙酉卜兄叀今月告于南室。亦告祭之辞，或亦告执也。”叶玉森是较早研究献俘仪式的学者，他据甲骨文字形立说，对献俘仪式作了初步的说解。陈梦家在《西周铜器断代》一书中对此有详细的论述，则主要是据铭文立说。[8] 陈梦家对“献俘”的论述，言之有据，且以出土文献与传世文献相印证，其结论是可信的。而叶玉森对“献俘”的结论，来自于字形分析，虽是初步的说解，但基于当时的材料，其结论也确有可取之处。

（三）关于蚕

蚕字条云：“故书相传，伏羲氏化蚕为丝，黄帝元妃西陵氏始养蚕。其说未可征信，然蚕之发明，必在远古。迄于商代，应有祀蚕之典，卜辞中应有蚕字，暨卜蚕之吉凶之辞。爰乃体察象形，细绎文义，猎获三则，姑妄言之。考《后编》卷二第二十八页：‘（缺）牢，五牢；示，三牢。八月。’象蚕形，即蚕之初文。蚕示乃祀蚕神，礼用三牢。又《前编》卷六第十七页……古殆以蚕为虫王。又《藏龟》第五页：……予疑亦蚕之别构。”对此说后之学者多有争论。胡厚宣赞同叶说，并在《殷商史》一书中加以申述，且援引更多例句，证明此说可信。郭沫若、闻一多、陈邦怀及《续甲骨文编》都认为甲骨文中有蚕字。当然，持不同意见者亦有之。我们认为，叶玉森的研究思路是可取的，且他本人也说“姑妄言之”。关于蚕字的讨论还可以继续，但叶玉森的研究涉及农业生产领域是没有异议的。

（四）关于古刑

《枝谭》3页13行：古代之刑，见于经传者，曰鞭扑，曰锥、凿，曰墨、劓、刵、宫、大辟，以贼刑为极刑。征之契文，亦可得其想象。当释讯，象罪人临讯去其索置于侧面而鞫之也。姚按491：“讯本作，象人反缚其手，临之以口，讯鞫之谊。晚期卜辞增系作，更加突出缚系之象形，是为之繁体。”叶玉森据甲骨文字形对古刑作出说解，有可取之处。

叶氏对甲骨文研究属于草创。值得注意的是他“以字探史”的研究方法和思路，对后之学者系统研究甲骨文有很大启迪。目前我们正在整理研究叶氏的甲骨文著作，准备重新出版。

注释：

［1］李孝定：《甲骨文字集释》，台北“中央研究院”历史语言研究所1970年版。
［2］于省吾主编：《甲骨文字诂林》，中华书局1996年版。
［3］刘桓：《甲骨征史》，黑龙江教育出版社2002年版，第55页。
［4］赵诚：《重新认识叶玉森》，《古文字研究》第24辑，第48～49页。
［5］唐兰：《殷虚文字记》，中华书局1981年版，第58页。
［6］孙海波：《甲骨文编》，中华书局1965年版，第515页。
［7］赵诚：《重新认识叶玉森》，《古文字研究》第24辑，第48～49页。
［8］陈梦家：《西周铜器断代》，中华书局2001年版，第165、212、215页。

（作者为徐州师范大学教授）

殷墟一二七坑甲骨文的发现和特点

胡厚宣

胡厚宣（1911～1995）

1936年春季，前中央研究院历史语言研究所考古组殷墟第十三次发掘所得的一二七坑甲骨，无论从坑窖的完整，数量的繁多，还是从内容丰富来说，都是“自从甲骨文字出土以来，空前未有的盛事”。其卜辞内容，近年以来，颇为学术界所重视，正在从各方面进行一些专题的研究。

一二七坑，原名YH127，又称H127，简称为一二七坑。因为我曾经参加过这一坑甲骨的室内发掘和整理的工作，根据我1937年所写未刊稿《殷墟第十三次发掘所得龟甲文字举例》一文重新再做一次介绍。

1936年春季，前中央研究院历史语言研究所考古组殷墟第十三次发掘，总的工作由郭宝钧主持，工作人员有石璋如、李景聃、祁延霈、王湘、高去寻、尹焕章、潘悫等，参加工作的还有当时河南省政府所派的孙文青，共九人，工作地点在小屯村北地，这次发掘，集中在B、C两区。从一千六百平方米为一大工作单位之中，又以一百平方米为一小单位实行全面平翻，改变了过去挖坑的区限。从1936年3月18日开始，到6月24日为止，发掘九十九天。共开坑五十二，掘地面积四千七百平方米，占地面积一万平方米，约合十四亩左右。

一二七坑在小屯村北地C区113发掘工作单位，墓M156的下边。一二七坑是这次发掘所得一百二十七个穴窖的最后一个，所以名为一二七坑。坑为圆形，直径1.8米，上口距地面1.2米，深6米。境内堆积分三层，上层灰土0.5米，下层为绿灰土2.7米，中间一层1.6米，即满装甲骨。甲骨自地面下1.7米始见，至地面下3.3米完。上层甲骨，北高南低，呈斜坡形，故疑甲骨系由北面倾入。甲骨里边，靠坑的北壁，有人骨一具，头北向，蜷身侧置，大部分已被埋在甲骨之中，仅头部及上躯还露出在甲骨以外，似为当时管理甲骨以身殉职之人。

坑内甲骨，排列并不整齐，有反有正，有大有小。这些甲骨，龟多骨少。龟甲腹甲较多，背甲较少。有一部分龟甲完整，大部分多系残片。有的比较坚硬，有的则已腐朽。甲骨上的文字，小部分有写的，大部分的是刻的，也有写后再刻，或写后未刻全的。文字中有的涂墨，大字一般都涂朱，有的什么颜色也没涂。彼此叠压，相互枕藉，绝大多数已经粘在一起，成为一个大堆坨。

一二七坑的发现，在1936年6月12日下午4时，发现者为王湘。下午4时发现，到6时收工，共起出三四千片。13日王湘尽一日之力，只能起出一层，因甲骨数量太多，在野外剔

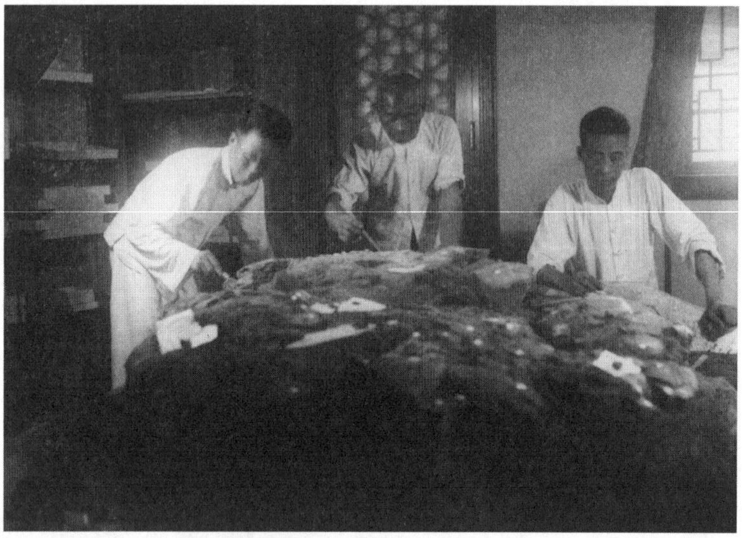

南京室内发掘工作场景

剥洗刷，费时甚久，且易破损，又不安全。经过工作人员相与商议，就地定做一个木箱，扣在甲骨上边，连泥土一块起出。经过四日，箱成装好，木箱高1米，长宽各1.7米。以工人60名，经二日由小屯村北工作地运至火车站。7月4日搭上火车，12日始运到南京，到达历史语言研究所，放置在图书馆楼下大厅中。这样就慢慢地做起室内的发掘工作来，工作主持者为董作宾、胡厚宣，具体发掘工作者关德儒及魏善臣等人。

甲骨坑每起一层，都在甲骨上编号，贴在每一块甲骨上边，按其部位，绘图以明之。及起第二层，又在甲骨上编号绘图，粘在第一层图下。如是甲骨起完，虽已分散，但其在坑内的位置仍可按照编号绘图。这样一层一层的剥起甲骨，自1936年7月12日开始，至10月15日起完，凡经三个月有奇。最后观察编号绘图的结果是，甲骨乃随意抛弃，并没有什么层位的关系。

甲骨起出后，每片都轻轻地用清水及火酒浸润而洗去其粘土，一版碎为多片者，则初步予以拼合；然后涂上胶水，使其牢固。如是者工作又逾半年。还没有来得及编号照相及墨拓，而"七七事变"起。1937年8月13日敌机轰炸上海，14日轰炸杭州，15日轰炸南京，仓猝装箱，先运长沙，后运桂林，再运昆明。先在昆明城外青云街靛花巷三号，因敌机仍有轰炸，乃又搬至城北十五里之龙泉镇棕皮营之龙头书屋。生活稍定，乃由高去寻和我担任登记编号。1940年研究所迁四川宜宾李庄，乃逐渐墨拓编排，由董作宾主编，先后编辑出版为《殷虚文字乙编》上中下三辑。其断片拼合之例，后来则有郭若愚编辑的《殷虚文字缀合》及张秉权所编辑的《殷虚文字丙编》上中下三辑等，现仍在继续拼合中。

关于一二七坑的特点：

一曰，整坑甲骨之丰富。这一坑甲骨，未经扰乱。由最初的编号统计起来，龟甲共一万七千零八十八片，兽骨共八片，合共一万七千零九十六片。这一甲骨总数，超过了过去一至九次发掘所得甲骨的总和一倍以上。

二曰，大龟来源的解决。这一坑甲骨，兽骨只有八片，龟甲则有一万七千零八十八片。龟甲之中，多大版整龟。其最大之龟，长44厘米，宽35厘米。此种大龟，并非北方所有。在以前曾将发掘所得一龟，请北京地质调查所卞美年先生鉴定，他定名为"中国胶龟"，说"此种胶龟仅产于南方，如广东、广西、海南、台湾等地"。

1942年又将大龟请前中央研究院动物研究所伍献文先生鉴定。他的结论说，"该龟原产印缅等地，现时中国境内未闻有产此龟者"。又说，这种大龟和现在马来半岛的龟甲同类。

三曰，刻划卜兆的习惯。甲骨占卜，一般都是在反面钻灼之后，正面显出兆纹，观察兆纹，以定吉凶。兆纹乃是钻灼以后，自然爆裂。现在一二七坑的龟甲，绝大多数，卜兆都经过刻划。

其所以刻划的原因，我们想无非是为了使卜兆明晰显赫，以求美观，并作长期纪念而已。

在安阳殷墟原址上复原的YH127坑向人们展示着往日的大发现

四曰，书写卜辞的例子。甲骨卜辞，想来本是先写后刻，不过写刻熟了，就拿起刀来，直接刻划，不再经过写的阶段。甲骨文里，用毛笔书写的例子，由此亦有可以证明者，一为殷代确实已有毛笔，书写的文字，还看出毛笔的笔锋；二为殷代确实已有用毛笔书写文字的颜料；三为早期甲骨卜辞，一般当为先写后刻，不写径刻的例子，只有熟手或到了晚期才是那样作的；四为古书上常说“书之竹帛”，可惜年代久远，竹帛之类，不易保存而已。

五曰，卜辞刻文之涂饰。甲骨卜辞，在刻划里边，又常有涂朱涂墨之例。一二七坑龟甲，因多系武丁早 期，所以涂朱墨者特多，凡大字多涂朱，凡小字多涂墨。这样明显的例子，有很多。卜辞大小字黑白分明，耀然骨上，非常美观。

六曰，刮削重刻的卜辞。一二七坑的龟甲文字，有许多刻好又刮去重刻的例子，因为殷人于甲骨卜辞常有修改，要修改就只有刮去重刻。

七曰，卜序之有条不紊。殷人占卜，一般从龟甲背钻凿，以火灼之，正面即显卜兆，在卜兆上方，注一数字，以表示占卜的次序。我曾作《卜辞同文例》一文，即根据这一二七坑的整版龟甲，举出殷人有一事一卜者，有一事二卜者，有一事三卜者，有一事四卜，五卜，六卜，七卜，八卜，九卜乃至十卜者。此外，有一事十一卜者，有一事十二卜者，有一事十三卜十四卜者，甚至有一事十八卜者。

八曰，一事多卜之同文。殷人一事多卜，又有将只是卜序不一样的同样卜辞，刻在不同的甲骨上的所谓卜辞同文之例。这种同文卜辞的例子，一方面可以看出殷人占卜的制度，另一方面，同文卜辞，还可以各以残辞，相互补充，使残文成为整辞。

九曰，自上而下的文例。过去著录甲骨文的各书，无论是龟腹甲龟背甲，自武丁以迄帝辛，其左右内外之先后，虽无一定立法规，但有一共同之原则，则皆自下而上是也。一二七坑之龟甲，无论腹甲背甲，凡一事而占卜多次者，无不自上而下，或上下直行，或靠右边自上而下，或靠左边自上而下，其次序都是自上而下，与过去著录之甲骨不同，此亦一至可注意之问题。

十曰，卜辞之正反衔接。甲骨卜辞，有刻于甲骨之正反两面者，其反面卜辞常与正面卜辞相衔接。一二七坑的龟甲，正反面卜辞相接之例，就多至不可胜举。

十一曰，甲桥刻辞之发现。甲桥刻辞，在已著录的甲骨资料中，实在不少。据余统计，约有二百余条之多。唯以残辞居多，所以从来不为人所注意，今一二七坑，因多有整版龟甲，所以完整之甲桥刻辞特多。由甲桥刻辞又认识了一种与之相类似的背甲刻辞。

十二曰，贞卜人员的签名。一二七坑龟甲中贞卜人员签名的例子极多。签名的情况有六，一为签名于甲桥刻辞，二为签名于背甲刻辞，三为签名于骨臼刻辞，四为签名于骨面刻辞，五为签名于龟背甲正反面的顶端，六为签名于甲尾正反面的下端。其签名的贞卜人员，约有二十多个。

十三曰，改造背甲之特点。一二七坑的龟甲，还有一种特殊的例子，即改造的背甲。殷人卜用龟背甲，一般都是从中间锯开。改造的背甲，又从左半背甲或右半背甲的外边部分，去其两端，修其左右，使成长圆形。中间皆有圆孔，以备穿联。

十四曰，早期卜辞的推想。一二七坑的龟甲，以及少数兽骨，由其所具特点及内容看来，其时代大多数当属于武丁早期或更有武丁以前盘庚小辛小乙时期之物。

（原刊《中国历史博物馆馆刊》总第十三、十四期合刊，
此次略加删节——胡振宇注）

殷墟YH127坑甲骨窖藏发现在甲骨学史上的意义及新时期面临的课题

王宇信

1936年6月12日，在前中央研究院第十三次大规模科学发掘殷墟即将结束的时候，出现了殷墟甲骨文出土的奇迹，即一个编号为YH127的窖穴内，出土甲骨17096版。如此之多的甲骨一次性面世，是空前绝后的。1973年小屯南地甲骨和1991年花园庄东地H3出土成批甲骨之和，也不过其零头。

关于YH127坑甲骨的出土情况，董作宾《殷虚文字乙编序》（1948年）、石璋如《殷墟最近之重要发现附论小屯地层》（《中国考古学报》第2期）、《小屯后五次的重要发现》（《中国考古学报》第4期）、《六国别录》（上册1945年）、《小屯（第一本）：遗址的发现与发掘丁编·甲骨坑层之二：十三次至十五次出土甲骨》（1992年）、胡厚宣《殷墟发掘》（1955年）及王宇信《建国以来甲骨文研究》（1981年）等论著中均有述及并广为国内外学者所熟知。

如此之多发掘的甲骨一次性出土，确实给甲骨学家出了一道大难题。费尽了一番周折以后，1936年7月12日才运抵南京前史语所，继续进行了为期3个多月的室内发掘。[1]

YH127甲骨窖藏坑不仅出土甲骨数量多，而且现象复杂，且甲骨内容丰富，这就把甲骨学研究的“发展时期”（1928～1949年）推向了高峰，并为甲骨学研究的“继续发展时期”（1949年至今）奠定了坚实基础。因此，我们在YH127甲骨坑发现70周年的时候，在进行室内科学发掘的南京举行隆重的纪念活动，是非常有意义的事情。

一　YH127坑丰富了甲骨学的研究内容

自1899年甲骨文发现以后，历年虽多有出土，但如YH127坑之数量大，且时代单纯之一批甲骨如此集中出土所见不多。此坑不少新的现象丰富了学者对甲骨学的认识，并向学者提出了需要研究和解决的不少问题，这就是：

（一）YH127坑刻划甲骨卜兆的现象。以前发现的甲骨文，一般刻辞都迎兆并尽量避开卜兆，为的是保存并显示卜兆这些“神示”痕迹。卜兆在占卜中的神秘性，在YH127坑中已不复存在，即整理者发现，此坑甲骨刻划过卜兆者，竟达万片以上。[2]为什么刻划卜兆？董作宾认为是“为的美观”。是因为人们据兆判断吉凶后，“觉着裂纹细微，不甚醒豁，于是顺手也在卜兆上加以刻划”。但为什么武丁期以后，又不刻划卜兆了呢？颇费斟酌。

YH127出土的墨书甲骨卜辞
（《殷虚文字乙编》778）

墨书甲骨例（《殷虚文字乙编》778）

（二）发现了毛笔书写的字迹。虽然在第一次至第九次科学发掘殷墟时，也发现过用毛笔书写的字迹，诸如《甲编》870、2636、2940等版。但此次几版墨书集中出土一坑，便于学者对当时毛笔书写情形的观察研究。

（三）涂朱、涂墨甲骨的发现。从YH127坑出土甲骨可以发现，殷人不仅以朱、墨在甲骨上写字，而且刻字以后，有的还涂以朱（或墨）。虽然涂朱、墨者在武丁时为数不多，但涂朱、墨者应予以充分注意。

（四）改制背甲的使用。在甲骨卜材中，各期都有使用龟背甲占卜并刻辞的，但YH127坑发现的使用改制背甲却为新例。

所谓“改制背甲”，即将一种长而两端不甚规整的较小龟背甲，由中间锯开，削掉近脊甲之不平部分，再将两端削、磨成近圆形，中间钻一圆孔供穿绳用。改制背甲呈“鞋底形”，使用时与背甲相同，出土数量不多，如《乙编》5241即是。

（五）甲桥刻辞的大量发现。所谓“甲桥刻辞”，胡厚宣谓“甲即龟甲，桥即骨桥，谓刻于龟甲骨桥背面之一种记事文字也”[3]。虽然此类刻辞以前著录不少，胡厚宣统计达273条之多。但因龟甲出土时残断过甚，已难看出这类刻辞在龟腹甲上的位置（而拓本尤难），因而没有引起甲骨学者的注意。YH127甲骨坑有大批完整甲骨出土，甲桥刻辞所在位置甚明。据整

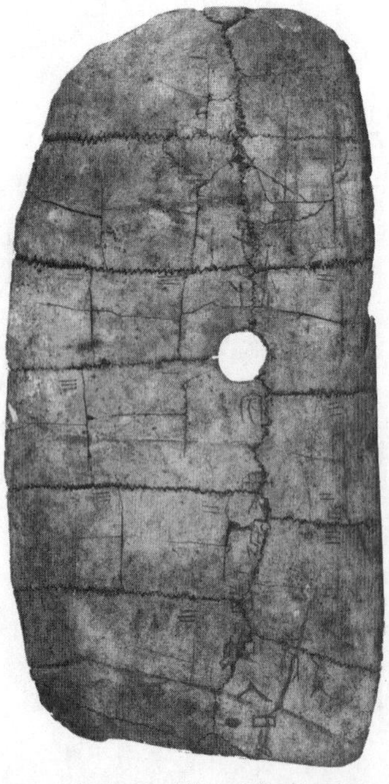

改制背甲（《乙编》5241）

YH127出土的这片甲骨上文字有涂朱（大字）和填墨（小字）现象。见《殷虚文字丙编》207。

理者统计，YH127坑出土甲桥刻辞达300例之多，[4] 为记事刻辞研究提供了启示。

（六）武丁大龟的发现。YH127坑发现一版大龟（《乙编》4330），这是1899年甲骨文发现以来，迄至目前所见最大龟板。据鉴定，此龟不产自安阳，而是产自马来半岛，[5] 甲骨的产地向学者提出了值得深思的问题。

（七）成套甲骨的出土。所谓“成套甲骨”，即不同版龟甲或兽骨上，刻有内容相同，但占卜序数（即兆记）不一的几块甲骨。据学者统计，YH127宾组卜辞成套腹甲有15套之多。[6] 而“最初发现成套甲骨与成套卜辞，完全是由于偶然的机缘与一时的灵感”[7]，即整理YH127坑甲骨，并缀合出版《丙编》的启示。

（八）殷人甲骨分埋的启示。YH127坑17096版甲骨中，仅出牛骨8版。这和“大龟四版”、“大龟七版”，只出龟甲；而1971年小屯西地只出卜骨，1973年小屯南地多出牛骨而龟甲极少和1991年花东H3多为龟甲等现象判断，殷人应甲骨分埋。

（九）与以往出土甲骨不同，YH127坑如此之多甲骨堆积的北壁倚一人架，“大部分已被埋在甲骨中，仅头及上躯还露出甲骨以外，这个人可能就是当时管理甲骨的人员”[8]。此为何许人也，为一千古之谜。如此等等。YH127坑如此丰富、复杂的现象和大量甲骨上契刻的信息，推动了甲骨学发展时期研究的前进。

二　YH127坑甲骨，把甲骨学研究的“发展时期”（1928～1949年）推向了高峰

自1928年殷墟科学发掘甲骨文开始，出土甲骨文日多。董作宾把田野考古学方法引入甲骨学研究领域中，他“从安阳小屯村殷墟的地面下发掘出来”了“甲骨文字的断代方法”[9]。他1933年《甲骨文断代研究例》的发表，把甲骨学研究纳入了历史考古学范畴，使甲骨学由金石学的附庸，成为了中国考古学的分支学科，从而使甲骨学商代史研究由它的“草创时期”（1899～1928年）进入了“发展时期”（1928～1937年），研究有了很大前进。而YH127坑甲骨的发现，把研究推向了高峰。这就是：

（一）在甲骨学的自身规律方面，由于YH127坑甲骨有许多新的现象，给学者的研究提出了全新的问题。诸如在分期断代方面，董作宾《断代例》原第四期所谓“不录贞人时期”，即武乙、文丁卜辞的区分法就受到了挑战。YH127坑中有一批贞人与他定为文武丁时代的贞人“扶”（《甲》2356、2907）时代相近并有联系，诸如自、子（13·0·13335）、衎（13·0·11817.11818）、𠦪（13·0·1491等19见）、车（13·0·10993等2见）、史（13. 0·1561）、万（13·0·472）、幸（13·0·52）、㞢（13· 0·290）等，从而把《断代例》中定为武丁时期的一批卜辞下移至文武丁时代，这就是他乐道的“揭穿了文武丁时代卜辞之谜”[10]。但是，此问题并未解决，只不过为以后甲骨学界的进一步讨论此问题拉开了序幕。胡厚宣则受YHl27坑有大量完整龟甲，特别是“甲桥刻辞”部位的启示，搜集更多的证据，写出了《武丁时五种记事刻辞考》，得出了作为武丁时五种记事刻辞之一的“甲桥刻辞”，所记“一为甲骨之来源”，“二为甲骨之祭祀，盖甲骨在卜用之先，必须经过此种礼典也”[11]。关于商代卜用龟甲之来源，YHl27坑不仅出土马来大龟，而且还有“来自南氏龟。贞有来自南氏［龟］”（《乙》6670）的

记载，为学者撰著《殷代卜龟之来源》，[12]提供了有力证据。

（二）在商史研究方面，YH127坑也提供了丰富资料。武丁时卜辞中，有一位常见祖先名“下乙”，但其为何许人，几十年无人涉及。胡厚宣先据YH127坑有关下乙的十五六条卜辞，再结合其它著录甲骨及古文献，写出了《卜辞下乙说》名篇，从而得出下乙即为殷王祖乙的不争之论。[13]殷代的农业，应较为发达。但不少学者仅据甲骨文“焚”字，就“妄言殷商之社会经济者，几无不以殷人乃使用烧田耕种法者矣”，低估了商代农业发展水平。而胡厚宣从YH127坑出土之新材料“其焚，擒。癸卯允焚，获兕十一，豕十五，昆廿五”（《乙》2507），得到“殷人常烧草以猎兽”的“确凿之证明”，得出了“旧籍凡言‘焚’‘烧田’以及‘火田’者，无一不指烧草以猎兽而言也”，写出了著名的《殷代焚田说》。[14]

此外，胡厚宣还使用YH127坑甲骨出土的有关“六日［甲］午，月夕有食”（《丙》54）和“下乙宾于帝”、“咸不宾于帝”（《丙》36）、“下乙弗又”、“𢼄卯鸟星”（《乙》6664）等材料，从而使他的名篇《殷代之天神崇拜》一文更加充实。不仅如此，刘体智善斋所藏著名“四方风”大骨，不少学者疑为伪片，但胡厚宣据字体、文理等方面研究，“独疑其不伪”。并据YH127坑所出一版武丁时记四方风卜辞进行辨析和考证，在《甲骨文四方风名考证》一文中，不仅证明了善斋大骨不伪，并指出“在《大荒经》中四方风名尚与甲骨文字略同，至《尧典》则已有蜕变”。因此，《大荒经》“必不能为东汉之伪书也”[15]。如此等等。

正是由于YH127坑甲骨新材料和新现象所提出诸多问题的推动和与已出土甲骨材料的全面整理和触类旁通，胡厚宣自1944年出版了《甲骨学商史论丛》初、二、三集。此书是他“十年以来，凡已出版之书，必设法购置；其未出版之材料，知其下落者，必辗转设法，借拓钩摹。国内国外，公私所藏，虽一片不遗，虽千金莫惜。而中央研究院先后发掘所得大版碎片近三万，以工作关系，玩之尤为熟悉”，并在此基础上，“对甲骨文字做一通盘总括之彻底整理”[16]的集当时甲骨文之大成的巨著《甲骨学商史论丛》出版以后，就被教育部授与“著作发明二等奖”，并获奖金八千大洋。日本著名学者白川静评价此书是“斯学空前的金字塔式论文集，是继董先生《甲骨文研究断代例》之后又一划时代著作”[17]。日本爱知大学教授内藤戊申评价此书“确可称为殷代研究的最高峰”[18]。

三 YH127坑甲骨，为甲骨学研究的“继续发展时期”的前进奠定了基础（1949年至今）

虽然YH127坑大批甲骨的发现，把“发展时期”的甲骨学研究推向了高峰，但因为这批材料一直未公开发表，其影响毕竟有限。诚如胡厚宣先生在《甲骨学商史论丛》初集的“自序”中所说：“抑余既离中央研究院，则曩作论文，即不便在外间发表。所知材料虽多，中央研究院既未发表，亦自不便引用。故余书颇有未便收入之论文，而忍痛割爱之材料，尤为不少。文中有注明十三次者，系转引自董彦堂先生及厚宣曩在中央研究院所发表之论文者。”

直到1948年以后，这批珍贵的材料才得以陆续出版。董作宾编纂之《殷虚文字乙编》上辑，于1948年出版。《乙编》中辑，1949年出版。而《乙编》下辑，1953年在台湾出版。1956年科学出版社将《乙编》下辑在大陆重印，从此内地学者才得以见到全部《乙编》的材料。《乙编》上、中、下三辑所收甲骨，主要是殷墟第十三次、第十四次、第十五次科学发掘所得18405片甲骨编集而成，其中主要是第十三次发掘YH127坑之17096片甲骨。此外，1995年钟柏生出版了《乙编补选》，把全部YH127坑甲骨材料公诸于世。

《乙编》公布材料时，未进行缀合复原的工作。大陆学者郭若愚、曾毅公、李学勤进行了缀合工作。1955年出版的《殷虚文字缀合》中，收有《乙编》缀合370版。台湾张秉权经过多年努力，据YH127坑甲骨实物进行缀合，共得623张图版，实际缀合323版，于1957年出版了《殷虚文字丙编》上辑一，全书上、中、下三集六册至1992年出齐。此外，1978～1982年出齐的《甲骨文合集》，仅此二书“就缀合一千版以上”[19]。而台湾艺文印书馆1991年出版的严一萍遗著《殷虚第十三次发掘所得卜甲缀合集》，共收缀合版225号，但除去与《殷虚文字缀合》相重者147版和《合集》著录相重者外，新缀材料不是很多。刘学顺在其博士论文《YHl27坑宾组卜辞研究》中，也公布了五例缀合。

《殷虚文字乙编》的出版和有关《乙编》缀合著录的出版，为1949年以后的甲骨学研究提供大批而完整的资料。自1949年以后，更多的学者才得以利用《乙编》(主要是YH127坑出土材料)，把甲骨学的研究推向了“继续发展时期”，在甲骨学和殷商史研究方面取得了很大进展。[20]我们从1949～1978年各项成就的有关著作中，《乙编》材料引用率之高，就可以看出YHl27坑甲骨为新时期甲骨学研究的发展奠定了坚实的基础。

而1978年以后，《甲骨文合集》的陆续出版，把甲骨学商史研究推向一个更新的阶段——全面继续发展阶段。[21]这一时期不少甲骨学和殷商史研究课题之所以取得成就和前进，与《合集》全面系统公布甲骨材料有关，即《合集》所收各片在研究中被广泛研究引用。但需知，《乙编》一书和《丙编》各版基本已被收入《合集》之中，约占《合集》41956版的三分之一。且《乙编》各版片大、字多，内容也较为重要。因此从这个意义上说，《合集》推动了新时期甲骨学研究的前进，实质上还是YH127坑的17096版甲骨为1949年以后的甲骨学研究“继续发展”和“全面继续发展”奠定了坚实的基础。

四　全方位、多角度研究YH127坑甲骨——新时期甲骨学面临的课题

YH127坑甲骨堆积1936年6月发现至今，已经七十多年了。已如前述，此坑甲骨数量大、现象复杂、内容丰富。因此YH127坑的发现和室内整理期间，就把甲骨学研究的“发展时间”推向了高峰。自1948年YH127甲骨材料在《乙编》上、中、下辑公布以后，使甲骨学殷商史上不少疑点和难点问题得到了全新证据，奠定了1949年以后甲骨学商史研究“继续发展”的基础。而1956年出版的陈梦家《殷墟卜辞综述》这一甲骨学前七十年成就的总结性著作中，就反映了《乙编》的大批重要材料，为不少重要课题的解决和提出占有不可或缺的地位；而1978以后，随着集大成著录《合集》的出版，无论从涌现出的著作数量，还是研究课题之广泛和深入，还是研究者的人数等方面，都大大超过了此前几十年的总和，甲骨学研究进入了“全面深入发展阶段”。我们的世纪总结性著作《甲骨学一百年》，就反映了《合集》在推动甲骨学商史研究所起的重大作用。这一阶段因《合集》将《乙编》和《丙编》的材料收入，鲜有再引用《乙编》、《丙编》者，但只要我们把重大问题研究所需《合集》材料一查《合集》来

源表，就可发现不少与《乙编》和《丙编》有关。因此，占《合集》41956版近三分之一的YH127坑甲骨材料，将永远是甲骨学商史研究弥足珍贵的史料。

《乙编》和《丙编》(即YH127坑所出甲骨)收入《合集》并按类编排，便于与同类材料相比较并触类旁通，给研究者带来极大方便。但也不容否认，这样一来就把YH127坑甲骨的完整材料打散，分门别类地被纳入了八十年出土甲骨的总体之中。再利用YH127材料研究甲骨学殷商史，只能从宏观上进行。因而七十多年来，对YH127坑的考古现象及17000多版进行整体研究却被忽略了。

李学勤教授早就有感于此。他1979年7月指出："殷墟甲骨最丰富的发现，应推YH127一坑龟甲。这批卜甲在地下本来完整，而且显然是同时的，现在已经缀合了不少，但用排谱的方法进行整理，还没有人着手尝试。我相信，如果花费几年时间，把这一工作做好，必能对甲骨学及商代史的研究有较大的贡献。"[22] 这就是说，应从具体的、微观的角度对YH127坑及所出甲骨进行个案研究。虽然如此，相当长一段时间仍未有人有意识地进行YH127坑甲骨的全面整理工作。

直到1998年，中国社会科学院研究生院历史系刘学顺的博士学位论文《YH127坑宾组卜辞研究》才把YH127坑甲骨丰富的内容从宾组卜辞这一个方面进行了较系统研究。全文共分三章，即第一章YH127坑卜辞概论，下分四节：第一节发现与整理，第二节著录与缀合，第三节地层与时代，第四节小结；第二章为YH127宾组卜辞的性质，下分五节：第一节卜辞埋藏情形分析，第二节YH127宾组卜辞所记事类分析，第三节YH127内外宾组卜辞的联系，第四节同类甲骨储藏穴对比分析，第五节小结；第三章YH127宾组卜辞重要史事的排谱，下分六节：第一节妇好娩与征亘方，第二节妇果娩，第三节征下危，第四节征角，第五节征胄，第六节小结。此文通过对YH127有关宾组卜辞的研究，对YH127坑所记两条月蚀(即癸未月食《合集》11483、《丙》56和甲午月食《合集》11484、《丙》54)的天文学分析推断此坑宾组卜辞的具体年代"约在公元前1210年到公元前1180年"，前后约30年，这与考古学者从地层上分析的，YH127坑其"年代不会晚于董作宾所分的甲骨文的第一期"是相合的；与此同时，对YH127坑所出宾组卜辞的重要事类进行了排谱，即妇好生育与征亘方谱、妇果生育谱、征下危谱、征角谱、征胄谱等，并以妇好生育为界，判断征亘、妇果谱应较早。而征下危时妇好为活跃人物，此谱应较上二谱为晚。征角时，曾有妇好患病的卜问，因而征角谱较年富力强的妇好征下危谱为晚。而征胄谱未见妇好的信息，或已死去，此谱应年代最晚。不仅如此，刘学顺还根据自己整理YH127坑30多年中的宾组卜辞发现，"有些字在同一时期会有不同的字形"，"如占卜征亘方的贞人壳就至少有两种不同字形"。因此他认为，"我们要谨慎地利用字形来对宾组卜辞分组"、"字形的不同并不定意味着时间的不同"、"这是由于契刻者不同造成的不同风格"，等等。如果我们继续对YH127坑甲骨文的宾组卜辞和其他卜辞从字体上加以彻底的整理，或许对主张"利用字体对现有的各种卜辞作更细致的分类"的"两系说"学者断代新方案的完善当颇有启示。

遗憾的是，自刘学顺此文提出以后(此博士论文迄今未正式出版)，在大陆上再也未见专门对YH127坑甲骨研究的论文出现。值得注意的是，1991年花园庄东地H3坑甲骨以《殷墟花园庄东地甲骨》(云南人民出版社2003年版)为名出版以后，很快就吸引了甲骨学家的目光。不少学者在《花东》部分材料公布时，就开始进行了研究，诸如刘一曼、曹定云、葛英会、赵诚、黄天树、裘锡圭、刘源、杨升南等。而《花东》出版以后，更有不少学者从不同的角度进行研究，在2005年台湾东海大学还召开有台湾、大陆和海外学者参加的专就《花东》研究成果的学术研讨会并出版有会议论文的专集。与此同时，姚萱完成了《花东卜辞初步研究》（2005年）的博士论文，对《花东》甲骨卜辞中的文字多有考证，并重作了《花东》释文。而韩江苏完成了《殷墟花东H3卜辞主人"子"研究》（2006年）的博士论文，从商史和商代新制方面，对"子"的身份、地位及商王和王卜辞人物的关系等方面进行了研究。此外，还有不少系统研究《花东》H3甲骨的课题正在进行或即将完成。

与《花东》H3研究的系统、深入和成为当前甲骨学商史研究的热门课题相比，YH127坑的全部内容学者们至今仍不甚了了。而且迄至现在，仍没有较系统的研究成果在国内面世。是YH127坑甲骨的现象、版数、内容等方面的重要性比不上花东H3吗？谁都会说：非也。花东H3甲骨与YH127来说，是小巫见大巫。但是，为什么YH127坑甲骨却多年不能吸引学者专注研究的热情呢？

我们认为，YH127坑甲骨的著录出版较早（1948年），且其下辑是在我国台湾出版，由于种种原因，大陆学者很难见到《乙编》上、中、下全套及《丙编》、《乙编补遗》等书，这就使学者对YH127甲骨的全面进行研究的条件受到了局限。自1978年《甲骨文合集》出版以后，虽然因《乙编》、《丙编》的材料收入，使学者得以方便地见到和使用这批仅耳闻而不能目睹的重要材料，推动了甲骨学商史研究的发展。YH127坑的一批甲骨材料，只能放到宏观的甲骨学商史中去加以研究。一律冠以《合集》编号，且《合集》来源表直到1999年才出版，因而在《合集》41956版甲骨中，何者为YH127坑所出甲骨，一般学者是难以分出的。因而也不能从《合集》中将YH127坑甲骨全部集中，进行YH127坑甲骨的微观研究。即使1999年《合集》来源表出版以后，从《合集》中再将YH127坑甲骨全部集中，也存有相当大的难度。如此等等，学者较难见到YH127坑甲骨的全部材料，当是鲜有人专对YH127甲骨坑进行全方位、多角度的微观研究的原因。

YH127坑甲骨，是一座商代历史文化的宝库。YH127坑甲骨的丰富内涵，已在甲骨学商史的宏观研究上，起到了和正在发挥着重大作用。但多年来，我们对YH127甲骨坑从整体上进行个案的多角度、全方位研究还很不够，我们从微观上对YH127坑的认识还不甚了了，这里面还有很多课题需要我们去认识、去发现、去提出、去解决。因此在纪念YH127甲骨坑发现七十周年的时候，甲骨学界应把李学勤教授在1979年12月呼吁的对YH127坑"用排谱的方法进行整理"并"花费几年时间，把这一工作做好"的提示和呼吁落实！

因此我也建议：有识之士和有支持学术事业发展的出版社，把YH127坑甲骨的著录书《乙编》和《丙编》在中国大陆重印。在这一研究材料紧缺的情况改变以后，YH127坑的整体研究必将大大推进，并将产生推动新时期甲骨学和商史研究的重大成果！

注释：

[1]关于YH127坑发掘及运往南京的趣闻轶话，大陆也有学者述及，以最近出版的杨善清等《中国殷墟》（上海大学出版社2006年版）第91～95页所述为详，可参看。

[2] 胡厚宣：《甲骨六录》，《甲骨学商史论丛》三集，1945年。

[3] 胡厚宣：《武丁时五种记事刻辞考》，《甲骨学商史论丛》初集上，河北教育出版社2002年版。

[4] 胡厚宣在上文中统计，共得甲桥刻辞573例，文中公布见于著录者273例，余为第13次发掘（即YHl27坑）所得，573−273 = 300，即300余例。

[5] 伍献文：《武丁大龟之腹甲》，《动植物研究所集列》第14卷，1～6期，1943年。

[6] 具体片号参见刘学顺《YH127坑宾组卜辞研究》，博士学位论文，1998年。

[7] 张秉权：《甲骨文与甲骨学》，第200页，台湾，1988年。

[8] 胡厚宣：《殷墟发掘》，学习生活出版社1955年版，第100页。

[9] 董作宾：《为书道全集详论卜辞时期之区分》，《董作宾卷》，河北教育出版社1996年版，第528页。

[10] 董作宾：《乙编序》，《董作宾卷》，河北教育出版社1996年版，第721～735页。

[11] 载《甲骨学商史论丛》初集上，第452页。

[12] 同上书。

[13] 载《甲骨学商史论丛》初集上，第299页。

[14] 载《甲骨学商史论丛》，第156页。

[15] 载《甲骨学商史论丛》初集上。

[16] 胡厚宣：《甲骨学商史论丛自序》，《甲骨学商史论丛》初集上，第14～15页。

[17] 白川静：《胡厚宣氏的商史研究》，《立命馆文学》103号，1953年。

[18]《古代殷帝国》，第202页。

[19] 胡厚宣：《甲骨文合集序》，中华书局1978年版。

[20] 参见《甲骨学通论》（增订本）第十七章第二节，中国社会科学出版社1999年版。

[21] 王宇信：《论甲骨学研究“全面深入”的新阶段》，《中国历史文物》2002年第5期、第6期。

[22] 李学勤：《建国以来甲骨文研究序》，中国社会科学出版社1981年版。

（作者为中国社会科学院历史研究所研究员、博导，
中国殷商文化学会会长，江苏省甲骨文学会顾问）

YH127坑的发现对甲骨学研究的意义

蔡哲茂

关于YH127坑的专门论述，目前有刘学顺的《YH127坑宾组卜辞研究》及魏慈德的《殷墟YH127坑甲骨卜辞研究》两本博士学位论文，其它则有胡厚宣的《殷墟127坑甲骨文的发现和特点》。[1]

由于本人任职于"中研院"史语所，这批甲骨材料在前辈董作宾、张秉权等人的研究之外，仍旧大有所为，自1999年7月至2002年6月进行"中研院"主题计划，共完成了以下几点：

1. 查对张秉权先生已缀合而未发表之甲骨缀合计一六八组，间对其中几片有所加缀并完成摹本及释文即《丙编补遗》。

2. 发表多篇甲骨缀合，并将其中为出自YH127坑甲骨之缀合汇成一册，共计一九七组。

3. 完成《殷虚文字乙编》释文初稿（《乙编》释文最早见于日本甲骨学会，《乙编》之部分释文参酌张秉权《殷虚文字丙编》的释文）。

4. 完成《殷虚文字乙编》缀合号码索引——由于大陆出版之《甲骨文合集》缀合不少《乙编》，《合集》之后亦有学者作出新缀合，本表作出对照表。

5. 对《甲骨文合集》的误缀，利用本所实物检验其正确与否，作出误缀号码表。

6. 魏慈德之博士论文——《殷墟YH127坑甲骨卜辞研究》。

魏慈德是我指导的学生，现在东华大学任教，这是他在2001年6月提出的博士论文，论文题目是《殷墟YH127坑甲骨卜辞研究》。他将YH127坑的甲骨分成宾组、子组、午组、子组附属以及自组卜辞，并将可能的卜辞以排谱的方式进行研究。

甲骨分类可说是排谱的前题，利用同类的甲骨来排谱才能得正确的事件序列。而这一工作目前甲骨学者已经作得非常完备了，从陈梦家《殷墟卜辞综述》到李学勤、彭裕商的《殷墟甲骨分期研究》、黄天树的《殷墟王卜辞的分类与断代》等，已近乎把目前可见的甲骨材料能分类的都分类了，而魏慈德的论文在分类方面就依上述学者对各类组甲骨所立的定义来将这一批甲骨作进一步的归并。

排谱工作的前提是要有一个连续完整的殷历，如此才能将推算出的可能商年放入商代的纪年当中，而一个连续完整的殷历若配合一个确切的时间定点就很容易将某王在世的年月给排列出来。

7. 林宏明君之甲骨缀合。

林宏明君在当我助理，整理YH127坑甲骨时，缀合了相当多的甲骨，约有170余组，其中有一些相当大片的缀合，试举其例：

目前正进行中对YH127甲骨的研究，一为林宏明君的"国科会"计划，陆续缀合了二三十组；另一为蒋玉斌的博士论文《殷墟子卜辞的整理与研究》，附录三有各类子卜辞新缀八十

<table>
<tr><th>合集</th><th>乙编</th><th>加缀合号码</th><th>丙编</th></tr>
<tr><td>合 11018 正</td><td>2844</td><td>3134+3888+3889+4080+4084</td><td>丙 201（不全）</td></tr>
<tr><td>林宏明加缀</td><td colspan="3">乙补 2471</td></tr>
<tr><td>合 01106</td><td>6011</td><td>6027+6046+6052+6054+6479+6550+6555</td><td></td></tr>
<tr><td>林宏明加缀</td><td colspan="3">乙 8141+ 乙补 5337+ 乙补 5719</td></tr>
<tr><td>合 14129</td><td>529</td><td>乙补 357</td><td>65</td></tr>
<tr><td>林宏明加缀</td><td colspan="3">乙补 4950</td></tr>
<tr><td>合 06949</td><td>0759</td><td>0781+0782+0783+1113+1863+1865+2187+2202+2213
+2315+2318+2322+2341+2343+6709+7959+8009</td><td>丙 485、丙 486</td></tr>
<tr><td>林宏明加缀</td><td colspan="3">乙补 954</td></tr>
<tr><td>合 00032 正</td><td>1873</td><td>1884+1925+1986+2615+2616+6859+6888+7237+7275+7486</td><td>丙 22</td></tr>
<tr><td>林宏明加缀</td><td colspan="3">乙卜 1653+ 乙补 6022</td></tr>
<tr><td>合 00248 正</td><td>2139</td><td>6719+7016+7201+7509</td><td>丙 41</td></tr>
<tr><td>林宏明加缀</td><td colspan="3">乙补 2089+ 乙补 5853</td></tr>
<tr><td>合 22063（部分）</td><td>7512</td><td>8413</td><td></td></tr>
<tr><td>林宏明加缀</td><td colspan="3">合22088(乙4549)+合22113(乙8435+已8441)+合22186(乙8406)+乙8455+乙8433+8384+
乙 8454</td></tr>
</table>

组。[2] 另外，我的学生林胜祥君在担任我的助理期间，缀合了一百多组（尚未发表）。

1936年春季在河南安阳小屯村的第十三次发掘，有着比前几次发掘更丰硕的成果，不但有字甲骨的数量超过前几次总和的四倍之外，材料的完整、坑位的明晰，内容的多样等，更非《殷虚文字甲编》所能比拟的。以下便分别陈述此坑甲骨在甲骨学研究上的意义：

一　材料的完整

前面提到，在科学发掘前著录的诸多甲骨，大多都是残片。虽然数量多、内容丰富，但是研究不易，最主要的原因是残断的太厉害了，研究的学者只能就断片的内容作探讨，不能够对整片甲骨作完整的比对与研究。此中更有许多不肖商人，制造伪品来欺瞒收藏者。YH127坑的甲骨，刚出土时多半是完整的龟版，最少有三百版，出土后在南京经过细心的整理。可惜不久后抗战开始，这批古物随着政府颠沛流离，到四川之后，这些甲骨许多都已相互混杂。经过整理之后，虽无法恢复旧观，但还是拼合了许多完整的龟甲。先不讨论这些甲骨在内容上的丰富，光是材料上的完整，就能研究出前人无以发现的成果，如胡厚宣发现的记事刻辞，他在《武丁时五种记事刻辞考》中有详细的讨论。这是在龟甲上五种地方所出现的特别刻辞，与一般的卜辞内容不一样，如果不从完整的龟甲来看，是无法发现这类现象的。另外又如张秉权的《论成套卜辞》，这也是利用完整甲骨的兆序，所得出来的结论。

二　坑位的明晰

董作宾在做甲骨分期断代时，曾提出十种分期的标准，其中一项就是坑层。YH127坑的情况比较特殊，不过与其相临的B112、123、125、126、130以及YH017坑等，坑内都是同一期的卜辞。这在分期断代的研究上，有许多贡献。

三　内容的多样

此批甲骨的出土，在内容是相当丰富而多元的，试举以下诸例：

（一）卜辞下乙即祖乙的提出

胡厚宣《卜辞下乙说》：

武丁时卜辞中，有一常见之祖先，曰下乙，在早期祀典中， 占一极重要之地位。四十年来，研契诸家，曾无一言及之者。最近金君祖同著《殷契遗珠》一书，于发凡第九，谓下乙为地名……下乙者，既非小乙、大乙、匚乙，则殷先王以乙名者，仅余一祖乙，是必为下乙无矣。其尤可以确证者，前引二三辞言“桒于[甲]咸大丁、大甲、下乙”以世次观之，下乙在大甲之后，既不为小乙，则非祖乙莫当。他辞日：“[㞢][于][甲]㞢于咸，㞢于大丁，㞢于大甲，[㞢]于且乙”（一三一），世次与此全同，大甲之后正为祖乙。他辞又日：“贞来乙亥酒且乙，十伐㞢五，卯十窐”（一三二），大字涂朱，与前引十四、十五、十六三辞明明为同时一事之贞卜，而一称下乙，一称祖乙，则下乙者，非祖乙而谁耶?

胡厚宣所引的两条卜辞，丙41：“翌乙酉㞢伐于五示，上甲、咸、大丁、大甲、祖乙。”乙5303：“桒于上甲、咸、大丁、大甲、下乙。”张秉权在《丙编》上（一）说：“胡厚宣说下乙就是祖乙，增加了这二条证据，可成为不易的定论。”

（二）殷代焚田说的提出

武丁时卜辞中屡见“焚”字，历来学者多解释成幼稚的农业民族所常用的火耕，即耕种之时，烧草辟田，并用草灰做肥料。胡厚宣由《乙编》2507（《丙编》102、《合》10408）提出《殷代焚田说》：

故由卜辞之焚字，与其谓殷人使用烧田耕作法，尚不如谓殷人常烧草以田猎之为愈。余之怀此念也久矣，终以所见卜辞过于残缺，不敢遽为定说。顷者翻阅研究院第十三次发掘殷墟所新获之甲文，见有辞曰：其焚，毕（禽）？癸卯允焚，隻（获）冢十一豕十五兔廿五。“其焚毕”者，盖贞焚草以猎，能否有禽也。“癸卯”以后，则记征验，言癸卯之日，果焚草以猎，果擒获兕十一豕十五兔廿五。然则殷人常烧草以猎兽者，乃得有确凿之证明矣。

裘锡圭《甲骨文中所见的商代农业》引用张政烺先生的说法：

张先生对甲骨卜辞作了具体考察，指出卜辞中的“田”既可以当耕种或所耕种的田地讲，也可以当打猎或打猎之地讲，而且从第三期以后，把打猎几乎完全改称“田”。此外从卜辞还可以看出，田猎区往往就是重要的农业区，例如卜辞中常常提到的盂这个地方就是这样的。所以他认为商代的农田有很多是由猎场改成的，“耕田和打猎本来是两回事，在焚山烧泽这一点上统一了，许多猎区终于不免变成农田”。这些意见是很精辟的。很可能在卜辞所提到的田猎活动里，有一些活动的真正目的就在于为开垦农田作准备，擒获野兽只是附带的收获。[3]

（三）甲骨文四方风名考证

最早发现甲骨文中四方及四方风名的是胡厚宣，这是他看到刘体智所藏一片甲骨而发现的，他在《甲骨文四方风名考证》中有说明始末，当初郭沫若整理刘体智这批甲骨而编撰《殷契粹编》时，并没有收录此片甲骨，胡厚宣以为郭沫若认为是伪刻。近来贾双喜在《刘体智和他的甲骨旧藏》[4]研究指出，金祖同赴日所带的《书契丛编》，当中那一页刘体智所藏的这片拓片是空白，因此郭沫若当时并没有看到此片甲骨，而不是以为伪刻。这片甲骨的内容如下：

东方曰析，风曰劦。

南方曰夹，风曰㞤。

西方曰[illegible]，风曰彝。

□□□□，风曰𠬝。

这片甲骨中提到了四方与四方风名，之前都没有类似词例，直到胡厚宣看到YH127坑的一片甲骨：

贞：帝于东方曰析，风曰劦。桒⧄。

贞：帝于西方曰彝，风⧄。

□亥［卜］，内［贞］：帝［于］北⧄。

这片甲骨比起刘体智所藏那片，四方与风名大体相同，由于YH127坑的甲骨是科学发掘，因此真伪不用怀疑。胡厚宣还引古籍来证明，商代已经有四方与四方风之名，如《山海经》曰：

东方曰折，来风曰俊，处东极以出入风。(《大荒东经》)

南方曰因，乎夸风曰乎民，处南极以出入风。(《大荒南经》)

西方曰石夷，来风曰韦，处西北隅以司日月长短。(《大荒西经》)

北方曰鳧，来之风曰狻，是处东极隅以止日月，使无相间出没，司其短长。(《大荒东经》)

胡厚宣在文后提到：

故《尧典》曰宅某方曰某者，袭甲骨文《山海经》之某方曰某也。厥民某者，袭甲骨文《山海经》之四方名也。鸟兽某某，由甲骨文之风曰某讹变者也。在甲骨文仅为四方名某风名某，《山海经》文略同，惟已将四方之名神人化，至《尧典》则演为尧命羲和四子，掌四时星历教民耕作之事，开《夏小正》与《月令》之先声矣。

此版四方风名的甲骨（《乙》4548）后来几经缀合，兹整理号码如下：

乙4548+京津428（胡厚宣：《五十年甲骨文发现的总结》）（郭若愚先生在《殷契拾掇》的

序中也同时注意到）

+乙4794、4876、5161（郭若愚：《殷虚文字缀合》）

+乙6533（胡厚宣：《释殷代求年于四方和四方风的祭祀》）

+乙4883（张秉权：《殷虚文字丙编》）

+考文（考古研究所精拓契文）53（曾毅公：《论甲骨文缀合》）

+乙5047（张秉权：未刊稿《丙编补遗》）

+乙4890、4882、5012（林宏明：《殷虚甲骨文字缀合四十例》，《政治大学八十九学年度研究生研究成果发表会》）（林君缀合之后认为这片卜辞并没有瞽听协风之事）

至此，四方风大龟中关于四方及四方风的完整记载为：

贞：帝于东方曰析，凤曰劦。桒年。

贞：帝于西方曰彝，凤曰㐭。桒年。

辛亥卜，内贞：帝于南方曰㣈，凤夷。桒年。一月。

辛亥卜，内贞：帝于北方曰㚟，凤曰㱿。桒年。一月。

如果说王国维对“王亥”的考证把商人建国前传说的英雄人物证实为真人真事，间接地证明了夏王朝的存在，而四方风名的考证更是将由瞽者司协风的掌故，推延到夏王朝之前的虞舜也非传说，而是确有此一朝代的存在，而在四千年前生活在鲁、豫、冀、晋、陕等地的夷夏族，已了解季节风的更迭来作农业生产的指标。

（四）成套卜辞的提出

史语所搬迁来台后，由于研究环境较为安定，甲骨缀合的工作才能顺利展开，并由张秉权先生主导。张先生最大的贡献可以《殷虚文字丙编》上、中、下三辑为代表，以及收于《丙编补遗》（未刊稿）中未发表之缀合成果。另外，张先生在《庆祝董作宾先生六十五岁论文集》中发表了一篇重要的文章《论成套卜辞》，为其最得意的研究成果之一。

所谓成套卜辞，是指甲骨上的那些可以结合数条而成为一套的卜辞。换句话说，成套卜辞是由甲骨上的一些在同一天内占卜同一事件而连续契刻在若干兆之旁的若干条辞义相同而叙述相连的正问或反问卜辞组合而成的。以《丙编》为例，拓片五的第（1）、（3）、（5）、（7）、（9）辞是一套正问的卜辞；第（2）、（4）、（6）、（8）、（10）辞是一套反问的卜辞，这两套合起来可以说是一组对贞的成套卜辞。成套卜辞的发现对甲骨学研究是一大贡献，其价值张先生归纳为以下六点：

1. 纠正以统计为基础研究卜辞中某些问题技术上的基本错误。如统计下雨次数若以贞雨卜辞的条数与片数作为研究和统计的基础，则大有问题。《乙编》3090版有一组对贞卜辞，问“四月雨”。以卜辞计算，正反二条，以序数计算，正反共计九次，但这只是一个问题的正反二面卜问而已。

2. 可以校勘异文。如《丙编》七一与七三是一套小腹甲的第二、第四两版，每版均有六辞，其中除了第（6）辞中的一个字之外，余均相同。比对结果七三（6）的“戊”字应是七一（6）的“我”字漏刻三短横而误。

3. 可以分别章句，剖判混沌。如胡厚宣先生《卜辞中所见之殷代农业》引用的（四〇一）辞“𢿡眔𣪊叀耤于娟受㞢年”，由《乙编》3212的成套卜辞可知，胡氏将甲套右边第（2）辞

“叀耤于娟受㞢年？二三上吉”与乙套第（2）辞，“旃罙殸”误合为一辞。

4. 可以由繁知简，观微知著。如《丙编》九八第（16）、（18）和（17）、（19）是一组对贞的成套卜辞，（18）“示左王？三”与（19）“示弗左？三”意义不显，找出与（16）“贞：王不禍示左？一上吉二”与（17）“贞：示弗左王不禍？一上吉二”的成套关系后则知其省去部分。

5. 可以辨明缺笔。甲骨卜辞常有漏刻笔划的情形，有修养的甲骨学者一望可知，而在成套卜辞中则能更加确定。如《乙编》3389第（3）辞的 “贞”、“其”、“吕”三字，都只有直画而无横画，从成套卜辞可知，此三字是没有刻完全的“贞”、“其”、“吕”三字。

6. 可以考察殷代占卜制度。第一，可知殷人有贞一事于成套甲骨的实例，如《丙编》一二至二一。第二，可知成套甲骨通常由五块（或少于五块）大小相似的甲骨所组成。第三，可知殷代已有数人共贞一事的实例，如《甲编》1274。又从《丙编》七六与七八（是一套大龟腹甲中残存两版）可知，所谓共贞是由二人（或数人）分任其中的若干次贞卜的。

（五）咸为大乙另一名称的提出

“□”字被误认为“咸戊”之省称，最早见于罗振玉《增订殷虚书契考释》“亦曰咸”条之下。在罗说之后，王国维在其《古史新证》中的 “咸戊”下，将卜辞中的“咸”与“咸戊”放在一起讨论，认为“咸”乃是“咸戊”的省称。陈梦家在《综述》中把“咸”认为是“戊咸”的单称，即文献上的“巫咸”。虽然岛邦男、张秉权已经正确地指出了卜辞中的“咸”指的就是成汤，但严一萍仍坚持罗说。晚近一些学者也都受到罗说以来的影响，即使是近出《甲骨文字诂林》仍坚持陈梦家的说法。

最早提出卜辞的“□”为“咸”即为大乙另一名称的是岛邦男。他在《论卜辞中先王的称谓》一文中说：

大乙在第一期一般称作唐，又称作“□”。

乙5305□□大丁大甲下乙（同片有贞人名争）

粹173贞□……□用自……□大丁大甲大庚……

这和藏214.4……卜□□大丁大甲……此片比较，就可以知道唐就是□，从□的祭日清楚记载的七片（《续》1.48.3，《前》5.5.7，《佚》849，《乙》1761，《卜》11，《粹》426，《文》361）中为乙日有四例，丁、戊、庚、辛的祭日各一，因此从乙日祭名乙的先王，可以知道此王名乙是很清楚的，大丁之前的，□，除了大乙之外，没有别人，然而大乙称作□，是因为大乙是兴隆殷室的大王之故，盖□即咸，其字音Kam即 “汗”，Kam是大王的意义（君Kum即Kam的音转），又□从□从口，斧（武力的表现）和口 （号令的表现）， 即成其字义，君从尹从口，尹（武力）和口 （号令） 即咸其字义，也是同样的构形，也是有大 王的意义。

张秉权在《小屯·第二本·殷虚文字·丙编》的《序》中也已明确指出“咸”为成汤，他在《丙》41的释文云：

（16）贞：咸允左王？一二三四［五］六

（17）贞：咸弗左王？一二三四五［六］

（18）羽乙酉㞢伐自咸若？一二

（19）羽乙酉㞢伐于五示：上甲、咸、大丁、大甲、祖乙？一二他在考证中说：

在（19）辞中，明明白白地记载着咸是“五示”之中的一示，他的世次，在大丁以前，上甲以后。而在这二人中间的先公先王，有报乙、报丙、报丁、示壬、示癸、大乙（成汤、唐）等六人，其中只有大乙是先王，而且是开国的元首，其余五人则为先公，在这六人之中，谁最有资格，相当于咸呢？我们知道咸是和大甲、下乙一样地“宾于帝”的，而且在“大甲宾于咸”和“下乙宾于咸”的时候，他的地位俨然代替了上帝。至少他的地位是高于大甲和下乙的，这由“父乙宾于祖乙”及“父乙不宾于祖乙”（《乙》896：2977）等辞可以证明的。有时，他和太宗大甲一样，可以有威力“保我田”：

□□（卜），穷贞：大甲保［我］［田］？

贞：咸（保）我田？（《乙》6389）

有时，又和祖乙一样，可以令王害病：

王疾不隹咸？

王疾不隹祖乙？

而且卜辞所载对于咸的祀典，亦非常隆重，今略举数例如下……像这样享受隆重的祀典，具有作威作福的权力，在那六人之中，只有大乙（成汤、唐）是最有资格的，而且从卜辞里也可以看出这五示中的咸所处的地位，正相当于其他记载世系的卜辞中的大乙（成汤、唐）。

此外，张秉权又说：

从这几条卜辞中的世系，可以看出五示中的咸，正相当于大乙（唐）。

现在我们再看看卜辞中，其他的三示或五示合祭的情形：

三示：□亥卜，贞：☒三示𢀛大乙，大甲，祖乙五宰？（《佚》917）

五示：己丑卜，大贞：于五示告丁，祖乙，祖丁，羌甲，祖辛？（《佚》536）

那些“示”都是先王，决没有在若干先王的中间，忽然加进一个“先臣”的现象，这也可以反证五示中的咸是先王，是大乙，而不是先臣巫咸。况且巫咸在大戊之世，与本版及乙编5303卜辞的世次也不相合……又《礼记·缁衣》篇引尚书逸文《尹吉》曰：“惟尹躬及汤咸，有壹德”，假使我们不照传统的断句法，而在“咸”字断句，则汤咸岂不成了一个名词而和成汤、成唐、咸父乙等一样？不过这些旁证，却没有卜辞自身的证据来得直接而有力，本版就是一个最有力的直接例证。

在字形的解释上，张秉权与孙诒让的看法相同，指出卜辞中不管从口或从丁，都应该是“咸”字，他在《丙》39的考证上说：

及至最近，有人认为成就是成汤，但是却把卜辞中的“成”字，分解为从丁的“成”和从口的“咸”字，以为“咸”是巫咸，“成”是成汤，这种说法，虽则新意，但只是根据一些零星碎片而立论的，不能解释所有的卜辞，譬如，在这一版上，咸是从口的，但是如果把他当作巫咸，那就错了，他的地位应该是相当于一个先王，世次则在下乙和大甲之前的大乙（成汤），我们知道卜辞中如霝、霰等字所从的凵有时就作“□（丁）”形，凵□二形相近，原就容易相混，而且在卜辞中，一个字有好几种不同的写法，亦是常事。……明乎此，则咸字的不必强分从口与从丁，也就（案：原文作“说”误，今正）无须多加说明的了。

甲文的咸字所从口事实上应是凵的异体，因为卜辞上从凵的偏旁，也可以从□，如高，可作咸（《合》13024、《花东》86、87）。也就是说卜辞从凵的咸字和从丁的咸字是同一字，不可读作“成”。

咸字可以指成汤，在文献上除了张文所引的《礼记·缁衣》的说法之外，尚有《尚书》的例子可以补充证明。胡厚宣曾引《丙》39、《通》237、《乙》3797、《续补》1938、《粹》173、《乙》5303、《丙》41等片甲骨，赞同岛邦男及张秉权之说，而且最早怀疑《酒诰》的“咸”是指卜辞的“咸”：

《书·酒诰》说“自成汤咸至于帝乙”，又《多士》说“自成汤至于帝乙”，句法相同，而《酒诰》称成汤为成汤咸。《太平御览》八三引古本《竹书纪年》说：“汤有七名而九征”，《金楼子》也说：“汤有七号”，疑咸者当为汤之一名。《酒诰》中的“自成汤咸至于帝乙”在《尚书》中尚有类似的句子，如《多士》：

自成汤至于帝乙，罔不明德恤祀。

《多方》：

乃惟成汤，克以尔多方……以至于帝乙，罔不明德慎罚。

如果将《酒诰》中咸解作皆，再释作徧，则语意重复，将咸读作覃是用假借，这些解释，俱不如将“咸”解为和《缁衣》中的“汤咸”的“咸”，也就是卜辞唐的另一名称，来得文从字顺。即使《酒诰》与《缁衣》的“咸”，将来也许证明另有它解，但卜辞本身的证据不容抹杀，即张秉权提出五示中的咸，不可能不是先王，从世次来看，只能指成汤。大甲、下乙能宾于咸的咸，绝不可能是巫咸；咸是汤的另一名称，这是无法动摇的。

（六）对商王世系的研究，提供了一些新的证据

武丁王位的继承，在历史上没有任何人探讨过这个问题，如果稍做仔细的思考，便可以推测武丁的王位得来不易。根据《史记·殷本纪》所记载他是继承其父小乙而立，而在武丁的上一代阳甲、盘庚、小辛、小乙四个兄弟依序相传之后，照前代祖辛传位弟羌甲，羌甲传位祖辛之子祖丁，祖丁再传位羌甲子南庚，南庚传位祖丁之子阳甲这种现象来看：

祖乙
↓
祖辛→羌甲
|　↙　|
祖丁→南庚
|　↙
阳甲→盘庚→小辛→小乙
　　　　　　　　↓　|
　　　　　　　　武丁

小乙应传位阳甲之子才对，但却传位自己的儿子武丁，则无可避免地将引发继承纷争。春秋时代的吴国也有类似的状况。

《史记·吴世家》：

吴王寿梦有子四人，长曰诸樊，次曰余祭，次曰余昧，次曰季札。季札贤，而寿梦欲立之，季札让不可，于是乃立长子诸樊，诸樊又让位季札，季札不肯，弃其室而耕。……王诸樊卒，有命授弟余祭，欲传以次，必致国于季札而止，以称先王寿梦之意，且嘉季札之义，兄弟皆欲致国，令以渐至焉。王余祭卒，弟余昧立……王余昧卒，欲授弟季札，季札让，逃去，于是吴人曰："先王有命，兄卒弟代立，必致季子，季子今逃位，则王余昧后立，今卒，其子当代。"乃立余昧之子僚为王。……公子光者，王诸樊之子也，常以为吾父兄弟四人当传至季子，季子不受，光父先立，若既不传季子，光当立，遂杀王僚，光代立为王。

《公羊传》襄公二十九年（阖闾公子光）说：

将从先君之命与，则国宜之季子者也，如不从先君之命与，则我宜立者也，僚恶得为君乎！

在兄弟相传的场合，传到幼弟之后，应该谁继立为王，王国维在《殷周制度论》上已看出此问题的症结，他说：

由传子之制而嫡庶之制生焉，夫舍弟而传子者，所以息争也。兄弟之亲本不如父子，而兄之尊又不如父，故兄弟间常不免有争位之事。特如传弟既尽之后，则嗣立者当为兄之子欤？弟之子欤？以理论言之，自当立兄子，以事实言之，则所立者，往往为弟之子。[5]

岛邦男博士也指出：

武丁在祀序表上是继小乙而受祀，在前举列记直系先王的卜辞上为继小乙之后的直系。所以为小乙之子。以弟之子的身份继承王位的例子，从武丁开始。[6]

因此，在小乙殁后，在宗法制度下，从嫡长有优先的继承权来看，王位的继承权应属于阳甲之子，但结果却不是如此，很可能是王室的内部，阳甲之子与武丁有一番继承的纷争，最后武丁获胜，这在卜辞上尚有一些蛛丝马迹可寻，如：

贞：㞢于兔甲、父庚、父辛，一牛？

贞：勿㞢于兔甲、父庚、父辛，一牛？（《合集》6647正，《乙》7767）

父乙隹伐求？

父乙不隹伐求？

兔甲害王？

父庚害王？

父庚弗害王？

父辛害王？

父辛弗害王？合903（《丙》197）

卜辞中武丁称阳甲、盘庚，小辛为父甲、父庚、父辛，如合2131（后上25、9）"父甲一牡？父庚一牡？父辛一牡？"他处又有称"三父（合14412）"或"三介父（合2348）"者，但为何上举二例称"兔甲"而不称"父甲"？甲骨学者如白川静及金祥恒先生都已注意到此一现象，白川氏说：

此辞不称"父甲"而称"象甲"，既然同属武丁期卜辞，何以这里会改变称呼，或许有什么道理吧。[7]

金先生说：

此父庚、父辛即盘庚、小辛，兔甲即阳甲，依照前例，兔甲为武丁之诸父阳甲，当称父甲，而此称阳甲，何耶？[8]

也有人尝试解释此一不协调的现象，如严一萍先生说：

何以武丁不称阳甲为父甲，我想也许与盘庚不立阳甲之庙有关，《通典》卷五十一引贺循议礼说："殷之盘庚不序阳甲之庙而上继先君，以弟不继兄故也。"或者武丁早年即以阳甲无庙而称之为"象甲"，后来立了庙，才称为父甲，这是我的一种推想。[9]

但此说相当可疑，贺循为晋代人，《晋书》本传说他"朝廷疑滞皆谘之于循，循辄依经礼而对，为当世儒宗"。但贺循上距殷代已一千多年，盘庚是否不立阳甲之庙，他是无法知道的。即使是兄弟相传，合祭先王以至父称，对于先立之兄长，也应在祭典之中，如二期卜辞"贞：夙桒至于丁于兄庚"（《合》2920正、《邺》上38.4）。

此桒祭始于上甲或大乙，至于丁指父丁即武丁，兄庚指祖庚，此为祖甲之祭祀卜辞，[10]卜辞中只有直系先王才有宗，未见旁系先王而立宗者，因此，即使武丁早年，不可能因阳甲无庙而称为"兔甲"，立庙才称"父甲"。在甲骨分五期的断代标准，贞人是一个很重要的根据，松丸道雄先生以为"时代不同，贞人也随之更换"[11]，即当新王继立，贞人可能也随着进退，因为国之大事一向取决于贞人的占卜，所以贞人集团随着王的继立而进退，是极可能之事。而阳甲之子必然会和春秋时代吴国的公子光一样，认为自己有王位继承权，所以和武丁有一番争夺王位的内斗是可以想像的，但最后失败了，因此卜辞上才会有武丁期的贞人直称其名"兔甲"，而不称"父甲"的不敬现象。否则史上阳甲并无恶德的记载，卜辞不应有此贞人直呼其名的特殊现象。

最近花园庄甲骨出土，子究竟是谁的后代有多种推测，若花园庄中的祖甲是指阳甲，则花园庄的主人子很可能是阳甲的孙子，因为他的父亲可能跟武丁有王位之争，所以祭祀时皆未提及其父。

（七）羌甲、南庚在武丁时的祭祀系统特别受重视

在《丙编》中经常可以看到羌甲、南庚受到重视。由于武丁是小乙之子，那么羌甲、南庚应该是旁系先王。其例如下：

贞隹羌甲。

贞不隹羌甲。

贞隹南庚。

贞不隹南庚。（《丙》43）

南庚钔𡆥。

勿于南庚。

于羌甲钔𡆥。

勿于羌甲钔。（《丙》47）

壬申卜，争贞：父乙㞢（先）羌甲。

父乙㞢（先）南庚。（《丙》49）

在丙162上羌甲还被称为大示，固然我们对卜辞中的大小示的确实内涵还不清楚，但是羌甲的地位高于南庚。而此一支王族的后代很可能在武丁的争王位过程起了决定性的作用，所以他们在宾组卜辞受到相当高的重视；与旁系先王比较，他们的地位高可能是基于此一原因。

（八）卜辞中的“它”是“其它”，“它示”是其它的神主

胡厚宣《殷代的蚕桑和丝织》一文从叶玉森、郭沫若、陈邦怀及《续甲骨文编》，释它为蚕。

张政烺《释它示——论卜辞中没有蚕神》[12]，他把《合》32033与《合》25025、《合》14822三片作比较，以为它示和二示相当，那么元示就和鼂示相当，因此把黿读成元，以为即说文的黿字，但《合》14822已由裘锡圭氏缀合成一较完整卜辞，他同时还缀合了一条与之同文较为完整的卜辞。[13] 如下：

（1）辛巳卜☐元示☐十三月。

己卯卜。

贞：勹岁日酒。十三月。

贞：元示五牛？二示三牛。

壬午？

贞：勹岁酒。十三月。

贞：元示五牛？它示三牛。（《合集》14824 +《合集》14822 +《合集》14354）

（2）辛巳[卜][大][贞]㞢自上甲元示三牛。二示二牛。十三月。

己未。

贞：元示五牛？二示三牛。

贞：曰酒？

☐午？（《合集》1159 +《合集》14825 +《合集》14863）

由（1）的缀合来看，元示、二示、它示并见于一版，引发了一个问题，即它示是否等于二示。前举张氏“释它示”文以为“它示即二示”，其云：

前文曾引前3.22.6及哲庵两片，说明元示与二示并称，犹大示和它示并称，前者指直系先王，后者指旁系先王。按卜辞亦称示壬、示癸为“二示”（见《综述》460～461页），应当注意区别，其与元并称之二示，如：

壬寅卜：桒其伐归，惠北☐用。廿示一牛，二示羊，以四戈彘。（粹221，粹222）

《殷契粹编》考释说：“廿示者，自上甲以下至武乙，父子相承共二十世。此辞盖文丁所卜，知自上甲起算者。戬寿堂1.9有一骨，其中有辞与此大同小异。其辞云：

癸卯卜，贞：酒桒，乙巳自上甲廿示一牛，二示羊。四戈彘，四方豕。

壬寅、癸卯日辰相联，盖亦同时所卜。”根据这两条卜辞，知道“自上甲廿示”是从上甲到武乙全部的商代直系先王，数目恰合，不多不少，那么“二示”绝对不会是示壬、示癸，只可能是旁系先王了，前者相当于“自上甲元示”，而后者即它示，以下两条卜辞可以为证：

贞：元示五牛，它示三牛。（《文物》1972年11期，图版三七）

这条卜辞非常重要，以前不为人注意，直到近年才被学者发现并登载出来。这和前引的：

贞：元示五牛，二示三牛？（《哲庵》85）

内容相同，仅一字之异，而这一字之异却是功不可没的，它正好把问题串联起来，说明二示即是它示。

李学勤氏在《关于自组卜辞的一些问题》一文赞成张说[14]，他说：

最近张政烺同志指出“二示”意同“它示”，是很对的。“二”应读为“贰”，意思是次。“它示”即其他的示，“二示” 即其次的示。

由（1）片的缀合，元示、二示、它示，三者所指显然不同，而且屯南1115片中，有大示、下示、小示并列一版：

乙卯贞：卯于大，其十牢。下示五牢。小示三牢。

庚子贞：伐卯于大示五牢？下示三牢。（屯南1115）

类似的卜辞，大示、小示、小示并列的又见于：

[大]示三宰？下示二宰？小示宰？文255（《真》5.27）

乙巳贞：又勹岁自上甲大□三牢？下[示]三牢？小示牢？怀B1555

《小屯南地甲骨下册》1115片释文云：

卯于大，应为“卯于大示”，陈梦家认为上示与下示相对，和大示与小示相对是相当的，上示指大示，下示指小示（《综述》467页）。在此段卜辞中大示、下示、小示并列，说明下示与小示不是一个概念，同样上示与大示也不是一个概念，从此段辞看，下示低于大示，而高于小示。

杨升南氏在《从殷墟卜辞中的示、宗说到商代的宗法制度》一文也指出：

大示是指直系先王，小示是指旁系先王，在同一辞中受祭的下示显然不是二者之一。下示既不可能是大小示所包括的先王，而它又同大小示一起受祭，故下示所指，只能从与王室有关的成员中探求。在下一版中提供了“下示”之所指的线索：丁亥卜，侑岁于下示：父丙眔戊？（《乙》3521）

这是属于武丁晚期的午组卜辞，该辞指明“下示”中有父丙、父戊，此二人当是武丁的父辈，亦即阳甲、盘庚、小辛、小乙的兄弟行而未即位者，据此可知卜辞的“下示”当是指未曾即位的诸王之兄弟行。

又说：

很可能上揭粹221与戬1.9两辞中二示的二应释作下字，细审拓本，二示之二两笔的上面一笔稍长于下面而带弯曲，这与乙3521一版上“下示”之下字的上面一笔契刻的刀法相近，过去一般读为二，通观全辞及字体结构，应读为下字，辞义才顺适。

它示既然不是下示（旧释二示），那么元示也就不能说成和黿示相当，因此要把黿读成元，以为即《说文》的黿字，显然无法成立。

至于合32033卜辞内容的解读，张氏把它读成“丙寅贞：惠丂以羌眔，它于黿示用？”把眔当作动词，以为是祭之所及，把于当作连接词的与，把它当作它示，即旁系先王。又说“用自上甲”是祭以上甲为首的一系的大示，非指上甲一人。按“它示”可以省称作“它”，在卜辞是确有其证的，如：

庚申卜：酒，自上甲一牛至示癸一牛，自大乙九示一牢，秅示一牛？［《合集》22159（人2979）］

㞢于成、大丁、大甲、大庚、大戊、中丁、且乙、且辛、且丁一牛！它羊？（《合集》672正+《合集》1403+《合集》15453+《合集》7176+乙2462）

比较两条卜辞，就可以知道“大乙九示”指就是成至且丁的九示，就是第一期卜辞常见的“九示”[15] 或“大乙至且丁”的九示（见粹149和掇2.166），“它”就是“它示”省掉了示。[16]《京都大学人文科学研究所藏甲骨文字》2979片的考释上曾引合25025卜辞作比较，以为“直系的祖神是元示的话，旁系的祖神想必就是二示，秜示与二示相当，或指与大示相对的小示”。先于张氏作出相同的推论，张氏大概没有注意到。

卜辞的它及它示，它皆作“其它”的意义，这在睡虎地秦简有“它物”、“它县”、“它人”、“它器”皆作“其它”意义解，[17] 可证卜辞的“它”即其它的意思。

（九）肩凡有疾的正确解释

殷卜辞第一期武丁时代宾组和𠂤组有一句常见的成语“肩凡有疾”，有时也可把“有疾”两字省略只作“肩凡”，由于此一成语的出现相当频繁，约有六十余见，因此历来古文字学家都曾提出解释，目前所见约有十四种（不含外国人）：“肩凡”两字郭沫若释为“繇凡”，意义是“游盘”，即“游乐”；唐兰释为“攸同”，即“维同”；严一萍释作“祸风”；饶宗颐以为是“祸重”；李孝定认为是“骨痛”；丁骕以为是“风湿痛”；柯昌济认为是“笃重”；刘桓认为是“恫疾”，是因疼痛而致疾；沈宝春释成“骨骫”；姚孝遂以为该释为“骨凡”，指某种动作或行为，但并非“骨痛”；张玉金释为“骨凡”，即“毁坏安康而有了病”；裘锡圭释为“肩同有疾”，意义是“能分担王疾”；宋镇豪说是“骨凡有疾”，意指各式各样的骨性疾病；林小安释为“果犯有疾”，乃卜问“果真犯有疾吗？”。

本文从字形字义出发，提出冎释为“肩”才是正确的，它的意义是“克”，“凡”为“兴”之省体，意义是“起”，“肩凡有疾”的意义是“克兴有疾”，也就是说疾病状况有起色，即病情好转，所以也可以省略作“肩凡”，即“克起”之意。由于它可和卜问疾病“肙”（蠲）否在同一版占卜，可知“肩凡有疾”只是指疾病能否好转，并不是完全痊愈，如此解释也许才能契合卜辞的原义。

殷卜辞的“肩凡有疾”，意义分别来说：“肩”，是象牛的肩胛骨之形，释成“肩”，裘先生训为“克”，是正确的。“凡”字的另一体，作[illegible]其下从廾，也可直接写成“兴”，此字应为“兴”的异体。兴则训作“起”。裘先生曾指出本文所引《合》709正（丙334）卜问妇好“肩凡有疾”与“弗其肩凡有疾”对贞，而所引《合》709反（丙335）之“王固曰：吉，肩凡”是属于它们的占辞，以妇好“肩凡有疾”为吉，可见“肩凡有疾”一定是好的事情”[18]。前引姚孝遂先生也认为“骨凡”若是骨痛，则不能称之曰吉。李孝定先生在《甲骨文字集释》曾说：“契文之兴亦当训起，辞云：‘□□卜，出〔贞〕：见岁不兴用’，言不起用之也（后下11.1），又云‘疒□兴口事’（前5.21.8）盖言疾有起色也。”[19] 按李先生在读《前》5.21.8行款虽有误，不过他指出卜辞“兴”可以当作“起”，也就是有起色的意思，是正确的。《论语·卫灵公》：“在陈绝粮，从者病，莫能兴”，何晏集解云，“兴，起也”，也就是本文“肩兴有疾”中“兴”字所代表的意思。至于“有疾”这个词汇，应是指一种疾病的状况。此四字组合起来的词义，是“从某种疾病状况好转起来”，所以它可以省略为“肩凡”，而前所引的合集709正卜问妇好“肩凡有疾”又同时占卜妇“肙”（镯），这两者所占卜的应是同一件事，但是占卜的语义略有不同。前者是指从疾病中好转起来，后者则是卜问疾病能否痊愈，而卜辞中卜问疾病痊愈的字是“慧（[illegible]）、“蠲（肙）”、“瘳（[illegible]）”及“[illegible]（瘥）”[20] 等字。武丁卜辞常见妇好、子不、子[illegible]、雀、子渔、子妜、[illegible]、阜、或子妥等人被卜问是否“肩凡有疾”，然他们在卜辞中显示的地位都属于殷王身边的重臣，不可能常常要去分担王的疾病。而卜问他们的患病是否会好转，这才是较为合理的解释。

（十）排谱的继续整理

排谱的问题是很复杂的，但若能排出正确的时间，对于甲骨的释读是很有帮助的，随着文字考订得到确定之后，对于YHl27坑甲骨的相对时间可因此确定。如在YH127坑出土的《丙》100与《丙》112俱有用圭与戚[21]来致祭王亥。[22]丙100“圭”字的考释，劳榦指出吉的上半部是圭的象形，最近殷墟花园庄东地甲骨公布之后可以确定劳说正确。

丙戌卜，㱿贞：𡧊王亥？一

贞：弜十牛？一［上］［吉］（《合》11006，《丙》100）

甲申卜，争贞：𡧊于王亥其戚？一

甲申卜，争贞：勿戚？一

贞：𡧊于王亥十牛？一

贞：十牛？

贞：勿三牛？［一］二三

贞：𡧊十牛？一（《丙》112）

《丙》112此处的“戚”与《丙》100有关，因为从《花》490来看子见䀠以“”与子见䀠以“”（戚）二者并列，那么丙112所说，甲申占卜燎祭王亥用戚以及用十牛与否，在三天之后丙戌再由另一个贞人㱿来占卜燎祭王亥用圭与十牛，很明显的，此与祭祀有关，可能是祭王亥用不同玉器在不同日子；也可能祭王亥前面用戚不果，再次占卜用圭。

还有《丙》47：“贞：翌乙卯彭我宫伐于茸”、“贞：乙卯勿彭我宫伐于宰”，它的验辞是“乙卯允彭明阴”。张秉权先生在《殷虚文字丙编考释》中说：“是乙卯日所记的验辞以及那时的气象，在甲骨上，常常可以看到当时气象的记录，这与祭祀的举行也许有着相当关系，或者气象的变化，可以影响到祭祀典礼的举行与否，所以贞卜的人也常常关心到气象方面的情况。”我们从乙6385“甲寅卜，㱿贞：翌乙卯易日”，“贞：翌乙卯乙卯（衍文）不其易日”，“贞：有疾自唯有害”，“贞：有疾自不唯有害”。反面的6386的验辞“王固曰，之弜雨，乙卯允明阴。三，食日大星（晴）”。这里面的正面干支是乙卯，而从丙47和乙6386来看，两者的天象都指出乙卯当天“明”的时段，是个阴天，乙6385的贞人是㱿，丙47的贞人是宁，那么可以将丙47出现的干支乙未、乙亥、乙卯、癸酉与乙6385的甲寅、乙卯作一系联，这应该是在六个天内发生的事情。

再以《丙》334与《丙》513为例，丙334有干支庚戌及贞人亘，但有占卜帚好“肩凡疾”及“帚肙”、“不其肙”并且“于羌甲卯”、“弜于羌甲卯”。而丙513在壬午贞人㱿占卜帚“肩凡”，又有“帚好肙”、“不其肙”以及“肙甲弗咎帚”、“咎帚”和“于㱿甲咎帚”。两者比较，对帚好占卜“肩凡疾”及“羌甲”似乎是指同一件事；换言之卜辞的“羌甲”很可能和“肙甲”是同一人，[23]那么，丙334的庚戌在前，而和二十一天后丙513的辛未卜问受年，以及再十一天后贞人㱿壬午占卜帚好“肩凡”及“帚好肙”，而且丙334有“乎子色父乙㞢艮卯宰”，而丙513也有“于父乙艮舞”，由此可知丙334与丙513的相对时间，二者似为同一事，在不同时间不同的贞人陆续地占卜记录。

注释：

［1］《中国历史博物馆馆刊》1989年第13、14期；《纪念殷墟甲骨文发现90周年，想到127坑》，《文物天地》1989年第6期。

［2］先秦史研究室网站上有论文大纲、各章节目录的介绍。

［3］裘锡圭：《甲骨文中所见的商代农业》，《古文字论集》，中华书局1992年版，第169页。

［4］贾双喜：《刘体智和他的甲骨旧藏》，《文献》2005年第4期，第50页。

［5］王国维：《殷周制度论》，《观堂集林》，台北河洛图书出版社1975年版，第456页。

［6］温天河、李寿林译，岛邦男著：《殷墟卜辞研究》，台北鼎文书局1975年版，第76页。

［7］白川静：《甲骨文的世界》，东京平凡社东洋文库，第85页。又中译本，台北巨流出版社1977年版，第73页。

［8］金祥恒：《甲骨卜辞中殷先王上乙下乙考》，“国科会”论文未刊稿。

［9］严一萍：《甲骨断代问题》，台北艺文印书馆1982年版，第141页。

［10］详见裘锡圭《历组卜辞的时代》，《古文字研究》第六辑，第308页。

［11］《殷周国家的构造》，岩波讲座·世界历史，第483页。

［12］张政烺：《释它示——论卜辞中没有蚕神》，《古文字研究》第一辑，中华书局1979年版，第63～70页。

［13］裘锡圭：《甲骨缀合拾遗》，《古文字论集》，中华书局1992年版。

［14］《古文字研究》第3辑。

［15］见卜辞综述463页“七、九示”条下，又张政烺氏在《释它示》文以为续3.1.1与林1.11.5两条的九示是它示之误，这个看法是错误的，据本人目验林1.11.5，即东文研B0358是“九示”而非“它示”。

［16］胡厚宣氏在《记故宫博物院新收的两片甲骨卜辞》一文（《中华文史论丛》1981年第1辑）以为（26）条卜辞的它“疑攺之省，攺读为施，义为杀”是不对的，卜辞的兹未见省作它，此处成至祖丁九示用一牛，它用羊即反映礼的隆杀。

［17］详见张世超、张玉春《秦简文字编》，京都中文出版社1990年版，第906～907页。

［18］裘锡圭：《说𠂤凡有疾》，《故宫博物院院刊》2000年第1期，第4页。

［19］李孝定：《甲骨文字集释》（台北：中央研究院历史语言研究所，1965），卷三，第832页。

［20］姚萱：《殷墟花园庄东地甲骨卜辞的初步研究》，首都师范大学博士论文，2005年4月，第159页。

［21］陈剑：《说殷墟甲骨文中的“玉戚”》，未刊稿。

［22］蔡哲茂：《说殷卜辞的圭字》，《汉字研究》第一辑，学苑出版社2005年版，第310页。

［23］详见岛邦男《殷墟卜辞研究》，日本东京汲古书院，昭和55年8月影印本，第278页。中译本见台北鼎文书局，第276页。

（作者为台湾“中研院”史语所研究员）

小屯北YH127坑与花东H3坑之比较

刘一曼

1936年6月12日，在殷墟第十三次发掘期间，在殷墟小屯北发现了YH127坑，坑内出土刻辞甲骨17096片，震动了中外学术界，这是殷墟甲骨文的第一次重大发现。[1] 1991年10月20日，在殷墟花园庄东地的发掘中，发现了H3坑，出土了刻辞甲骨689片，[2] 以完整的大版的卜甲为主，该坑被评为1991年全国考古十大发现，这是殷墟甲骨文的第三次重大发现。这两个甲骨坑，对商代甲骨文及商代史的研究均有重大价值。今年是H127坑发现70周年，花东H3坑发现15周年，在这样的日子里，将这两个甲骨坑作一比较，会加深我们对其学术价值的认识。

一　小屯H127坑与花东H3坑之相同点

（一）集中埋藏甲骨的窖穴。H127坑，甲骨堆积层厚达2.3米，花东H3坑，甲骨层厚0.8米，这两个坑，在甲骨堆积中其他遗物甚少。可见此二坑都是有意埋藏甲骨的。

（二）甲多骨少。H127坑出刻辞甲骨17096片，其中刻辞卜骨只8片，其余全为龟甲，刻辞卜骨占甲骨总数的0.047%（万分之四点七），花东H3出土甲骨1583片，卜骨25片，卜骨占甲骨总数的1.6%（百分之一点六），H3出刻辞甲骨689片，其中刻辞卜骨只5片，其余全为刻辞卜甲，刻辞卜骨占甲骨总数的0.725%（千分之七点二五）。

（三）完整的、大版的卜甲数量多。笔者从发表《乙》、《丙》两书的H127坑的拓片统计（扣除重出的卜甲号），完整的和基本完整的卜甲292版，占刻辞卜甲总数的1.7%，长度在30厘米以上的大卜甲四十多版。花东H3，完整的和基本完整的刻辞卜甲345版，占刻辞卜甲总数的50%，长度在30厘米以上的大卜甲二十多版。若以大版卜甲（即完整卜甲加上大半甲）计算，H127坑的大版卜甲大概在514片以上，而花东H3大版卜甲为431片，比H127坑少些。[3]

（四）字中填朱、填墨和刻划卜兆的现象较常见。H127坑多见大字填朱、小字填墨，如《乙》6664等；花东H3，见有小字填朱、大字填墨的情况，如《花东》215、288等。

（五）龟腹甲与卜骨的整治以及甲骨反面凿、钻、灼排列的方式相似。如：两坑所出的龟腹甲，甲首反面均铲平，不留边缘，甲桥与腹甲连接处成钝角或直角，边缘呈弧线状；腹甲反面左右两部分钻与灼的方向均指向中缝，背甲反面钻与灼的方向均指向中脊，很有规律。[4]

（六）发现记录龟甲来源的记事刻辞。H127坑，记龟甲来源的刻辞有数百片，包括甲桥刻辞、甲尾刻辞与背甲刻辞三种。[5] 花东H3，只有前二种，甲桥刻辞有五十多片，甲尾刻辞只2片。[6]

（七）二坑之时代大致相近，均在武丁时期，但花东H3以武丁前期的卜辞为主，而H127

坑则以武丁中晚期的卜辞为主。

二 H127坑与花东H3坑之不同点

（一）坑之形状及坑内堆积不同。H127坑，坑口呈圆形，上口距地表深1.7米，直径1.8~2米，坑内堆积分三层，上层灰土，厚0.5米；中层灰土与龟甲，厚2.3米；下层灰绿土，厚1.6米。因灰绿土中含有陶片、兽骨，表明该坑在埋放甲骨之前已经使用过一段时间，即人们利用一个已使用过的坑来埋放甲骨。坑内的灰土与甲骨层呈北高南低的斜坡，可以推测，当时的人们是从北边将废弃物及甲骨倒入坑内。

花东H3，坑口呈长方形，距地表深1.2米、边长2米、宽1米。坑内堆积分四层：第一层浅灰土，厚0.6米；第二层黄色夯土，厚0.6米；第三层深灰土，厚0.9米；第四层黄土，厚0.4米。甲骨出于第三层中部及第四层，甲骨层厚0.8米。也就是说，此坑是专门为埋放甲骨而挖成的，所以从坑底开始就堆放甲骨。H3坑的坑壁整齐，在坑之东西二壁各有三个对称的脚窝。当时人们在放置甲骨时，是从坑边的脚窝下至坑底，先将一些完整的卜甲竖放于坑之东北角与西北角，然后再将大量甲骨倒人坑内，放置甲骨完毕后用土加以掩埋。当填土至坑的中部时，便倒人细黄土，并加以夯打。在殷墟发掘中，灰坑（包括甲骨坑）的填土大多较松软，很少夯打的；而墓葬的填土大多经过夯打，其目的是保护墓主遗骨与墓中随葬品的安全。H3坑上部的填土被夯打，其用意是甲骨坑的主人，希望这些神圣之物，永远安宁地长眠于地下，免遭他人亵渎。

（二）H127坑的卜甲中，发现了毛笔书写的文字。花东H3的卜辞全是契刻的，未见书辞。

（三）两坑均出过一些有孔卜甲，但孔在卜甲的位置及孔之大小有异。H127坑的有孔卜甲数量很少，孔的位置在改制成椭圆形（或称鞋底形）的背甲的中部，孔径0.8~1厘米。花东H3的有孔卜甲主要见于腹甲。这又可分两类：其一，在腹甲甲桥的中部各有一孔，孔的直径多在0.6~0.8厘米；其二，孔的位置不大固定，在甲桥、前甲、后甲、尾甲均有，均处于断裂处的边缘，数目成偶数，4、6、8、10不等，对应排列，孔径0.2~0.4厘米。第一类甲桥穿孔腹甲和H127坑的穿孔背甲，孔的位置较固定，这是便于用绳子将数版或多版卜甲串联、捆扎在一起，目的是为了携带或保存。第二类孔，有的打破了卜甲反面的钻、凿、灼，有的打破了正面的刻辞。说明这些小孔是在占卜或刻辞之后才制作的。小孔的作用是将一些经过占卜刻辞后，不慎断裂的卜甲，用细绳加以连缀。可见H3的某些重要卜甲，占卜之后要保存一段时间才舍弃的。

（四）两坑均发现了被刮削的卜辞。H127坑，常见刮削后重刻的例子。这样的例子，在花东H3只有数片；而刮削之后未刻卜辞，则比比皆是。据朱歧祥的统计，花东H3，刮后不刻，有126片，占全部刻辞甲骨的23%。他认为："刮削的背后是殷墟花园庄甲骨的主人'子'因贤能而受武丁或妇好的猜忌，遂遭放逐疏远，失却继承王位的机会。子或其家族后人为免遭祸患，遂将子卜辞中许多记录子主持政事和祭祀的事例删除，这是我们所见花东甲骨被刻意刮削的主要原因。"[7] 这一看法，可备一说。但仔细推敲，又感到尚有疑问。即为什么H3大多数卜辞，包括子参与重大政治活动，记子与武丁、妇好关系等的卜辞，保存完好？是否刮削卜辞并不带政治色彩？它只是花东H3“子”占卜机关的一种习惯，占卜刻辞之后的一段时间，又将一些内容不大重要的无保留价值的卜辞刮去。

（五）两坑与宫殿基址的距离不同。H127坑距离小屯宫殿基址较近。它东距乙十二基址十五六米，东北距乙七基址三十多米，可能王的占卜机关（如宾组卜辞的占卜地）就在H127坑附近的宫殿基址内。花东H3，北距乙组基址四百多米，其周围八九十米未发现大的夯土基址，只在H3坑西北一百多米处，发现一些稍大的夯上基址。估计“子”的占卜机关离H3坑稍远。

（六）在H127坑的甲骨堆中，紧靠坑之北壁，出土一具蜷曲的人架，大部分压在龟甲之上，头及上躯在龟甲层以外。发掘者石璋如先生认为，此人可能是保管甲骨者，因甲骨被埋藏，随之殉职，乃一跃而入。[8] 花东H3甲骨堆中未见人骨或兽骨。

（七）H127坑虽以大版的龟甲为多，但卜甲大小相处较悬殊。最大的龟甲《丙》184（《乙》4330 + 4773），长44厘米、宽35厘米。最小的龟甲《丙》95，长11.5厘米、宽6.5厘米。花东H3，未见长度大于35厘米或长度小于13厘米的卜甲，此坑所用卜龟，要求较严格。

（八）H127坑的卜甲记事刻辞记载外地一次入贡龟甲的数量，从一至一千不等。如：《乙》2684“我以千”，《丙》168“雀入五百”，《乙》7490“雀入百”，《乙》7782“妇好入五十”等。花东H3卜甲记事刻辞，记一次贡龟数量为一、二、三、四、五、六、十、三十，未见三十以上者。

（九）H127坑的刻辞卜甲，类型复杂、内容丰富。全坑卜辞以王的卜辞（绝大多数是宾组卜辞）为主，坑的主人应是王。但坑内还有部分非王卜辞，包含以下几类：1. 子组卜辞，计153片；2. 午组卜辞，计170片；3. 劣体类子卜辞，计220片；4. 圆体类子卜辞，计72片。[9] 由于该坑刻辞甲骨属于几个卜辞组，所以字体风格多样，有雄浑遒劲的大字，陡峭规整的中型字，还有秀润柔弱的小字。全坑卜辞内容极其广泛，如该坑所出宾组卜辞，内容包括祭祀、世系、战争、军队、方国、农业、渔猎、畜牧、建筑、贡纳、天文、历法、气象、疾病、生育、旬夕、交通、鬼神崇拜、吉凶梦幻、卜法、文字等，涉及商代的政治、经济、文化、社会生活各个方面，是研究商代历史的珍贵资料。

花东H3，全坑同属一类子卜辞，即非王卜辞。刻辞的字体较规范，异体字少，字的风格大多细小、工整、秀丽。卜辞内容较集中，主要有祭祀、气象、田猎、疾病、吉凶梦幻等。

三　两坑同、异原因之探讨

两坑相同之处有七点，在殷墟甲骨坑中，是相同因素较多的两个坑。在相同点中，又以两坑所出的大版龟甲多，卜甲的整治、占卜、卜后对卜兆及刻辞的处理相似为突出。究其原因是，与花东H3的主人——“子”是一位地位很高、权力很大的人有关。这位“子”不仅是一位族长，还可能是沃甲之后这一支的宗子，而且又是朝中重臣，其地位远在目前所见的其他非王卜辞主人之上。[10] 所以他才可能拥有较多的大卜龟。据研究，“殷代遗址所出的大卜龟，大概与青铜礼器一样，也是等级、权力、地位的标示物”[11]，殷代的中小贵族，也进行占卜，但占卜材料是以卜骨和尺寸较小的卜甲为主的。花东H3“子”有相当规模的占卜机关，有贞人十多名。在他的占卜机关内，有一定的分工及工作程序，甲骨的整治、钻凿灼的排列、刻辞、占卜后对卜兆与刻辞的处理等，都遵循着王的占卜机关所规定的具体操作规程。因而花东H3的甲骨才可能与H127坑甲骨有较多的相同点。

两坑相异之处有九点，尤其是H127坑有不少显著的特点，最重要的是全坑以宾组卜辞（王卜辞）占绝大多数，卜辞的主人是王。商代晚期，特别是武丁时期，国力强盛，王权得到加强，商王有至高无上的权力。当时的王权是与神权相结合的。王的行动，要通过甲骨占卜，得到神的认可。他是代神行事的。商王拥有强大的占卜机构，在他的占卜机构中，既要占卜国家大事，也要占卜王的日常生活中的各种杂事，且一事多卜，从正面、反面反复卜问，卜事极其频繁。这样对甲骨的需求量大，在选材上，既有表示其权力的大龟，亦有数量相当多的小龟。H127坑的卜甲记事刻辞记载，卜甲产地广泛，有山东、山西、陕西、河北、河南、湖北、安徽等地，[12]甚至还有海外地区。如H127坑的《丙》184大龟，经专家鉴定，与现在马来半岛的龟同种。[13]

在H127坑中除王卜辞外，还出有数百片非王卜辞，这在殷墟出刻辞甲骨的窖穴中是仅有的。有的学者感到不大好理解。我们认为，这正说明了商王与非王卜辞主人关系之密切。据近年来的研究，一些学者已认识到在王的卜辞中存在着少量占卜主体为“子”的非王卜辞。而在非王卜辞中也存在着少量占卜主体为王的卜辞。特别是像花东H3卜辞的命辞中，提到时王武丁的多达210条。[14]这些现象说明商王与一些同宗的大家族的族长之间有频繁交往。像H127坑中的“子组卜辞”、“午组卜辞”的主人，身份较高，与王同族、同宗（“午组卜辞”主人可能是武丁的堂兄弟），有独立的占卜机关。但从这两组卜辞的资料看，可能占卜机关的规模不大，人员不多。在甲骨的来源、卜后甲骨的处理等问题上，对王的占卜机关有一定的依附性。所以在H127坑就发现了它们的卜辞。

H127坑中出土一具人骨。长期以来，从事甲骨文或商代考古研究的学者都同意石璋如先生的“卜人殉职”的说法。笔者在1973年之前对此深信不疑。但1973年小屯南地发掘，在一些埋藏甲骨数量较多的灰坑中，与甲骨同出的也有完整的人骨和兽骨，引起了我们的注意。

小屯南地出土刻辞甲骨较多并出人骨、兽骨的灰坑有H23、H103、H50，其中以H23的例子为典型。H23，坑口为长方形，长1.64～1.86米，坑内填土呈黄灰色，从坑口至8.7米处，不断有甲骨出土，但其中有七层甲骨出土较集中，大版的较多。全坑出甲骨405片，上有刻辞的181片，[15]在坑深3.45米（距地表深4.3米）时，出土卜骨13片，在坑之东部靠近坑壁处，发现一具侧身屈肢的人架，在人架髌骨前方，有一只完整的狗骨架，据发掘者鉴定，人骨为男性，年龄在20岁以下，坑中的人与狗是处死以后埋入的。

H23的人骨、狗骨，出于坑之中部。在殷墟一些带墓道的大墓及某些较大的中型墓，在墓道或墓室中部、上部的填土中，常见埋人、埋动物（大多是犬）的现象。学术界一般认为，这些填土中的人与兽，不是殉人、殉牲，而是埋葬过程中进行祭祀活动时被杀害的人牲、兽牲。由此我们认为，小屯南地H23等坑的人骨、兽骨，H127坑的人骨，可能也属于这一性质。小屯南地H23坑中的人骨较年轻，不会是卜人，H127坑的人骨年龄不明，但当时的卜人地位高，是不会充当人牲的。所以“卜人殉职”说，尚难成立。

小屯南地H23等三个甲骨坑出的卜辞属王的卜辞（无名组卜辞、历组卜辞）。从这三个坑及H127坑的情况可以推测，当时王的占卜机关，在埋藏一些很重要的甲骨时，是要进行祭祀活动的。

以上我们简论了小屯H127坑与花东H3坑的异同点。这两个甲骨坑以甲骨数量大、整龟多、内容丰富，一直受到学术界的高度重视。迄今，对这两坑卜辞的研究，学者们已经取得丰硕的成果，但是这两坑卜辞还有许多奥秘尚未揭开，等待我们继续探求。我们相信，这种探索、研究，必将推动殷墟甲骨文和商代史的研究向纵深发展。

注释：

[1]石璋如：《小屯后五次发掘的重要发现》，《六同别录》（上册），1945年；董作宾：《殷虚文字乙编序》，《中国考古学报》第四册，1949年。

[2]中国社会科学院考古研究所安阳工作队：《1991年安阳花园庄东地·南地发掘简报》，《考古》1993年第6期；中国社会科学院考研究所：《殷墟花园庄东地甲骨》，云南人民出版社2003年版。

[3]曹定云、刘一曼：《1991年殷墟花园庄东地甲骨的发现与整理》，《东海大学中国文学系中华文化与文学学术研讨会论文集》，台湾东海大学中国文学系，2005年。

[4]刘一曼：《安阳殷墟甲骨出土地及相关问题》，《考古》1997年第5期。

[5]胡厚宣：《武丁时五种记事刻辞考》，《甲骨学商史论丛初集》第3册，1944年。

[6]刘一曼、曹定云：《论殷墟花园庄东地H3的记事刻辞》，《2004年安阳殷商文明国际学术研讨会论文集》，社会科学文献出版社2004年版。

[7]朱歧祥：《殷墟花东甲骨文刮削考》，《东海大学中国文学系中华文化与文学学术研讨系列第十二次会议：甲骨学国际学术研讨会论文集》，台湾东海大学中国文学系，2005年。

[8]石璋如：《小屯后五次发掘的重要发现》，《六同别录》（上册），1945年。

[9]蒋玉斌：《殷墟子卜辞的整理与研究》，吉林大学博士学位论文，2006年。

[10]刘一曼、曹定云：《殷墟花园庄东地甲骨卜辞选释与初步研究》，《考古学报》1999年第3期。

[11]刘一曼：《安阳殷墟甲骨出土地及相关问题》，《考古》1997年第5期。

[12]王宇信、杨升南主编：《甲骨学一百年》，社会科学文献出版社1999年版，第231～235页。

[13]伍献文：《"武丁大龟"之腹甲》，中央研究院《动植物研究集刊》第14卷1～6期，1943年。

[14]黄天树：《重论关于非王卜辞的一些问题》，《东海大学中国中文系中华文化与文学学术研讨系列第十二次会议：甲骨学国际学术研讨会论文集》，台湾东海大学中国文学系，2005年。

[15]中国社会科学院考古研究所：《小屯南地甲骨·前言》，中华书局1980年版。

（作者为中国社会科学院考古研究所研究员）

认识YH127坑出土的甲骨文特色——“武丁十甲”

董作宾

《殷虚文字乙编》,包括殷墟发掘第十三次至第十五次所采获的甲骨文字，从廿五年春季到廿六年春季（一九三六年至三七年）。这三次发掘工作，又重新回到小屯村，并且集中在村北B、C两区，所得甲骨文字，全部收录《乙编》。

董作宾（1895～1963）

主持这三次发掘的石璋如先生，曾记述在C区的YH127坑发现大批龟版的详细情形，这是《乙编》里一万七千多块龟版的出土地点。YH127这一坑甲骨文字，是带著泥土瓦砾，装入一个特制的大木箱中（重三吨），由安阳运到南京的。到南京之后，箱子经过了翻转，打开来时，是坑底朝天，于是小心地将一层层龟版取起。完整的部分，一版装一纸盒；这情形等于先从原坑最下层做起，本来应是龟甲的正面朝下，现在却都向上了。整理期间，我们为了保留一个甲骨文字在地底埋藏的真相，所以曾请一个石工，做了一个白石的标本（这标本在南京沦陷期间遗失了）。

经过三个多月的仔细工作，才清理完竣这一坑甲骨文字，每一层、每一块，都绘入图中，志其位置和方向。不幸的是还未及上胶、粘兑、编号，而抗战开始，于是在匆忙之中，将纸盒装入木箱，首先运到长沙，又运到桂林，再转到昆明。直到民国廿九年，研究所迁到龙头村时，才由高去寻、胡厚宣两人，把这最后三次出土的甲骨文字逐一编号登记。说起来真是罪过，在南京整理时那样细心，每盒都是一个完整的龟版，至少有三百盒。现在经过屡次搬运，已粘兑完好的，也都四分五裂、七零八落了；直到在四川李庄时拓印编辑，仍无法恢复完整如旧，这使我极感不安！希望读此书者，原谅它是国家受难时的产儿，自己再下一番拼合的工夫，好在所缺的只是无字部分，有字的残片，已尽量收录于《乙编》中了。

民国廿五年（一九三六）春，从三月十八日到六月廿四日，在小屯采用彻底平翻的计划，共清理出穴窖一百二十七个，就在这其中的最后一个穴窖——第一二七坑，发现这一大批甲骨文字，在一七○九六版的大数目之下，骨版仅有八个，这一坑几乎全是龟版了。坑位和这一批材料的八项特点，分项记述如下：

一、坑位和出土情形——主持第十三次工作的石璋如先生，记述的很详细，他说：“……那么YH127，在这一带是资格最老的遗迹了。上口距地面一七○公分，口径约一八○公分，深距地面约六○○公分。窖内的堆积，可分为三层：上层为灰土、下层绿灰土、中间一层是堆积灰土与龟甲；从坑口下五十公分发现字甲起，到深二一〇公分，所占的空间高约一六〇公分……在龟版堆积中，有一架蜷曲倒置的人体骨骸，紧靠北壁，大部分压在龟甲之上，只有头及上躯在龟甲层以外，似乎在倾入龟甲之后，此人始入坑中……”石君曾讨论到坑中的人骨，以为他可能是掌管龟版的人，因埋藏龟甲而以身殉之；又以为甲骨可能是异地而藏，而这一坑则是专埋龟版；这是清理前代文物时有意地埋藏；他的推测，都很值得相信。

二、包涵的时代——大概不出于武丁和文武丁的时期，有些也许是武丁的早年或先世，但都包括在第一期之中。这里面占最大数量的是武丁时期的卜辞，证据在于有许多武丁时期的贞人，如“㱿”贞。

三、刻划卜兆的龟版——在《乙编》中是十三·〇·一三五三六号，这是一个小号的腹甲，正面的卜辞、数字，均于契刻后涂朱，而卜兆则于刻划之后又涂墨，黑的兆纹、红的文字，衬托著牙黄色而又光滑晶莹的龟版，三千年下的今天，仍不失为一件美术品。我曾藉由《乙编》中刻划卜兆的许多版，得到以下所列出的七种特征：

3–1 龟腹甲背上的卜兆，均有被重加刻划。

3–2 卜兆记数字，自一至十。一件事最多卜至十次为止；若正反两面，各卜问十次，则一件事也可以卜到廿次。

3–3 卜辞尝有书契大字，做一直行。

3–4 卜辞有刻在卜兆上的。

3–5 尝刻卜辞于甲的反面。

3–6 好用曲线界卜辞同卜兆。

3–7 同时记贡纳龟版的人及数量腹甲、甲桥反面。

四、毛笔书写的字迹，在甲骨中经书写而没有契刻的文字，我们因而可以推断殷代已有毛笔的使用，甲骨文是先写后刻的。在《乙编》号数是十三·〇·一四〇四八是背甲上的右半部，正反面仍是史臣（串）的笔迹，可以看得出他用笔是由上而下、由左而右，直行与现代写字的笔顺无异；而契刻的方法，则是先刻每字的直划，再刻他们的横划，和书写是迥然不同的。

五、朱与墨——殷代写字用朱与墨，契刻之后仍涂朱墨为装饰，朱和墨在殷代被普遍应用着。所以我认为涂饰朱墨，完全是史官们为了好看，并非一定的制度，也不是某类卜辞应该涂朱，而某类应该涂墨。

六、改制的背甲——殷代贞卜也用龟背甲，背甲从中间剖开，分为左右两半，灼兆刻辞，一如牛胛骨的左右对称为之。

七、武丁大龟——是甲骨文字出土以来，唯一最大的龟版；这一块腹甲上面的盾片结构，确与其他普通腹甲有异。古代货贝而宝龟，南方常有贡纳大龟之事。

八、甲桥刻辞——龟腹甲和背甲相连的部分，称之“甲桥”；背甲锯下后，甲桥留在腹甲的两侧，这类刻辞均在反面。

武丁时有三种记事刻辞：

甲桥刻辞——此种专刻在腹甲的反面，甲桥部分通常不施以钻凿。刻辞的例子，如“雀入二百五十”，意谓雀国贡纳腹甲，一次二百五十版。又如“行取廿五，妇井示。争”（编号十三·〇·一五三九七），意思是行去征取龟版廿五个，乃是妇井送交给他的；争是保管这批龟版的史官。

背甲刻辞——也在背甲的反面，近于脊甲的部分；刻辞所记的是贡纳背甲的人、数量及保管人。

骨臼刻辞——多数刻于骨臼部分，但也刻在骨的反面并且近边处的。

以上所举例的“雀入二百五十”，在《乙编》共有七见，由于龟版的大小略等，知道是某地所产的同种龟，而这七版仍是一次贡纳二百五十版中的一部分。这只是一次的贡纳，并非贡纳七次，每次二百五十……

我们可以知道这三种记事刻辞，是武丁时代的一种特殊风气。单单纳贡龟骨这件小事，就如此的井然有序，其他庶政的措施，便可推想而知了。

记中国国家博物馆所藏与YH127坑有关的大龟六版

宋镇豪

中国国家博物馆（原中国历史博物馆，以下简称“国博”）所藏的殷墟甲骨文，据陈梦家先生说有250片。[1] 但胡厚宣师另有一说云：

中国历史博物馆所藏包括徐梦华藏（原戬寿堂藏）55片，罗福颐藏（原端方藏）7片，原姚鉴藏237片，原罗伯昭藏10片，原雷振鋆藏6片，原唐兰藏二小龟，原于省吾藏小龟半龟，文物局拨4片，高教局拨4片，北图拨192片（原何遂藏），其他2片，原振寰阁藏328片。借来陈列有：清华大学藏6片（原于省吾藏，《双图》著录），故宫1片（宰丰骨，为顾鳌以二仟圆所购，《佚》著录），旅顺博物馆2片（原罗振玉藏，内容为“施肥”），辽宁博物馆1片（原罗振玉藏，《殷图》大骨），考古研究所2片（原罗继祖藏，《菁华》大骨），河南队2片（郑州出土），天津历史博物馆藏2片（原王襄藏，内容为“协田”“日月又食”）。[2]

此说国博搜藏殷墟甲骨文有848片，再包括20世纪50年代及“文革”中征调国内数家单位的甲骨藏品16—2（郑州出土）=14片，总计862片。陈、胡两说不同。

数年前，史树青先生主编《中国历史博物馆藏法书大观·第一卷·甲骨文金文一》，选该馆甲骨藏品230片，以黑白照片和拓本对照形式刊布，部分甲骨还放大字迹以应书法临摹之需，由许青松先生等撰《甲骨文说明》，分类分期，叙次释文及著录简况。[3] 经我翻阅查核，《法书大观》收入原戬寿堂藏46片，为所谓“徐梦华藏（原戬寿堂藏）55片”[4] 的84%；原叙圃何遂藏76片（书中说明“依照胡厚宣惠借之《叙圃甲骨释要》进行编号，予以发表”的何遂原藏为21片。笔者另据《殷契佚存》[5] 著录的何氏原藏又找出55片），占所谓“北图拨192片（原何遂藏）”的40%不到；标注为1959年购自振寰阁的只有1片，却仅仅占所谓“原振寰阁藏328片”的0.3%（镇豪案，原振寰阁甲骨现藏上海博物馆）；三者选片数差异甚大，恐非入选标准之限，而是近于实际收藏甲骨数。

近朱凤瀚先生扩选刊印国博所藏殷墟甲骨文262片（清大2A，国博60C8．656上下两个半龟不能缀合，应析为2片，实选263片），又收入河南省辉县琉璃阁出土无字卜骨两片（国博265K5208、266K5209），郑州二里冈出土无字卜骨1片（国博267Y720），济南大辛庄出土无字卜龟背甲1片（国博268，鲁博32），陕西省长安县张家坡出土西周卦画卜骨1片（国博264Y706），共计268片。承朱先生相告，此已经是几乎尽该馆收藏甲骨之全部了，其中姚鉴和振寰阁原藏，数量也有限，尽管馆里还有少量零星细碎片未选，但根本与862片之数相差甚遥。

细览国博甲骨文藏品，胡师提到的征自旅顺博物馆的罗振玉旧藏半小龟“庚申卜贞翌癸未肖西单田受有年十三月”卜辞（《甲骨续存》下166；《甲骨文合集》9572），内容涉及胡师说的“施肥”问题，今国博不见。所谓“借来陈列”的征自天津历史博物馆的王襄原藏“日月又食”卜骨，亦属记忆之误。此片实系今已归国博的于省吾先生原藏品（国博139；编号Y1956；《法书大观》89、彩版Ⅰ），拓本最早著录在《佚存》第374片，照片和拓本同见于省吾先生编《双剑誃古器物图录》[6]卷下第34页，已收入《合集》33694。天津王襄先生原确有一骨，与此同文，见王襄编著《簠天》1+《簠人》1，[7]今藏天津历史博物馆，《合集》失收。[8]两者不能相混。胡师说的“河南队2片（郑州出土）”，指1953年郑州商城二里冈出土的一片刻了“乙丑贞比叏十月。又土羊”10个字的牛肋骨（《文物参考资料》1954—5，p.10图四。[9]《综述》图版拾伍上），一片刻有一“㞢”字的牛肱骨骨臼（《文物参考资料》1954—5，p.10图五。《综述》图版拾肆下），也是下落不明，国博藏的只是郑州二里冈出土无字卜骨1片（国博267；编号Y720。《综述》图版伍）。诸如此类，原因何在，今不得其知，且当年多数征调的甲骨现大都仍藏国博，862片的统计数，与实际恐怕有出入，倒是当年陈梦家先生所说250片似更接近现藏甲骨数。

这里，我要着重讲的是国博甲骨藏品中，至少有大龟六版，与殷墟小屯C区YH127坑出土甲骨有关。

YH127坑是民国期间1936年6月12日中央研究院历史语言研究所殷墟发掘团于第十三次发掘中的最重大发现，坑中甲骨17096片，数量空前，当时因田野发掘清理费时费力，又不安全，故把整坑甲骨原封不动框入大木箱，搬运回南京北极阁史语所，进行室内剔剥清洗，登记编号，绘图和初步拼合。从事此项室内考古发掘工作的，有董作宾、梁思永、胡厚宣、李光宇、魏善臣、关德儒、徐禄、杨廷宾、李连春等先生。1937年史语所为避战乱，先搬迁到云南昆明城内靛花巷，又搬到城北龙泉镇棕皮营龙头村，1940年又迁到四川南溪县李庄板栗坳，其间又先后有高去寻、潘悫、屈万里、李孝定、张秉权、杨若芝等先生分别负责传拓、编号粘贴和编辑工作。[10]全坑甲骨文基本都已著录于《殷虚文字乙编》上中下三辑，1948、1949、1953年；又1994年重版本。以下简称《乙》）和《殷虚文字乙编补遗》（1995年，以下简称《乙补》），有关甲骨缀合见张秉权编纂《殷虚文字丙编》上辑一二、中辑一二、下辑一二，1957、1959、1962、1965、1967、1972年。以下简称《丙编》）等。

YH127坑是经史语所科学发掘且未遭盗掘的生坑，坑口上距地表1.7米，整坑甲骨应该没有流落在外的，但事实非也，此点最早为胡厚宣师揭出。1945年胡氏编著《甲骨六录》出版，书中收1940年于省吾《双剑誃古器物图录》中以照片与拓本对照著录的三版龟腹甲的摹本，考释说：“此三甲与中央研究院十三次发掘所得大部分龟甲，其相同点如下：（一）时代相同，皆属于武丁时期。（二）大小相同，多在长二十至二八公分之间。（三）文例相同，多自上而下。（四）大半完整。（五）契刻卜兆。（六）卜序井然。（七）事类相同。（八）可相缀合。”他推测“此三甲必与中央研究院十三次发掘者有关，至少当为同时同类之物，或径系同坑出土为中央研究院所遗者”[11]。同年抗战胜利，胡氏到北京采访搜集散落民间甲骨，从李泰棻处购得甲骨448片，大片得300片，其中“有完整大龟三版，卜兆刻过，背面有用朱书写的‘甲桥刻辞’”，他怀疑“和前中央研究院第十三次发掘所得的一批，似为同时之物”[12]，1947年胡氏将此三龟与上述于氏三龟，再合于氏的另一龟，撰成《战后殷虚出土的新大龟七版》，连续刊登在上海《中央日报文物周刊》，明确指出此批“在北平所得武丁时的大龟甲，其特点又恰与中央研究院十三次发掘所得的一坑，完全相同”[13]。胡氏当年在北京庆云堂还购得“半块记着四方风名的大龟，和前中央研究院十三次发掘所得的半块，正相接合”[14]。1955年胡氏在《甲骨续存》序中，又揭出下编388正、389反和下编442正、443反两龟，也认为和127坑龟甲“作风相同，疑为同时所卜，或即为同坑所出之物”[15]。如此，胡氏前后揭出大龟十版与YH127坑出土的甲骨有关。严一萍先生对于胡氏所揭十龟持相同意见，毫无悬念地指出应是YH127坑“同坑出土，至于如何‘遗失’，那就不得而知了”，他还认为称“战后殷墟出土”不符事实，当改为“战前第十三次发掘一二七坑出土的大龟十版”[16]。

今知YH127坑甲骨遗失在外的，何止十龟。比如，据曾毅公《论甲骨缀合》一文记述，1958年文化部文物局拨交北京图书馆保管的一批甲骨文中，“有布匣三函，为‘献字13738—13740’，计73小残片，北图编号为5200—5272”，其中5252“曰风”一片，可与上述庆云堂“四方风”半龟及YH127坑出土“四方风”半龟缀合，“再详细细审这三匣73片甲面的纹理、色泽，都是黄色，疑它们可能是一批一坑所出，也可能与YH127坑有关”。此三匣中的5213、5214、5215、5221、5225、5227、5235、5239、5245、5248十小残片可补拼于《丙编》627大龟之左右尾甲部位而成完龟（见《合集》10171）。匣中的5251、5232、5237三小片卜龟可以和《乙》4810拼缀成一完整大龟版。[17]

再如，北京师范大学藏原黄濬通古斋《邺中片羽》的甲骨，有的也与YH127坑出土甲骨有关，《邺》三[18]下34·6可以与《乙》8713相缀成大龟一版（见《合集》22249），《邺》三下34·7（《合集》21555）可以与《乙》9029（《合集》21537）拼接成半龟（常耀华君缀合[19]），《邺》三下34·10（《合集》21566）、《邺》三下34·11（《合集》21523）等当也是同批一坑之物。台湾花莲东华大学魏慈德先生对YH127坑甲骨与遗失甲骨缀合的情况，有较深入的考述，指出遗失甲骨的出现，都是在127坑发掘之后，“故这些甲骨不太可能因坑浅而被盗掘，唯一的可能就是发掘到著录的过程中间遗失了”[20]。

胡氏揭出的与YH127坑出土甲骨有关的大龟十版，经过藏家转手，今已分归北京国家图书馆和国家博物馆珍藏。现就这十龟的著录、缀合及现藏情况制成一览表如下：

序号		双古	六双	拾掇[21]	京津	续存	殷缀[22]	丙编	合集	国博	现藏
1	新大一正缺反版			二·1正	1正有反版摹本，甲桥朱书“画来卅”				12628缺反版		北京国家图书馆 原胡厚宣藏
2	新大二正			二·7正	899正				15556正		北京国家图书馆 原胡厚宣藏

序号		双古	六双	拾掇	京津	续存	殷缀	丙编	合集	国博	现藏
3	新大三正有反版摹本				1266 正缺反版			＋24 正（乙5340＋5343＋5383）缺背拓	6476 正（即丙24正＋京津 1266 正）缺反版		北京国家图书馆 原胡厚宣藏
4	新大四正	下 33·1 正	1 正		648 正				10125 正	25 正反 法书大观 12 正	北京国家图书馆 原于省吾藏，后归清华大学
5	新大五正	下 32·1 正	2 正				253（双古下 32·1＋乙4630＋乙4473）	丙补 130（＋乙补 4143＋乙补 4161＋乙补 4191＋乙补 4232）（据魏慈德 P.43 说）双古 32·1 正，严氏加缀乙 4473、4475 林宏明加缀乙补 4192	5776 正反	45 正反 法书大观 24 正反	北京国家博物馆 原于省吾藏，后归清华大学
6	新大六正	下 32·2	3 正				269（＋乙4630）		14019 正反（＋乙 4480＋4630）林宏明加缀合集 930(即乙4687）和15127正，反版加缀乙补4460、乙4352 反按：乙4630反版见乙补4460	60 正反 法书大观 29 正反	北京国家博物馆 原于省吾藏，后归清华大学

序号		双古	六双	拾掇	京津	续存	殷缀	丙编	合集	国博	现藏
7	新大七正					下224			3187正	28正反 法书大观11正	北京国家博物馆 原于省吾藏
8	综述图版19上					下442正、下389反			3945正反	68正反 法书大观17正反	北京国家博物馆 原唐兰藏
9	综述图版19下					下338正、下389反			3945正反	68正反 法书大观18正反	北京国家博物馆 原唐兰藏
10	四方风半龟			二·6正（+乙4548、4794、4876、5161）	428正（胡加缀乙4548、4794、4876、5161、6533）		261正（京津428+乙5161+乙1794+乙4876）	216正反（+乙4578+4794+4876+4883+5161+6533）张秉权又加缀乙5047 林宏明加缀乙4882、4890、5012[23]	14295正（+北图5252）		北京国家图书馆 原胡厚宣藏

上表所列与YHl27同坑出土有关的十龟，今藏北京国家图书馆的序号1、2、3、10四龟，不在本文讨论范围，从略。下面，来谈谈表中序号4—9国博所藏与YHl27同坑出土有关的六龟。本次国博六龟得以结集于一编，既是机缘，也提供了反顾过去，深入了解六龟具体形态，包括以往难以知悉或知之不详的一些龟卜内容。

第一片序号4，为胡氏新大龟七版之第四版，又见《合集》10125和《法书大观》12，国博25编号Y1955正反。正面有卜辞十条，释文作：

（1）己亥卜，宾，㞢于上甲五牛。一

（2）㞢于上甲五牛。一　二告

（3）十牛。

（4）勿斋十牛。

（5）庚子卜，㱿，贞年㞢害。五月。一二三四　一告

（6）庚子卜……年……一二三四

（7）贞令雀西㳅昌。一二

（8）贞雀叶王事。一　二告　二

（9）宁（贾）十。

（10）又青。

一二三四等记数字是序数，指灼龟时的占卜次序。[24]“年㞢害”即“禾有害”，指禾稼年成收获有害。己亥日由贞人宾卜问㞢（侑）祭殷先公上甲用五牛还是十牛，次日庚子由贞人㱿卜问“年㞢害”，属于“同版异史贞卜”。肙字旧释恂、龙或蚪，不确，说见下文第四片。

左右前甲之“己亥卜，宾，㞢于上甲五牛”和“㞢于上甲五牛”，与YH127坑出土之《乙》4747（《合集》1144）“庚戌卜，宾，贞来甲寅㞢于上甲五牛”，为异日“习卜”之例。此版过去著录均失录背面钻凿形态，国博反版存钻凿29组，左右各14组对贞，中甲部位独立一组，分布俨然，这是过去所不清楚的。

第二片序号5，为新大龟七版之第五版，原脱背拓，严一萍先生加缀《乙》4473、4475两小片，《乙》4473有背拓，见《乙》4474，残存一“卌”的甲桥刻辞，严氏据《乙》4696背拓甲桥刻辞“禽入卌”，补“禽入”二字，认为“当为同时所贡纳的四十版龟甲中的两版”[25]。此版即国博45编号C8. 656B正反和《法书大观》24，有反版，已收入《合集》5776正反。承蔡哲茂先生相告，林宏明又在左边两片之间缀入《乙补》4192一小片。[26]正面卜辞六条，释文为：

（1）戊辰卜，内，贞肇㠯射。一二三四

（2）勿肇㠯射。一二三四 二告

（3）贞肇㠯射三百。一二三 二告 四五六［七］八

（4）勿肇㠯射三百。

（5）王往入。一二三

（6）王勿往入。一二三

六条卜辞，两两对贞。肇有开启、启动、出动、出发、开拔义。㠯，旁字倒书，族地名。旁射或旁射三百，可能指握有某种武备射技的一类族人。反版甲桥刻辞为“唐来卌”，来贡者是唐而不是禽，可知严氏补“禽入卌”不确。

第三片序号6，为新大龟七版之第六版，原失背拓，卜兆经刻过。又见《法书大观》29正反，即国博60编号C8.656A正反。全版正面有很多人为的小浅穴，胡师说是“刻字又复挖去之痕迹”。《合集》14019著录此半龟时，在左右甲桥处加辍了《乙》4630、4480两小片。《乙》4630有背拓，见《乙补》4460。承蔡哲茂先生相告，林宏明又加缀《合集》930、《合集》15127正，反版加缀了《乙补》4460、《乙》4352反，成一全龟[27]（附图）。正面释文作：

（1）贞御于三父三伐。一二三四

（2）［贞］勿御于三父三伐。一二　二告　三四

（3）贞王其㞢匄于祖丁。一二

（4）祖丁弗其孽王。一二

（5）一二三

（6）一二三

（7）丙戌卜争，贞妇婐娩妨。七月。一二三四　二告

（8）贞妇婐娩妨。不其妨。七月。一二三　二告　四

（9）贞妇婐娩妨，隹卒。一二三四　二告

（10）一二三四 二告

（11）㞢父庚。一

（12）勿㞢，一

（13）㞢兄戊。一

（14）勿㞢。一

娩指临盆分娩产子。妨读如嘉，指生男婴，不妨谓不嘉，指生女婴。“贞妇婐娩妨。不其妨”。预卜妇婐生男还是生女。卒从裘锡圭先生释，有“终卒”、“完成”之义。[28]“贞妇婐娩妨，隹卒”，大意是贞卜妇婐分娩能否最终顺利生男婴。这反映了殷商重男轻女的陋俗。

一二三四的纪数字是序数，指灼龟时的占卜次序。（5）（6）（10）只有序数，没有贞辞，当年因不见背拓照片，对于（10）几个序数，胡师“疑心卜辞一定是在背面，因为龟版背面粗涩，年代久了，字迹就看不清楚了”。严一萍先生则以为，（10）是（9）辞的对贞，“省略了刻辞”。今见国博拓本照片及《合集》14019背拓，字迹并没有磨灭，还是清楚的，有卜辞六条，如下：

（1）壬寅卜，㱿。

（2）妇□其来。

（3）贞□□示

（4）示子画父庚。

（5）王固曰：其隹丁。用。二月。

（6）其㞢疾，亡口。

可知，昔日推测此片卜龟背面有刻辞，是说中了，但面背卜辞并不相承，严氏谓正面（10）省略了（9）的对贞辞，应是正确的。

第四片序号7，为新大龟七版之第七版，又见《合集》3187和《法书大观》11，原脱背拓，国博28编号Y1954，有反版照片，存有钻凿11组，左右五五对贞，中甲部位独立一组，井然有序。正面卜兆经刻过，卜辞四条，释文为：

（1）丁□卜，㱿，贞勿御子䇂……王固曰：吉。䇂亡…… 一

（2）于妣己祼子䇂3。

（3）贞祼于母庚3。一

（4）于母…… 一 二告

3字，胡氏释旬，读如恂，乃字形误识。一释龙或虯，均不确。陈邦怀先生释3为肙若蜎的初文，引《说文》“肙，小虫也”，“蜎，肙也”，谓“以辞义求之，当用为捐，其义为弃，为除”。[29]蔡哲茂先生从之，又进而指出，肙象蚊子幼虫孑孓的形状，证以《一切经音义》卷三引《通俗文》云：“蜎化为蚊，案到蚑虫，今止水中多生之，其形，首大而尾锐，行则掉尾至首，左右回环，止则尾浮水面，首反在下，故谓之到蚑虫”，读作疾愈意义的“蠲”。[30]可从。此片收入《法书大观》11，但（2）辞3字漏释，（3）辞把3字误释为“告”。四辞同卜，御除

子㚤病殃之减轻而裸祭于妣己、母庚等。

第五片序号8，为唐兰先生旧藏，国博62编号Y1951正反，龟版保存完好。照片最早著录于陈梦家先生《综述》图版拾玖上，拓本见《续存》442、443，又见《合集》4264正反。《法书大观》17有正反放大照片和墨拓本。卜兆刻过，正面卜辞两条左右对贞，分列龟版两侧，作一行直书，释文为：

戊午卜，吉，贞般其㞢𡆥。一二三四五六

戊午卜，吉，贞般亡𡆥。一二三四五六　二告　七

反版钻凿13组，左右为对，右半7组钻凿以中甲首起为序，自上而下，皆与正面序数相对应。正中千里路刻辞一条，作直行书，为正面卜辞的占辞，面背相承，释文为：

王固曰：吉。亡𡆥。

㞢（有）𡆥与亡（无）𡆥对贞，𡆥，一般通释呙，读为祸，裘锡圭从唐兰先生释“繇”，引《左传·闵公二年》“成风闻成季之繇”，杜注“繇，卦兆之占辞”。并谓繇“疑当读为‘忧’，‘忧’与‘繇’，古音更相近。《尔雅·释诂》训‘繇’为‘忧’。”[31]甚是。般一称“师般”（《合集》5468），商王武丁时重要臣正。此正反卜问般是否有祸忧。

第六片序号9，也为唐兰先生旧藏，国博68编号Y1952正反，龟版保存完整无缺。著录书籍同上版。收入《合集》3945正反和《法书大观》18正反。卜兆也经刻过，卜辞四条，两两左右对贞，分列龟版两侧，面背相承，释文为：

（1）戊寅卜，㱿，贞沚戓其来。二（正版）王固曰：戓其出，叀庚。先戓至。（反版）

（2）贞沚戓不其来。二

（3）戊寅卜，㱿，贞雷𡧊其来。二（正版）王固曰：𡧊其出，其隹丁。丁不出，其㞢疾。（反版）

（4）雷𡧊不其来。二（正版）

沚戓与雷𡧊，也是商王武丁时重要臣正。𡧊，或释凤。

此版所署数字“二”属于“卜数”，与上一龟版标示灼龟次序的“序数”性质不同，是用来表明同次卜用了多少块甲骨，该甲骨属于第二块卜龟。《合集》3946正反（《丙》28/29）、3947正反（《丙》30/31）著录两龟版，与此版同文，分别署“三”“四”，是知当时至少卜用了四龟以上（可能是卜用五龟），唯第一卜未见。两龟版正是YH127坑出土品，可知国博此卜龟当也是同坑出土之物。

中国国家博物馆因其在全国的重要地位，聚藏了众多的文物瑰宝，不少流落在外史料价值或观赏价值极高的甲骨精品，有了理想的归属地和面向社会的展示地，其中也包括了当年从YH127坑“遗失”出去的一批珍贵大龟版。透过尘封的沧桑与已逝的时代伤感，也微微唤起了学人无限的沉思，更多少有着饱含苦涩的庆幸。

注释：

[1]陈梦家：《殷虚卜辞综述》，科学出版社1956年版，第656页。以下简称《综述》。

[2]胡厚宣：《大陆现藏之甲骨文字》，《中央研究院历史语言研究所集刊》第67本4分，1996年。

[3]史树青主编：《中国历史博物馆藏法书大观·第一卷·甲骨文金文一》，上海教育出版社2001年版。以下

简称《法书大观》。此书先前有日文版，1994 年 12 月由京都柳原书店出版。

[4] 沈之瑜《〈戬寿堂所藏殷墟文字〉补正》一文说，戬寿堂甲骨“经查核其中有五十四片藏于中国历史博物馆”（见《沈之瑜文博论集》，上海古籍出版社 2003 年版，第 125 页）。较胡说 55 片少 1 片。

[5] 商承祚：《殷契佚存》，金陵大学中国文化研究所丛刊甲种影印本，1933 年 10 月。以下简称《佚存》。

[6] 于省吾：《双剑诊古器物图录》，北京函雅堂影印本，1940 年 8 月。以下简称《双古》。

[7] 王襄：《簠室殷契征文》，天津博物院石印本，1925 年 9 月。

[8]《甲骨文合集材料来源表》（中国社会科学出版社 1999 年 8 月版）上编二第 862 页 33694 片，下编第 82 页《簠天》1 和第 87 页《簠人》1，亦均将此片误为现归天津历史博物馆的王襄旧藏品。

[9] 陈梦家：《解放后甲骨的新资料和整理研究》，《文物参考资料》1954 年第 5 期。

[10] 参见石璋如《小屯·遗址的发现与发掘·丁编·甲骨坑层之二·十三次至十五次出土甲骨》上，“中央研究院”历史语言研究所 1992 年 9 月版，第 71～90 页。

[11] 胡厚宣：《甲骨六录·双剑诊所藏龟甲文字释文》，成都齐鲁大学国学研究所专刊之一，1945 年 7 月，第 5 页下。以下简称《六双》。

[12] 胡厚宣：《五十年甲骨文发现的总结》，商务印书馆 1951 年版，第 48 页。

[13] 胡厚宣：《战后殷虚出土的新大龟七版》，上海《中央日报文物周刊》第 22～25、27～31 期，1947 年 2 月 19、26 日，3 月 5、12、26 日，4 月 2、9、16、23 日。

[14] 胡厚宣：《五十年甲骨文发现的总结》，第 49 页。又此版收入胡厚宣《战后京津新获甲骨集》（以下简称《京津》），上海群联出版社 1954 年 3 月版，第 428 号。他在《释殷代求年于四方和四方风的祭祀》，《复旦学报》（人文科学）1956 年第 1 期，将《京津》428 与《乙编》4548、4794、4876、5161、6533 五片相缀。

[15] 胡厚宣：《甲骨续存》，上海群联出版社 1955 年版（以下简称《续存》）。下编 388 正、389 反和下编 442 正、443 反两龟，为唐兰先生原藏，拓本又见陈梦家先生《殷虚卜辞综述》图版拾玖。曾毅公《论甲骨缀合》（《华学》第四辑，北京紫禁城出版社 2000 年 8 月版），记唐兰购买此两龟的始末云：“北京解放前夕，笔者在工作之暇，访唐兰同志于米粮库寓所，适书贾白某来，持整龟二版求售，索价甚低。时在围城中，唐颇犹豫，余劝勉收之。白去后，余谓此二版兆经复刻，颇似乙编所录。”

[16] 严一萍：《关于“战后殷墟出土的新大龟七版”》，《中国文字》第 50 册，1973 年。又《补述新大龟七版中的双剑诊藏甲》，《中国文字》第 51 册，1974 年。两文均收入《甲骨古文字研究》第一辑，台北艺文印书馆 1976 年版。

[17] 参见蔡哲茂《〈殷虚文字乙编〉4810 号考释》，《第十四届中国文字学全国学术研讨会论文集》，台湾中山大学中国文学系，2003 年 3 月。

[18] 黄濬：《邺中片羽》（三集），北京通古斋影印本，1942 年 3 月。以下简称《邺》。

[19] 常耀华：《子组卜辞人物研究》，中国社会科学院研究生院硕士学位论文，2002 年 5 月，第 12 页。

[20] 魏慈德：《殷墟 YH 一二七坑甲骨卜辞研究》，台湾台北政治大学中国文学系博士学位论文，2001 年 6 月，第 41～52 页。

[21] 即郭若愚编著《殷契拾掇二编》，上海来薰阁书店影印本 1953 年版。

[22] 即郭若愚、曾毅公、李学勤编著《殷虚文字缀合》，科学出版社 1955 年版。

[23] 参见魏慈德《中国古代风神崇拜》，台湾古籍出版有限公司 2002 年版，第 56～59 页。

[24] 宋镇豪：《论古代甲骨占卜的“三卜”制》，《殷墟博物苑创刊号》，中国社会科学出版社 1989 年版。

[25] 严一萍:《关于“战后殷墟出土的新大龟七版”》,《甲骨古文字研究》第一辑，台北艺文印书馆1976年版，第355页。下引不再另注。

[26] 林宏明:《殷墟甲骨文字缀合四十例》第24组，台湾政治大学89学年度研究生成果发表会论文，2000年。

[27] 林宏明:《殷墟文字乙编补遗新缀四十六例》第46组，台湾政治大学90学年度研究生成果发表会论文，2001年。

[28] 裘锡圭:《释殷墟卜辞中的“卒”和“律”》,《中原文物》1990年第3期（殷墟甲骨文发现90周年国际学术讨论会专辑）。

[29] 陈邦怀:《殷代社会史料征存》，天津人民出版社1959年版，第19～20页。

[30] 吴匡、蔡哲茂:《释肙》,《古文字学论文集》，台北，1999年8月版，第15～36页。

[31] 裘锡圭:《说“𤰔”》,《古文字论集》，中华书局1992年版，第105页。

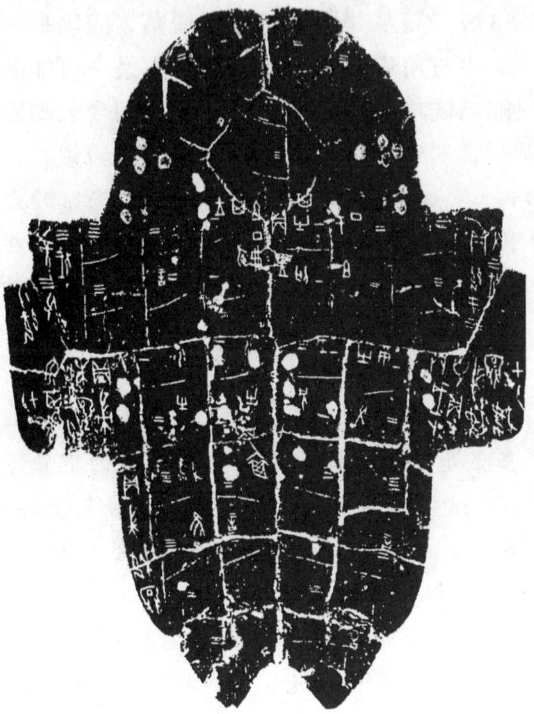

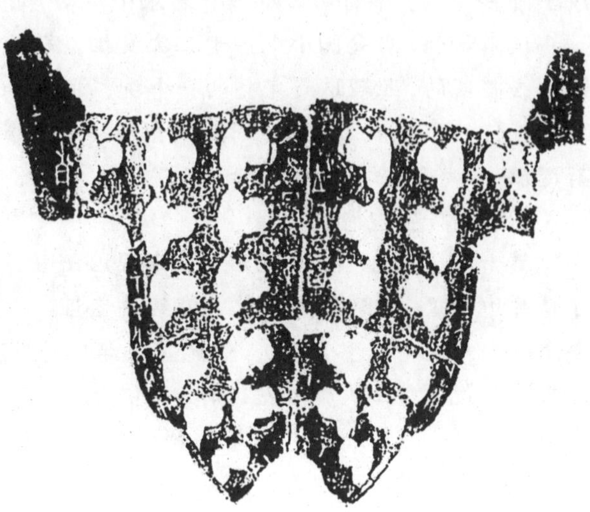

附图　左正版、右反版

（原载上海古籍出版社2007年7月版中国国家博物馆编《中国国家博物馆馆藏文物研究丛书·甲骨卷》。作者为中国社会科学院甲骨文殷商史研究中心主任、研究员、博导，江苏省甲骨文学会顾问）

谈一二七坑甲骨与其它著录甲骨相缀合的现象

魏慈德

1936年出土于河南安阳小屯村北YH127坑的甲骨，今天绝大部分都已经著录于《殷虚文字乙编》（以下简称《乙》）中，这乃是经由科学发掘，且是整坑出土、未经盗掘的生坑，照理说坑中的断甲应当只能与同坑出土的甲骨缀合，正如严一萍先生在发现《殷虚文字甲编》（以下简称《甲》）的959、962、963、964、2042五片碎甲居然可以和《乙》的5379缀合时[1]，感到诧异与不解。其后又在石璋如先生没有详查的情况下，错误地推论出127坑封坑很晚，几乎包含了一到五期甲骨的不实结论。[2]后来又因该版甲骨又可加缀《甲》的1880，才使得石璋如先生又再次去查证《乙》5379，证实《乙》的5379乃是从《甲》1880上脱落，应该是一片当初编错号码的字甲。[3]所以《乙》甲骨和《甲》甲骨可以相缀合的现象，本是不可能的事。从这个例子也说明了YH127坑的严整性，它只能与同坑的甲骨缀合。然而我们今天却发现了许多《乙》甲骨可以和其它著录甲骨缀合的例子，对于这种现象，严一萍先生曾说：

说来话长，当安阳小屯第十三次发掘，发见YH一二七坑的甲骨时，是整坑移到南京的史语所去整理的，照理这是完整的一个坑，所包含的甲骨是不应当分散的，但是四十多年来，在外面流传的甲骨中，可与十三次发掘所得的甲骨缀合的已经不少，这证明十三次发掘的甲骨有遗散，如何遗散，就不得而知了。[4]

曾毅公先生也说到：

第十三次到第十五次的坑位，算是公开出来了，我们也知道十三、十五次（十四次只出了二片甲骨），大多是"生坑"，没经过盗掘，地层多数是没经过扰乱（如YH127坑的甲骨是整个一个几吨重的甲骨块），但也有一部分材料流出，这当然是少数，如董氏在《殷契佚存》序言中所说当第三次殷墟发掘时，前中央研究院和河南民族博物馆，因争掘甲骨发生纠纷时，在"B"区"大连坑"和"E"区附近，河南博物馆有一批甲骨被盗（下略）……[5]

后来李学勤先生也曾提到YH127坑卜甲有与《乙》以外碎片拼合的事例，如胡厚宣先生缀合的"四方风名"腹甲上半部，《殷墟文字缀合》中收录的于省吾先生旧藏腹甲等。唐兰先生旧藏的两版刻兆整龟，很像此坑所出。20世纪50年代初，由文化部拨交北京图书馆的一匣甲骨，也有可与YH127坑卜甲缀合的。这些材料的出现都较晚。[6]

以下就将今日所能见的《乙》甲骨和它书著录甲骨可缀合者及疑为出自127坑甲骨的它书著录甲骨整理如下。

一 《乙编》甲骨和它书著录甲骨可缀合者

最早指出YH127坑甲骨可以和它书著录甲骨缀合者是胡厚宣先生。他曾于1947年起，在上海《中央日报文物周刊》上连载七期的《战后殷虚出土的新大龟七版》[7]，文中分别指出了京津1（合12628）、京津899（合15556）、京津1266（合6476＝丙24+京津1266）、京津648（合10125）、双下32.1（合5776正＝乙4473+乙4775+双下32.1）、双下32.2（合14019正＝乙4480+乙4630+双下32.2）、续存下224（合3187）这七版龟甲的特点都和中央研究院十三次发掘所得的一坑甲骨，完全相同。尔后，严一萍先生发表《关于〈战后殷虚出土的新大龟七版〉》指出这七版龟甲都应该是出自127坑之物[8]，也就是说这七版龟甲除整甲外，都可和《乙》的甲骨缀合。以下就依《甲骨文合集》（本文简称《合》）号码的顺序，将今所见可和《乙》甲骨缀合的非《乙》著录甲条述于下：

（一）合672正

丙117（乙2452+乙2508+乙2631+乙3094+乙3357+乙3064+乙7258+乙8064+乙8479+无号碎甲）+北图5246+北图5207，今可再加缀乙2862+合1403（故宫博物院藏甲新74177）+乙713+乙2462（图一）

关于这一整版的缀合过程最早见于《殷虚文字缀合》（本文简称《殷合》）一九五组上[9]，其将乙2508和乙3094缀合成一块，后来张秉权先生在《殷虚文字丙篇》（本文简称《丙》）中又缀上了乙2452、乙2631、乙3064、乙3357、乙7258、乙8064、乙8479七片，著录号为丙117。之后桂琼英先生又加上了乙2862和文物局旧藏甲，文物局旧藏甲后来拨交北京图书馆，编号为5246[10]（今《合》将丙117加北京图书馆5246列为672号，尚未将乙2862缀入）。又北京故宫博物院于琉璃厂文物商店购得一片甲骨，编号为新74177（合1403），也可与丙117版缀合，使得这版甲骨的拼合片累积至十二片。而今《甲骨文合集材料来源表》在属于本版的拼合号中又多了北图5207一号。

之后严一萍先生在《经过三十年缀合的一版大龟甲》中又缀上了乙713和乙2462[11]，使得这一片龟甲的缀合版数增至十四片。然在1999年出版的《甲骨文合集补编》中，此版被列为100号，却仍未将桂琼英先生缀合的乙2826和严一萍缀的乙713和乙2462补上。

（二）合5776正

乙4473+乙4475+双下32.1

《双》为于省吾先生编的《双剑誃古器物图录》[12]，其中下卷收有商契龟二，此为第一片。此缀合最早见于胡厚宣先生发表于1947年2月16日上海《中央日报文物周刊》第廿七期上的《战后殷虚出土的新大龟七版》中的第五版。此组亦见于《殷合》的二五三组，为郭若愚先生所缀；以及严一萍先生《殷虚第十三次发掘所得卜甲缀合集》中的第十组。其后张秉权先生又加上了《殷虚文字乙篇补遗》（以下简称《乙补》）的4143、4161、4180、4191、4232五片。[13]

关于本版和合14019正（乙4630加双下32.2）的缀合，曾毅公先生曾说到：

于省吾先生，在华北沦陷时期，也从古玩店中购到三片比较完整的大半龟版和一片牛骨刻辞，三片龟甲收在他的著作《双剑誃古器物图录》卷下32、33两页上，第一片是腹甲，存在右首甲、中甲和左右腹甲和左右珥甲的上端，第二片是腹甲的后甲、尾甲和珥甲下端一部分，也是刻兆，同于YH127所出。1954年在考古研究所校补《殷虚文字缀合》稿时，发现郭若愚把乙编4473一片右珥甲下端，和右后甲及右珥甲下部，4630一片右珥甲下部，和这二半龟缀合，左右珥甲卜辞，正是对贞。北京解放后双剑誃所藏甲骨，经陈梦家介绍，全部让与清华大学。[14]

（三）合6476

丙24（乙5340+乙5343+乙5385）+京津1266

此版亦为胡厚宣先生《战后殷虚出土的新大龟七版》中的第三版（民国三十六年三月五日上海《中央日报文物周刊》廿四期）。此版为某成套卜辞中的第一版，第五版则见乙3797。[15]曾毅公先生曾说到“当北京图书馆采访部移交胡售甲骨于金石组时，又发现一大半龟，珥甲上部，已缺其一，因破碎待修复。1954年《战后京津新获甲骨集》收此版全拓于1266，我以乙5340、5343、5383三残片和京津1266缀成一整龟（《殷虚文字丙编》上辑，在1962年左右，北京图书馆从香港购到此书，知张秉权亦已缀合）”。[16]

（四）合6945

丙177（乙4684+乙6111）+北图5238（考文39）

《殷合》二七二组为郭若愚所拼合，乃将乙4684缀上乙6111，其后张秉权先生将之收录于丙177。尔后曾毅公先生又在《殷合》二七二组的基础上加缀了北图5238，可见《合集》6945版。

（五）合10171正

丙627（乙7629+乙7677+乙7793+乙7872+乙7919）+北图5213（考文14）+北图5214（考文15）+北图5215（考文16）+北图5221（考文22）+北图5225（考文26）+北图5227（考文28）+北图5235（考文36）+北图5239（考文40）+北图5245（考文46）+北图5248（考文49）

丙627为一大龟甲，缺尾甲部分，而《北图》的10块残甲正是此龟的尾甲。《考文》为中国社会科学院考古研究所精拓契文，《北图》为北京图书馆藏甲，考古所精拓契文的原骨后来归于北图，所以在此同时出现《考文》和《北图》的编号。

（六）合10951

乙3208+乙3214+乙7680+北图5206（考文7）+北图5211（考文12）+北图5216（考文17）+北图5217（考文18）+北图5231（考文32）

此版北图的三片残甲位于龟版左甲桥位置，然乙3214与乙7680+乙3208+北图5206+北图5211+北图5216+北图5217+北图5231不能拼合，张秉权先生已将乙3214与无号碎甲拼合，拼合后成为一龟版的上半甲，而这五片北图残甲的位置正与无号碎甲重叠，故此版（合10951）实当分为两组，一组为3214+无号甲；一组为乙3208+乙7680+北图5206+北图521+北图5216+北图5217+北图5231，《合集》此版实为误缀。

（七）合12623

甲（乙290+乙460+乙464+京348〔掇二4〕）–乙（乙461）–丙（乙465）

合12623为一版遥缀的龟甲，由甲、乙、丙三块遥缀，而其中甲部分的左上一甲（即乙290）实际上无法与右上甲（即乙460）拼合，故知合12623的左上乙290部分为误缀。

（八）合12973

乙5278+乙5987+乙6001+乙6014+京津396，今可再加缀台湾某收藏家藏品、乙621、乙补229、乙补5318（图二）。

乙5987加乙6001加乙6014的缀合，除《合》所缀外，又可见《殷虚十三次发掘所得卜甲缀合集》的第106组，而《合》更多缀了不属于乙编的京津396，之后钟柏生先生在《台湾地区所藏甲骨概况及合集12973之新缀合》[17]中又加缀了台湾某收藏家所藏的甲骨，据云该甲今已断裂为十五片。后来张秉权先生又加缀了乙621、乙补5318、乙补229三块。

从此版的缀合可知这原是十三次发掘所得的一版龟甲，后来有一块著录在《京津》中，而位于龟腹部位的一大块甲今竟辗转落到私人手中。

（九）合13666正

丙473（乙2071+乙2591+乙2678+乙补605+无号碎甲）+北图5219+北图5240+北图5247

曾毅公先生以为乙2678+乙2071+乙2591+乙6344+乙5839可以缀上北图5219+北图5240+北图5247三残片，[18]然乙2071+乙2678+乙2591已被张秉权先生缀入丙473中，且乙6344和乙5839无法与乙2678+乙2071+乙2591缀合，故这版龟甲的正确缀合为丙473+北图5219+北图5240+北图5247，也即是合13666正。

（十）合13931

丙190（乙4703+乙4786+乙5073+乙5192）+北图5241

合13931是一块龟腹甲，原是《丙》190版，丙190乃是由四块碎甲拼合而成（乙4703+乙4786+乙5073+乙5192），但是缺少了右尾甲，而《合》出版后，在合13931中的此版已经被拼上了右尾甲，这一片右尾甲来源不详，[19]今《甲骨文合集材料来源表》出版后，始知其为北图5241。

（十一）合14019正

乙4480+乙4630+双下32.2

本组为郭若愚先生所缀，最早见于上海《中央日报文物周刊》1947年4月2日第廿八期上所刊的《战后殷虚出土的新大龟七版》，此为第六版。其后收入《殷合》二六九组。前文第（二）组（合5776正）是将双下32页龟甲的上半与乙4473、乙4475缀合，此组则是将双下32页龟甲的下半与乙4630缀合。内容为卜问帚裸娩妫之事。

（十二）合14295

丙216（乙4548+乙4794+乙4876+乙4883+乙5161+乙6533）+乙4872+乙4924+京津428（掇二·6）+北图5252（考文53），今可再加缀乙4882、乙4890、乙5012、乙5047

《战后京津新获甲骨集》（本文简称《京津》）为胡厚宣先生所编，乃作者于1945年以后，在京津地区收购所得甲骨编次而成。关于京津428可与乙4548缀合一事，胡先生在《京津·序要》中说到428片适与《殷虚文字乙编》4548相接，系购自北京庆云堂者。而在其所著的《五十年甲骨文发现的总结》中更详细地记载了这件事。[20]其后郭若愚在《殷虚文字缀合》261组的基础上又加拼了乙5161、乙1794和乙4876。张秉权先生在《丙》中又加上了乙6553，后来在《合》中又多缀了北图5252，使得全甲成为一整片的龟版，今《合》著录为14295号。其中考文53原为北图5252，来源为1958年文化部文物局拨入北京图书馆之甲骨，这一小片的缀合者为曾毅公。[21]而今又可缀上乙4882、乙4890、乙5012和乙5047，前三片为林宏明所缀，后为张秉权先生缀。[22]

（十三）乙 4810 可与合 22491（北图 5237）[23]、北图 5251 及北图 5232 缀合（图三）

乙 4810 为一大龟版，《合集》漏收。此版后来收入《甲骨文合集补编》第 6925 号，曾毅公先生曾将之与《北图》5232、《北图》5237、《北图》5251 缀合，[24] 其中北图 5237 已著录于合 22491，其余两片未公布、而缀合后多了乙未、丁酉、戊戌三个干支。

对于《乙》著录甲骨可以和北京图书馆藏甲骨拓片缀合的情形，胡厚宣先生说到，“北京图书馆藏甲骨文字拓本，六册，5403 片。此乃北京图书馆自拓所藏除善斋以外的各种甲骨拓本。重要的有罗振玉、张仁蠡、孟定生、罗伯昭、郭若愚、何遂、胡厚宣等所旧藏，又有文物局拨交部分，有的可与《殷虚文字乙篇》相拼合”[25]。而今日参与整理国家图书馆（北京图书馆）甲骨馆藏的胡辉平先生也提到“（国家图书馆）馆藏甲骨大体是依原收藏家为主线进行连续编号，自 1 号至 5403 号依次为沐园（罗伯昭）、庆云堂、孟定生、罗振玉、胡厚宣等各家小批量的旧藏甲骨，5403 号至 33853 号为善斋旧藏甲骨”[26]。

二　疑出于一二七坑的它书著录甲骨

（十四）合 1401（京津 674）

此版为一龟的残甲，卜辞为“贞：大甲不宾于咸”，和丙 39（合 1402 正）可能有成套的关系。

（十五）合 3187（《甲骨续存》下 224）

此版为《战后殷虚出土的新大龟七版》系列中的第七版。卜辞内容为“祼于母庚肙”、“丁口卜，㱿贞：勿御子㚤☒”、“于妣己祼子㚤肙”。

（十六）合 4264 正（《殷虚卜辞综述》图版十九）

合 4264 为唐兰先生旧藏的两版刻兆整龟之一（见《殷虚卜辞综述》图版十九），李学勤先生曾怀疑其可能是出自 127 坑。曾毅公先生论及此甲来源时，说到“北京解放前夕，笔者在工作之暇，访唐兰同志于米粮库寓所，适书贾白某来，持整龟二版求售，索价甚低。时在围城中，唐颇犹豫，余劝勉收之。白去后，余谓此二版兆经复刻，颇似《乙编》所录，后唐以此二版，贡献国家，并蒙以拓本见惠，现藏于历史博物馆”[27]。

（十七）合 3945（《甲骨续存》下 388）

此版为唐兰旧藏刻兆整龟之另一版，曾著录于《甲骨续存》下 388，为某成套卜辞中的第二版，第三版为丙 28（合 3946），第四版为丙 30（合 3947）。[28] 上有卜辞“戊寅卜，㱿贞：沚戓其来。戊寅卜，㱿贞：雷凤其来”。

（十八）合 10125（京津 648）

此为《战后殷虚出土的新大龟七版》中的第四版（1947 年 3 月 12 日上海《中央日报文物周刊》廿五期）。此版内容为“庚子卜，㱿贞：年㞢巷。五月”、“贞雀叶王史”、“贞令雀西延肙”、“己亥卜，宾：㞢于上甲五牛”。其中同文例见乙 4747，内容为“庚戌卜，宾贞：来甲寅㞢于上甲五牛”。

（十九）合 21310

乙 8523 缀合外 224

外224为《殷虚文字外编》（以下简称《外》）的224号甲，《合》收录为20964号，其可以和乙8523缀合（合21310），缀合后出现“□”和“既”两个字，[29]《外编》拓片来源依其序言所说，乃“（史语所）发掘而外，公私购藏，时有所获，则借拓汇集，成此一书，故曰外编”，其中外224为出自陈锺凡氏所藏。[30]

（二十）合12628（京津1）

此版即《战后殷虚出土的新大龟七版》中的第一版（1947年2月19日上海《中央日报文物周刊》廿二期）。对于此版的来源，曾毅公先生回忆道：“前师大历史系教授李泰棻，著有《痴厂藏金》、《痴厂藏契》，《藏金》两集已出版，大多出于殷墟，《藏契》未出版。胜利后，胡厚宣先生自川飞京，收购甲骨。《痴厂藏契》大部分为胡所得，时笔者蒙胡先生不弃，以痴厂所藏二整龟见示（即《战后京津新获甲骨集》1、2及899，2是反面，因用浆糊纸条黏着，不能施拓，故为摹本），兆纹也经重刻，同于13次YH127坑所出。”[31]

京津1的内容为“丙午卜，韋贞：生十月雨其隹□。丙午卜，韋贞：生十月不其隹□雨”，复见录于郭若愚《殷契拾掇二编》第一版，今为北京图书馆藏。其中□字，李学勤先生以为是雨的异体字，“□（雨）雨”，前一字当动词，动词用的□（雨）字特别用三点勾勒来表现，使其更像雨水。[32]

（廿一）合15556（京津899）

此版为《战后殷虚出土的新大龟七版》中的第二版（1947年2月26日上海《中央日报文物周刊》廿三期）。京津899的卜辞为“癸未卜，宾贞：今日燎”，其同文例可见合1280（乙3336），合1280还可加上乙补3183，为林宏明所缀。

（廿二）合9738（北图5220+北图5228+北图5230+北图5244）

北图四片残甲缀合后的卜辞为“甲午卜，亘贞：南土受年？三四五甲午□”，今已收录为合9738。关于这一版缀合，曾毅公以为北图5244+北图5228+北图5220+北图5230可以再加上乙7970、8327、8322，[33]然今乙8327+乙8322已被张秉权先生与乙7912+乙8167+乙8320拼合，列于丙278组。

关于甲午这一天占卜四土受年者，我们在《乙编》可以找到三版，分别是：

甲午卜，征贞：东土受年。一二三四五六七　乙3287（合9735）

甲午卜，韋贞：西土受年。一二三四五六　丙278（合9743）[34]

甲午卜，宁贞：北土受年。二三四五六　乙3925（合9745）

此外，又有一版为：

甲午卜，雋贞：□受年。一二三四五　丙10（合9788）

从字体上来看可知这五版必是同一书手所为，而其上的贞人征、韋、亘、宁、雋五人可以证明其必为同时。这五版亦可视为不同贞人问卜的一套同文卜辞。[35]

（廿三）北图5248+北图5215+北图5245+北图5221+北图5214+北图5239+北图5213+北图5225+北图5227

这九块北图残甲可以缀合成一个比较完整的尾甲，而这一片腹甲的尾甲，曾毅公先生以为其和乙2327+乙7799可能原是一个整甲。然乙2327+乙7799已为张秉权先生与乙2323+乙4590+乙补407+乙补763+乙补1918+乙补1901缀合，列于丙317组，故知曾说非。然北图这九片残甲上的卜辞和丙317上的卜辞可以看作是干支不同的同文卜辞，则是肯定的。

以上关于北京图书馆藏甲可以和一二七坑甲骨缀合的有第(一)、(四)、(五)、(六)、(九)、(十)、(十二)组，北京图书馆的藏甲根据胡厚宣先生在《大陆现藏之甲骨文字》中所言，计有34512片，其来源为：

北京图书馆所藏较多的一批为原刘体智藏，共28292片。拓本题为《善斋所藏甲骨拓本》，共28本，1341页，其中缺号2，无字甲骨4，伪片112，可以缀合者51，拼合成24版，实际刘氏藏28147片。所藏较早的一批原为孟定生藏，有400片， 已选360片著录。所藏较精的一批为原罗振玉藏，共32盒420片，张仁蠡藏292片。抗战期间的一批为原胡厚宣藏2148片，《京津》选1900片著录。其他为原罗伯昭、张珩、徐炳昶、郭若愚、何遂、曾毅公、邵伯炯及庆云堂、通古斋、祥雅堂藏和文化部拨。所藏甲骨曾著录于《京津》、《粹》、《掇》。曾毅公告共藏35651片，除去伪片、无字甲等，实藏34512片。[36]

而这一批甲骨中的北图编号5200至5272的七十三片，为同一来源，其中多有可与《乙》著录甲骨缀合者，如上面的第（四）合6945、（五）合10171正、（六）合10951、（十二）合14295、（十三）乙4810。关于这一点曾毅公曾说：

1958年北京图书馆，承文化部文物局拨来大批甲骨保管，其中包括善斋（刘体智）、沐园（罗伯昭）、智厂（郭若愚）、天津孟氏（孟广慧）、南阳徐氏（炳昶）……等家旧藏。其中有布匣三函，为“献字13738—13740”，计73小残片，北图编号为5200—5272。其中5252一残片存“曰风”二字，是右上腹甲的一部分，并且尚有一小段盾纹，再从字体比较，似与“四方风名”相同，试以北图5396一片相较，正可补充“辛亥卜，内贞：帝于北方［曰］夷［风］曰役，𡋝年”两个残文……证明它们确系同版。因受“曰风”残片的启示，再详细审视这三匣73片甲面的纹理、色泽，都是玉黄色，疑它们可能是一批一坑所出，也可能与YH127坑有关。[37]

所以北图编号5200—5272这七三片残甲极可能是出自127坑，而何以流落在外，其原因不详。

《乙》甲骨和它书著录甲骨可拼合例子，同样发生在《甲》上。董作宾先生在《甲》的序中曾经举了三例子。

一是第9坑出土甲297可以和《库方》的1661片拼合，董先生以为这是因为“按第9坑附近，是光绪三十年及民国九年地主朱坤曾大举发掘，所得甲骨甚多，库方两氏所藏，与朱氏所得有关，这个地区出土的甲骨且与罗振玉《前编》、《后编》、《续编》、《菁华》，林泰辅的《龟甲兽骨文字》，金祖同的《龟卜》等都有关系，我们所得乃是残余”。

二是第一次发掘36坑中出土的甲264，可与《粹编》425缀合(今《合》已缀，即合20098)，董先生认为是按“宣统元年及民十二至十七年地主张学献及村人在村内及其菜园中挖掘也得到不少甲骨，36坑上层被扰乱部分，就是他们所挖的坑。《殷契粹编》所载大都为村中的出土品，并且罗振玉《殷虚书契后编》及金祖同《龟卜》上也有一部”。

三是第三次大连坑的甲2282可和《佚存》256缀合（见合32385），此版董先生没有说明，而石璋如先生解释说：“按大连坑系在张学献的十八亩地内，张氏的姑丈刘连，自清宣统以来即在该地内挖掘，掘后并不填坑，张氏则于耕种时平填，数十年来亦有所得，故《佚存》外，如刘鹗的《铁云藏龟》、罗振玉的《铁云藏龟之余》、姬佛陀的《戬寿堂所藏殷虚文字》、叶玉森的《铁云藏龟拾遗》等，都与该处出土的甲骨有关。”[38]

这三例都是因为所出土甲骨的坑层较浅，在科学发掘以前，坑层就已经过盗掘，所以会有可和其它著录书中甲骨缀合的例子，然而127坑位在地层下1.7～6公尺之间，其坑未经盗掘，和《甲》所出甲骨可与其它旧著录甲骨缀合的情形可说是大不相同。

何以127坑出土的甲骨可以和其它来源不明的甲骨缀合？这个问题同样也发生在YH251坑上，常耀华先生指出251坑中的乙8710可以和思泊藏契缀合，乙8713可以和邺三下34.6缀合，乙8809可以和北大1号第二片（合21418）缀合，而提出“我们推想，三千多年前，殷代埋卜时，把相同的一批材料至少分作三次处理，其中的一部，分别埋在YH251、330两坑中，埋卜之前龟甲就已破碎，这批卜辞应是作为垃圾来处理的”。也就是说他认为可能是有些甲骨在埋入窖穴之前就已经破裂，所以才有这种情形发生。之后石璋如先生又补充了“那三片卜辞可能是安阳民间盗掘的掘获物，再由古董商转卖给收藏者”的说法。[39]

但是同样的理由可不可以用来解释127坑甲骨能与来源不明甲骨缀合的原因？一是将之解释成127坑的甲骨在入土前就已破碎，且分别弃置于不同的坑穴，所以能和本坑缀合的甲骨可以是出自不同的坑穴；二是本坑的甲骨有部分被民间盗掘。然而我们认为这二种说法都是行不通的。第一，127坑深达地面1.7公尺以下，远深于251坑的0.9公尺，若说是民间盗掘似乎不可能，且石璋如先生在《丁编》中也说到127坑于6月12日发现，13日起土，之后四天内装箱完毕，其间有卫兵守备，不会有遗失的可能。那是否是同批的甲骨被弃于不同的坑穴中？对于这种假设我们只要从可以缀合的版数和所与之缀合的甲片大小与位置来看，也知其不可能，如第（一）组丙117与故宫藏甲缀合版，入土前断不可能仅将千里路与右甲桥中的一小块腹甲，特别弃置于他坑。

然而甲骨在入灰坑前就已断裂却是个事实，我们再以第（一）组为例，该组可缀合的骨片分别是乙713、乙2452、乙2462、乙2508、乙2631、乙2862、乙3064、乙3094、乙3357、乙7258、乙8064，其中乙713为127坑的1.4～1.7米间出土，乙2452、乙2462、乙2508、乙2631出土于1.7～ 2.2米处，乙2862、乙3064、乙3094、乙3357坑位为南京第一层，乙7258、乙8064出土于3～4.5米处，所以我们可说这整版可缀合的甲片大致分为四组，即出土于1.4～1.7米处与1.7～2.2米处、南京第一层骨及3～ 4.5米处骨，[40]故似乎可以假设说原骨断成四大块，后丢到坑中时又因碰撞而裂成了今日的十四块。

我们若从以上所列甲骨的出处来看，和乙编甲骨缀合的甲片出处如《京津》、《双剑誃古器物图录》、《殷虚文字外编》、《续存》、《卜辞同文例》都是在127坑发掘之后成书，故这些甲骨不太可能因坑浅而被盗掘，唯一的可能就是发掘到著录的过程中间遗失了。然如何遗失，今日恐怕已无由得知了。[41]

注释：

[1] 该版可参见蔡哲茂《甲骨缀合集》第97组，乐学书局1999年版。缀合号为合21332+合22400+甲释48。

[2] 严一萍：《YH127坑的使用时期》，《中国文字》新三期，艺文印书馆1981年版，第277页。

[3] 甲959加甲963为《殷合》338组。加缀乙5379为刘渊临所缀，其后蔡哲茂又加上了甲1880。石璋如的

说法见《两片迷途归宗的字甲》,《大陆杂志》七十二卷六期，其在《丁编》序言中也说“乙5379系殷虚第三次发掘大连坑出土，由甲1880脱落而成无号，误认为YH127坑出土者”。

[4] 严一萍:《再评〈甲骨文合集〉》,《中国文字》新二期，艺文印书馆1980年版，第316页。

[5] 曾毅公:《论甲骨缀合》,《华学》第四辑，紫禁城出版社2000年版，第32页。

[6] 李学勤:《甲骨学的七个课题》,《李学勤文集》，上海辞书出版社2005年版，第136页。

[7] 分别是二月十九日的第廿二期，二月廿六日的第廿三期，三月五日的第廿四期，三月十二日的第廿五期，三月十六日的第廿七期，四月二日的第廿八期和四月九日的第廿九期。

[8] 严一萍:《关于〈战后殷墟出土的新大龟七版〉》,《中国文字》50期，台湾大学中国文学系，1973年，第9页。

[9] 曾毅公、郭若愚、李学勤:《殷虚文字缀合》，科学出版社1944年版，第101页。

[10] 胡厚宣:《记故宫博物院新收的两片甲骨卜辞》,《中华文史论丛》1981年第1辑。

[11] 严一萍:《经过三十年缀合的一版大腹甲》,《中国文字》新十一期，艺文印书馆1986年版，第145页。

[12] 于省吾:《双剑誃古器物图录》，台联国风出版社1976年版。

[13] 严一萍:《关于〈战后殷墟出土的新大龟七版〉》,《中国文字》第50期，台湾大学中国文学系，1973年。

[14] 曾毅公:《论甲骨缀合》,《华学》第四辑，33页，2000年。关于于省吾所收藏的大龟三版，严一萍以为从《甲骨六录》的序中可推知于氏收藏这三片大龟，当早在民国廿六年以前，而针对双下32.2一版，严一萍说:“我曾说上面有许多‘人为的小孔’，现据胡氏释文，知道是‘刻字又复挖去之痕迹’，此点也应加以更正。而根据这一点，更可证明胡氏在战前确已目睹这三版龟甲的实物，才能得如此仔细。那么称之为战后殷虚出土，总觉有些不妥。”(《补述新大龟七版中的双剑誃藏甲》,《中国文字》51期)又于省吾让与清华大学的甲骨片总数，据陈梦家在《殷虚卜辞综述》第二十章附录中所言是697片，而胡厚宣在《五十年甲骨文发现的总结》中却说是一千片，并云是陈梦家先生告(商务印书馆1951年版，第47页)。

[15] 裘锡圭:《论历组卜辞的时代》,《古文字研究》第六辑，290页。

[16] 曾毅公:《论甲骨缀合》,《华学》第四辑，33页，2000年。

[17] 锺柏生:《台湾地区所藏甲骨概况及合集12973版之新缀合》,《中国古文字研究会第九届学术讨论会论文集》，南京，1992年。

[18] 曾毅公:《论甲骨缀合》,《华学》第四辑，34页，2000年。

[19] 严一萍:《再评〈甲骨文合集〉》,《中国文字》新二期，艺文印书馆1980年版，第316页。

[20] 胡厚宣:《五十年甲骨文发现的总结》，上海商务印书馆1951年版，第48页上说:“庆云堂碑帖铺有一千多片甲骨，假的占一半多，索价奇昂。我因其中有一片人头刻辞，一片牛肋骨刻辞，相当重要。又有半块骨版，记四方风名，和我所作《甲骨文四方风名考证》一文有关，思之再三，终不愿把机会放过。请赵斐云、谢刚主、陈济川几位先生同他商量多次，结果是出高价钱，许我选择五百片。但因伪品和小片太多，只选四百片，就不再要了。回到成都知那半块记着四方风名的大龟，和中央研究院十三次发掘所得的半块，正相接合，非常高兴。”

[21] 曾毅公:《论甲骨缀合》,《华学》第四辑，33页，2000年。

[22] 林宏明:《殷虚甲骨文字缀合四十则》第四十组。政治大学八十九学年度研究生研究成果发表会，2001年5月26日。

[23] 北图5237乃依曾毅公在《论甲骨缀合》中所言，而此版缀合经蔡哲茂先生商请黄天树先生至北京图书馆核对拓片后无误，而《甲骨文合集补编》第七册则误作北图5257。

［24］这一版的缀合，据李学勤先生面告，乃李先生所缀。他说到当年在得到北图这些甲骨拓片后，曾毅公曾要他和127坑甲骨拼拼看，后来他发现了这一版的缀合。不过，当时北图这三块是整个的一片甲，今却已断裂为三片。

［25］胡厚宣：《大陆现藏之甲骨文字》，《史语所集刊》67本4分，1996年，859页。

［26］胡辉平：《国家图书馆藏甲骨整理札记》，《文献季刊》2005年10月第4期，第30页。

［27］曾毅公：《论甲骨缀合》，《华学》第四辑，33页，2000年。

［28］张秉权：《殷虚文字丙篇》上（一）56页，中央研究院历史语言研究所，1957年8月。

［29］此版为黄天树所缀，见《甲骨新缀11例》，《考古与文物》1996年第4期。

［30］关于陈锺凡的甲骨收藏，胡厚宣在《殷虚发掘》（学习生活出版社1955年版）中曾说到刘鹗所藏的甲骨，在其死后有一小部分归于陈锺凡，曾由董作宾编入《殷虚文字外编》，然此版外224当非刘鹗藏骨。今《殷虚文字外编》（台北艺文印书馆1956年版）中所收陈氏甲骨从197-201及228-418号，共178版。

［31］曾毅公：《论甲骨缀合》，《华学》第四辑，2000年，33页。

［32］李学勤：《甲骨文同辞同字异构例》，《江汉考古》2000年第1期。

［33］曾毅公：《论甲骨缀合》，《华学》第四辑，2000年，34页。

［34］关于这二版的序数有二个二而缺少三，张秉权在考释中以为这一版的序数很特别，右边的二与四之间，应该是三，但是那里却重了一个序数二，那可能是误刻。（《殷虚文字丙编考释》中一，346页。）

［35］关于这几版卜四土受年的卜辞，饶宗颐在《殷代贞卜人物通考》（香港大学出版社1959年版）542页中说道："此（乙8167+乙8320）与㐌卜东土受年，宁卜北土受年，盖同为甲午日卜东西南北土受年，其东土（原文误，当作南土）为何人所卜，惜原片尚未觅到。又亚卜亚受年亦在甲午日；此四龟者，其贞人之时间同，字体同，直行分刻于甲心之款式亦同，左右分记''字亦同，此实为成套之龟版：其文字锲刻应出同一人之手，乃由不同之卜官，分贞其事。"然亚卜之地名，实作""，或不当释为"亚"。

［36］胡厚宣：《大陆现藏之甲骨文字》，《史语所集刊》67本4分，页859，1996年。

［37］曾毅公：《论甲骨缀合》，《华学》第四辑，2000年，33页。

［38］石璋如：《遗址的发现与发掘·丁编·序》，中央研究院历史语言研究所，1992年。

［39］石璋如：《殷墟地上建筑复原第八例兼论乙十一后期及其有关基址与YH251、330的卜辞》，《中央研究院历史语言研究所集刊》第74本4分，1999年12月。

［40］127坑甲骨乃依其出土位置加以编号，殷虚出土部分甲骨分为1.4-1.7米及1.7—2.2米二层，室内发掘部分甲骨分为南京一、二、三、四、五及3—4.5米六层。

［41］严一萍亦认为"这坑甲骨所得的一大块甲骨堆积，太坚硬，太大；当时无法在田野整理，因此是整块运到南京史语所后才整理的。《甲骨学六十年》的附图廿四，便是这一堆甲骨运到后的形状。这当然是战前的事，所以胡氏题称'战后殷墟出土'就有些不符事实，我想应当改题为'战前殷墟十三次发掘YH127坑同坑出的大龟十版'才算合理"。见严一萍《关于〈战后殷墟出土的新大龟七版〉》，《中国文字》50期，9页，台湾大学中国文学系，1973年。而张秉权曾提出他的解释，其在丙编考释第一六八组的释文中说到"我发现了胡氏（厚宣）的《甲骨学商史论丛》中有很多的材料其来源仅著'卢'、'善斋藏'、'甲'等字而未注明编号者，大多是史语所第十三次发掘所得的甲骨，那时《殷虚文字乙编》还没发表，所以胡氏用了种种的化名，来使用这批材料，十多年来国内外的学人，一被蒙在鼓里呢"。中央研究院历史语言研究所，1957年。

合补 100 正（672 + 1403）
合 672 正
丙 117 + 北图 5246 + 北图 5207

图一

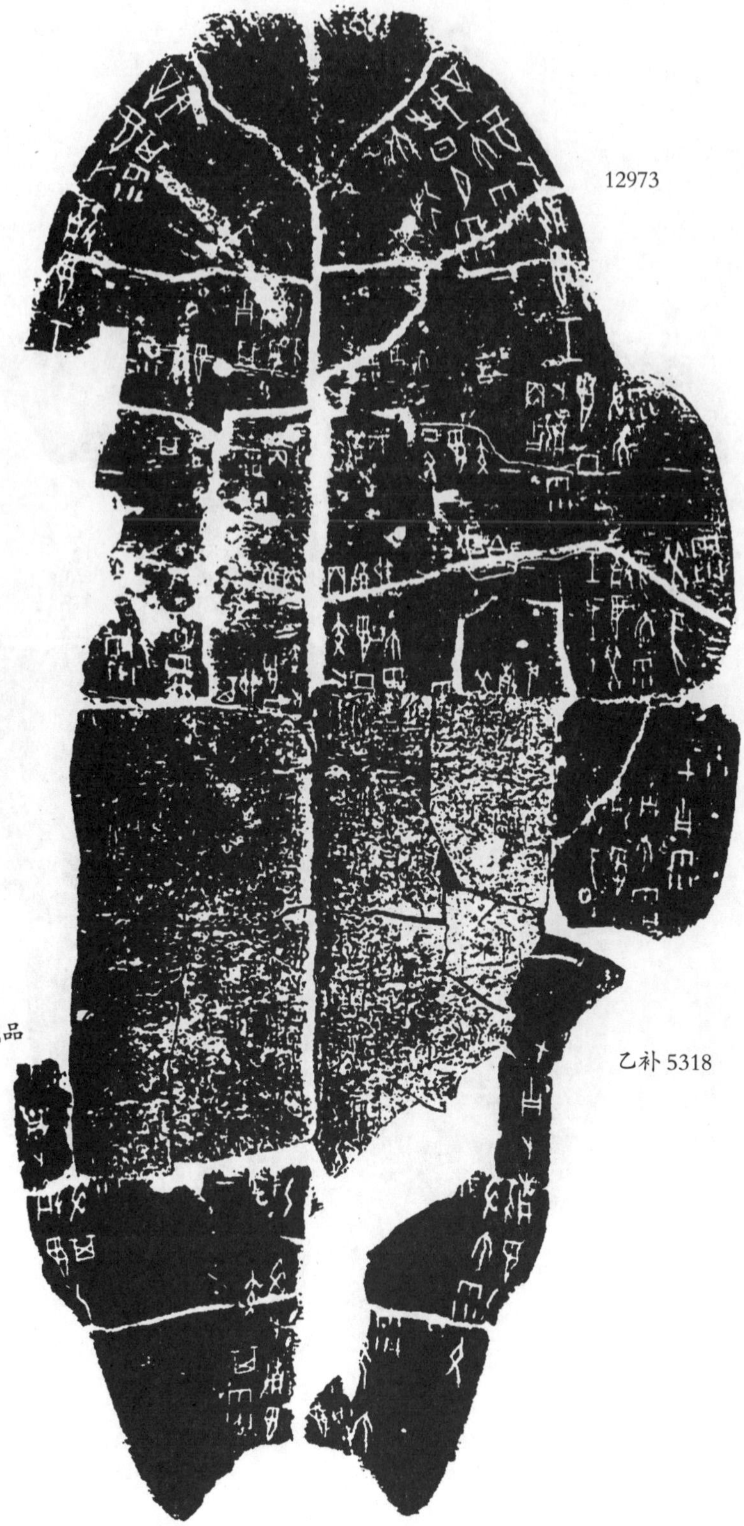

图二

图三

（作者为台湾东华大学中文系助理教授）

YH127 甲骨坑大龟腹甲《合集》6834 片试解

马如森 马 囡

一

甲骨考古发掘进行到公家发掘时，是在1928年至1937年，这10年间，共进行15次。

第13次发掘于1936年3月18日至6月24日，共99天。郭宝钧主持，石璋如、王湘、尹焕章等8人参加工作。发掘地点是在安阳小屯村北，集中在B、C两区。其中发现版筑基址四处，穴窖127个，墓葬181座。

这127个穴窖中的最后一个，也就是今天所说的YH127坑，发现至今整70周年了。127坑为圆形，直径约1.8公尺，上口距地面1.2公尺，深约6公尺。坑内堆积分三层，上层灰土0.5公尺，下层绿灰土2.7公尺，中间一层1.6公尺。这里装满了甲骨片。这就是127甲骨坑的由来。这些甲骨片，堆积如山，目睹喜人，各种形状，异彩可观，大小不等，正反片比比皆是。龟骨片占绝大多数。由于未能在考古现场进行甲骨的剥离工作，移至南京当时的中央研究院所在地，由一代宗师董作宾、胡厚宣先生主持完成“室内二次发掘”。胡先生在《殷墟发掘》一书中，将这批甲骨总结为10大特点。其中指出完整龟甲，以前只有第三次发掘所得的“大龟四版”和第九次发掘所得的“大龟七版”，现在127坑17096片中，完整龟甲将近有300版之多。这是殷墟发掘，甚至从甲骨出土以来，空前未有的盛事。[1]

127坑所出的甲骨，董作宾先生在《小屯·殷虚文字乙编序》中明确指出：“第十三次至第十五次，从25年春季到26年春季，这三次发掘工作，又重新回到小屯村并且集中在村北的B、C两区所出甲骨文字，全部收入乙编。”[2]

本文所收录的《甲骨文合集》（简称《合集》）第6834片正反版，就是127坑所出龟甲，著录在《小屯·殷虚文字乙编》中引用。

二

《合集》6834片缀合复原。《小屯·殷虚文字乙编》，董作宾主编，分上、中、下三辑。巨著分别在1948、1949、1953年出版。当年，这版甲骨出土之时，骨片裂断而分散，《乙编》7795有初步缀合。《甲骨文合集》又将《乙编》余下的尚未缀合的残片，又缀合成一完整的大龟腹甲。只是在左甲桥下部和后左甲下边缘处所空一小块。这样一来使之分离好几十年的大龟腹甲，又重新复原，真是可贺之幸事。此片腹甲原大为：长30公分，宽23公分。《甲骨文合集》将复原后的大龟腹甲，编号为“6834”正反片，它的拼合号：

【2000+2358+2388+2434+2696+3377+7795】　正

【7796+（1915+2000+2388+2434+2696+3377）】 反[3]

三

《合集》6834片，其刻辞的全部内容，是一完整军事战争事件的刻辞。全篇占卜刻辞共有17条。这其中随着战时事件的不同，以刻字大小而区分，记载重大的战争胜利的军事行动，用大字契刻，并以涂朱显示重大历史事件之记录。随之相关的可以契刻小字以之叙述。这样整个版面，显得重点突出，而又十分醒目，庄重而又大方。它是具有历史意义的千载不朽的名片。

商人每事必占卜，用干支记日法，记述了时间顺序和事件的全过程。

本片占卜征伐“缶”的卜辞：

（一）“庚申”日占卜，有7辞，用小字刻写。

1. 庚申卜，王贞：雀弗［其］获缶？

2.…申卜，贞：获缶

3. 雀弗其获缶

4. 庚申卜，王贞：余伐不？三月。

5. 庚申卜，王贞：余勿伐不？二告

6. 庚申卜，王贞：余伐不？

7. 庚申卜，王贞：余勿伐不？

“庚申”日以后的第三天，就是“癸亥”日占卜。

（二）“癸亥”日占卜有四辞，亦是用小字刻写。

8. 癸亥卜，㱿贞：翌乙丑多臣𢦏缶？

9. 翌乙丑多臣弗其𢦏缶？

10. 癸亥卜，㱿贞：我使毋其𢦏缶？二告

11. 癸亥卜，㱿贞：我使𢦏缶？二告

为了突出事件“癸亥”日后两日“乙丑”进行该日单独占卜，如：

12. 乙丑卜，㱿贞：子商弗其获缶？二告

以上12次占卜，是商人卜问征伐周边方国“缶”的军事行动。前7次“庚申”日占卜1至3辞，卜问伐“缶”能不能获得胜利？4至7辞卜问，我征伐还是不征伐？后5次“癸亥”日占卜8至12辞，占卜派“多臣”伐“缶”而最终取得了胜利。

占卜伐“宙”[4]的卜辞：

商代周边另一个方国“宙”，也是商的一大隐患。曾在早商时期，就有“宙”侵扰商都“亳”的战争。在《乙编》第5393号大龟腹甲，就有这样的卜辞同文例：

戊申卜，㱿贞：我其乎亳宙𢦏？

戊申卜，㱿：我亳宙𢦏？

除此，还有卜辞记载：

……宙……　乙6320

…亩……　乙4345

癸丑卜，[内]我弗其伐亩　后下25·1

从早商到武丁时期，近于400多年，“亩”的侵扰是商代一大隐患，伐“亩”是大势所趋，势不可挡。终于在武丁时期，展开了征伐“亩”的大战。

本片占卜征伐“亩”的卜辞：

（三）“壬子”和“癸丑”日占卜。

13.壬子卜，争贞：自今日我𢦏亩？

14.贞：自今日我弗其𢦏亩？

这两辞用小字刻写。“壬子”日的第二天是“癸丑”日占卜。

15.癸丑卜，争贞：自今至于丁巳我弗其𢦏亩？

16.癸丑卜，争贞：自今至于丁巳我𢦏亩？王占曰：丁巳我毋其𢦏，于来甲子𢦏。旬㞢（有，又）一日癸亥车弗𢦏，之夕蛊，甲子允𢦏。

后两辞用大字刻写。

以上4辞是占卜征伐“亩”的军事行动。也是本片刻辞的重点。13、14两辞，以问答对贞方式，回答“自今日”我不能征伐“亩”国。15辞，卜问“丁巳”日也不能征伐“亩”国。那么哪天可以征伐呢？在16辞的验辞中“甲子”日的“允𢦏”取得了胜利！

16辞的大意是：癸丑日占卜贞人“争”卜问：从现在到第四天的“丁巳”那天，我出兵伐“亩”行不行？商王武丁占验说：丁巳那天，我不能出兵征战，等到（丁巳日以后七天）甲子那天再出兵征战（战争进行了两个月）。癸亥日那天用车战没有取胜。从这早晚又延续到“甲子”那天，用车战，果然取得了胜利。

胡厚宣先生对这次战争，作了总结论断：“武丁时大龟腹甲，有两条占卜伐亩的卜辞，一卜正面，一卜反面。大字涂朱，知道这一事件，极为严肃。卜反面一辞，后段残缺，卜正面一辞完整，并且记有占辞验辞。验辞里记载着用车打了胜仗，是商代战争史上，一条重要的资料。”[5]

在漫长的历史进程中，商代多次伐“亩”，李学勤先生对此又有考证：（亩）甾或写作“𠕒”、“猫”、“貓”、“緇”，在武丁卜辞中作“畱”。[6] 在另一条卜辞中写道：

甲[辰]…王…伐…？在𦎫。一月。八日辛亥，允𢦏，伐二千六百五十六人，猫隧。[7]

“是武丁时商人曾一度战胜了甾，文武丁伐甾，经过尤及𦎫。一月甲辰在𦎫预卜胜利，八日后辛亥，果然击败了甾，一次屠杀2656人，于是甾就灭亡了。”（“隧”读为“遂”，《说文》：“遂，亡也。”）[8]

甾、𦉪、𦎫、缶四地是邻近的。[9] 这我们可以知道，本文论及的“亩”、“缶”的具体地理位置，从商代地理区域分析，四地均在今山西西南邻近黄河东岸。𦎫地处在今河津汾河的北岸。𦉪，在今临猗。缶，紧靠黄河东岸。对于“亩”虽说没有标明它的地理位置，亦可推知就在其附近。

四

《合集》6834片历史意义。

商代地域方国众多，土方、舌方、危方、鬼方、羌方、龙方、系方等等。这些方国在商周边经常发动侵扰战争。商为了巩固自己的疆域，必须进行反击。此6834片就是典型的保卫国土的战争记录，为研究商代战争史，提供重要依据。从而也可以看到军事家——武丁，在这次战争中判断、指挥的正确。这在“癸丑”日占卜，王的验辞中得到证实。同时也为研究商代军事方面提供了重要资料。

本片从契刻到全版布局谋篇，都十分严谨，可称之为甲骨艺术的珍品。特别是刻辞方面，体现了契刻高手、能工巧匠的高超技法，大字为双锋字，结构准确，字迹完美。为商代金文字体提供了依据，是金文字体发展的先河。从西周到春秋，乃至战国和秦汉，这一长河的金文研究，可以从商代的甲骨文找到它们的渊源关系。特别是本片6834堪称为典型。

契刻之小字，是殷墟甲骨文的主体字。此版字迹标准，真切完美，此片对于研究甲骨的学者，可以视为珍宝；也为书法爱好者，提供了标准的临帖甲骨的范本。

注释：

[1] 胡厚宣：《殷墟发掘》，39～101页，学习生活出版社1955年版。甲骨发掘的四个历史时期，请参见拙作《殷墟甲骨文引论》，16～25页，东北师范大学出版社1993年版。

[2] 董作宾：《小屯·殷虚文字乙编序》上辑，1948年版。

[3] 胡厚宣主编：《甲骨文合集材料来源表》，中国社会科学出版社1999年版。

[4] “宙”，龟版原文写作“”，因打字不便，故以“宙”代之。

[5] 胡厚宣：《甲骨续存》一册，附图七。

[6] 李学勤：《殷代地理简论》，89页，台北，木铎出版社。

[7] 同上，88页。

[8] 同上，89页。

[9] 同上，92页。

（作者为东北师范大学中文系教授）

甲骨学百年的展望

朱歧祥

甲骨文，指刻写在龟甲兽骨上的文字，主要出土在河南安阳洹水旁的殷墟，涵盖的时间由盘庚迁殷以迄帝辛灭亡的273年间的殷商历史，距今约三千多年。目前出土的甲骨超过十万片，发现甲骨文字体约3600字，其中形音义都认识的约1000字。甲骨文是现今所见最早、最大宗的上古文字，对于认识古代历史文化有决定性的帮助作用。

一、甲骨文发展的阶段

甲骨文一般说始见于1899年，迄今已超过一百年。百年间学界接续的投下三、四代的人力，专门从事甲骨的研究。由罗振玉、王国维、董作宾、郭沫若四堂以降，甲骨文历经考字释词、断代分期、证补文献，以至结合不同学科作交错综合的古史研究，建立了当世的显学——甲骨学。甲骨的整理可区分作四个阶段：

1. 1899～1928年（草创时期）

2. 1928～1949年（科学发掘时期）

3. 1949～1973年（阶段总结时期）

4. 1973～1999年（再出发时期）

1. 1899～1928年

1899年是北京金石学家王懿荣有意识的搜购甲骨，甲骨文开始为学界所注意的一年。这一阶段出土的甲骨全属私人挖掘和盗挖。甲骨由中药店用药的“龙骨”和古董商贩卖的商品逐渐被纳入传统金石学的学术研究范围。

这一时期的甲文研究主要是罗王之学。罗振玉大量拓录甲骨，无私的提供学界研究，他首先确定了甲骨出土地点为河南安阳小屯村和甲骨为殷王武乙至帝辛之物，并提出由《说文》、两周金文上推殷商甲文的研契方法。王国维印证卜辞和《史记·殷本纪》的世系，提出二重证据法，明确的点出甲骨的史料价值。

本期重要的著述表列如下：

时间	材　料	研究著作	工具书
1903	刘鹗《铁云藏龟》[1]		
1904		孙诒让《契文举例》[2]	
1913	罗振玉《殷虚书契》		
1915		罗振玉《殷虚书契考释》	
1916	罗振玉《殷虚书契后编》		

时间	材　料	研究著作	工具书
1917		王国维《殷卜辞中所见先公先王考》、《续考》[3]	
1925		王国维《古史新证》[4]	

2. 1928～1949 年

1928年中央研究院历史语言研究所派董作宾赴安阳小屯村考察，开始了一连串共15次科学发掘殷墟，直至1937年对日抗战才被迫中断。出土的甲骨由私挖进而为公家的考古。大量的有坑位地层纪录的甲骨出土，其价值自非盗掘所得的甲骨可比。安阳的科学发掘，正式建立了中国考古学。这一阶段主要人物为董作宾。15次发掘出近三万片有字甲骨，其中1929年10月第三次发掘出完整的大龟四版，董氏因而建立"贞人说"，全面的解开判断甲骨分期的方法。1936年3月第十三次发掘出YH127坑共一万七千多片甲骨（字甲17756片，字骨48片），完整的龟甲有300多个，为历年出土同坑甲骨最多者。

本期重要的著述有：

时间	材　料	研究著作	工具书
1930		郭沫若《中国古代社会研究》[5]	
1931		董作宾《大龟四版考释》[6]	
1933		董作宾《甲骨文断代研究例》[7]	
1934			孙海波《甲骨文编》[8]
1939	曾毅公《甲骨缀存》[9]		
1949		董作宾《殷历谱》[10]	
1948	董作宾《殷虚文字甲编》[11]		
1949	董作宾《殷虚文字乙编》[12]		

3. 1949～1973 年

1949年以后，甲骨研究明显分作大陆、台湾二支，各自发展。大陆主要研治甲骨的单位：中国社科院（胡厚宣）、北京大学、吉林大学（于省吾）、中山大学（商承祚）、四川大学（徐中舒），台湾主要研治甲骨的单位："中央研究院"（董作宾）、台湾大学。政局的动荡，这阶段不见新材料的出土，学人主要在消化旧材料，归纳整理前50年的成果和提交字典、索引等甲文的类书。

本期的代表著述有：

时间	材　料	研究著作	工具书
1951		胡厚宣《五十年甲骨文发现的总结》[13]	
1953		管燮初《甲骨刻辞语法研究》[14]	

时间	材　料	研究著作	工具书
1955		董作宾《甲骨学五十年》	
1956		陈梦家《殷墟卜辞综述》[15]	
1957		张秉权《殷墟文字丙编》[16]	
1959		李学勤《殷代地理简论》[17]	
1959		饶宗颐《殷代贞卜人物通考》[18]	
1965			李孝定《甲骨文字集释》[20]
1967			岛邦男《殷墟卜辞综类》[21]

4. 1973～1999 年

1973 年，小屯南地再发现甲骨，为新资材再连续出土的始点。新材料引发出新问题的争议，使甲文能进一步进行深化的研究。

1973 年，河南安阳小屯南地出土甲骨 5300 多片，主要属字骨，为中华人民共和国成立后殷墟发掘出最重要的一批材料。它提供了第一、四期甲文区隔的比较材料和地层纪录，为“文武丁之谜”的甲骨提出解决的契机。

1976 年 7 月，河南安阳小屯西北的殷墟宫殿发现妇好墓，李学勤先生借此提出解决“文武丁之谜”的文章，开展了讨论历组卜辞的时代、分组分系的可行性等议题。

1977 年 4 月，陕西岐山凤雏宫殿基址窖穴出土早周的甲骨一万七千多片，其中有字 292 片，它提供研治早周文化、商周二族关系、甲文过渡到金文的一手材料。

1991 年 9 月，河南安阳殷墟的花园庄东地窖穴 H3 坑出土有字甲骨 579 片，属非王卜辞，字形明显与习见的殷王室卜辞有差异。此对甲骨先分类再分期的研究方向提供重要的资料。

本期重要的著述有：

时间	材　料	研究著作	工具书
1977		李学勤《论妇好墓的年代及有关问题》[21]	
1977		董作宾《董作宾全集》甲、乙编	
1978	《甲骨文合集》[22]		
1979		于省吾《甲骨文字释林》[23]	
1980	《小屯南地甲骨》		
1982	陈全方《陕西岐山凤雏村西周甲骨文概论》		
1988		裘锡圭《关于殷墟卜辞是否问句的考察》[24] 张秉权《甲骨文与甲骨学》	姚孝遂《殷墟甲骨刻辞摹释总集》

时间	材　料	研究著作	工具书
1989			姚孝遂《殷墟甲骨刻辞类纂》[25]
1996			于省吾《甲骨文字诂林》
1999		王宇信《甲骨学一百年》	宋镇豪《百年甲骨学论著目》[26]

二、甲骨文的特质与方向

1. 是活的学问，不是死的学问。

由1973年小屯南地、1976年安阳妇好墓、1977年周原、1991年花园庄等地不断有新的与甲骨相关的材料出现，可见我们荣幸地生长在这一伟大的大发现时期，相对于西汉孔壁发现《古文尚书》、西晋战国魏墓发现《竹书纪年》，这些都曾被公认为划时代的大事。20世纪地下材料连续的、大批的出土，无论在量、质上都不是过去任何时代可以相比的。当世除了商周甲骨的不断发现外，无数的金文、竹简（山东临沂、湖北云梦、甘肃居延、荆门郭店、上海简……）、帛书（长沙子弹库、马王堆）、玺印、钱币、敦煌文书等的发现，在文字上都是一脉相承。因此，近代古文字的材料代表着无穷的活水，无论是量的众多还是质的重要上，都让我们今后数十年间恐怕都无法完全消化。这对古社会文化、学术思想史的重建、古文献的审核，有极重要的帮助。因此，甲骨学并非回顾性的学问，也并非僵化的有限材料，而是一具无限生机、充满开创历史条件的学问。它提供我们重写上古史的第一手材料和机缘。

2. 是国际的学问，不仅是本土的学问。

中国是世界四大文明古国中惟一文化没有中断过的国家，汉字更是中国人所独有的文字，深为国际学界瞩目。甲骨的发现，开创了殷墟考古，亦建立了中国考古学。没有甲骨，即没有殷商考古，亦没有中国考古学。由此可见甲骨出土的重要意义。甲骨的科学发掘，充分应用并印证西方考古学的知识和成果。三千多年前的殷商文化，深为西方学者所注意。百年甲骨学有专著一万一千多种，其中就包括中国以外的日、韩、美、加、英、法、德、俄、瑞士、澳洲等地的学人。因此，甲骨的研究是国际性学术的合作与成果。它是我们最有能力与西方直接对等沟通而达到一流国际水平的一门学问。甲骨的发展，肯定了中国文化的特性，也肯定了我们的民族自信。三四千年前光荣进步的殷商先民文化水平，在证明中华民族的优越性和发展的潜力的同时，也成为中西学术间一座极重要的桥梁。

3. 是传承的学问，也是开创的学问。

甲骨学上承宋以来的金石学，在方法上直接吸取乾嘉以来重证据、实事求是与阙如的精神和西方的理性、实证精神。它为民国初年“科学整理国故”的口号提供最好的例子。

甲骨的发现，证明当时西方学者认为的“中国文化西来说”不可靠，亦证明顾颉刚疑古学派对于上古史料过于存疑的不正确。甲骨的研究，直接帮助了解上古历史的真相。王国维的“二重证据法”、董作宾的“断代十例”、郭沫若的“古代社会研究”，都是科学方法研究中国新史学的开山。甲骨学讲求求真的精神，是中国学问中最具科学本质的学科，“古为今用”，它提供我们抛开过去“言必称圣人”、“权威的”、“怪力乱神的”、“想当然的”框架，走上以真理追求作为毕生目标的康庄大道。

4. 是源头的学问，不是末流的学问。

甲骨研究帮助我们了解汉字的字源和古文化的源头。透过甲文的认识，上溯二里头陶文和列出夏商周三代文化的可能性。举凡上古历史文化的任何课题，如天文、地理、建筑、文学，都需要先懂得甲文。一手材料的掌握，提升我们对于上古史研究的发言权。我们以为，研究任何学问都需要先建立两个重要的据点，一明其源，二溯其流。没有源头的了解，就没有根源活水，学问的发展与正确性必然受到影响。甲骨文处于源头的位置，更增强了它在学术史上的时空意义。

5. 是检视、批判文献的工具学问。

（1）对《说文》权威的挑战

（a）由《说文》540部的分部系统重新归类，提出一百多部的自然分类法（岛邦男、唐兰、姚孝遂等）。

（b）检讨《说文》六书的分类，提出三书说（唐兰、裘锡圭、朱歧祥等）。

（c）对《说文》个别文字形义分析的批判。如：

	《说文》	甲文
东	，从日在木中	，象橐形，独体而非合体，本不从日木。
牛	，象角头三封尾之形	，象牛首形。
为	，母猴	，以手牵象，与猴形无涉。
行	，从彳从亍	，象十字路口。
舌	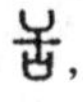，从干从口	，象伸舌形。
裘	，形声	，象形。
槃	，形声	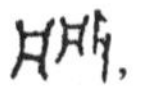，象盘形。既属象形，亦有增意符为会意。
得	，形声	，从手持贝，会意。
风	，形声	，象形，亦有增声符为形声。

（2）对古书古史的认识。如：

（a）《尚书·商书·高宗肜日》的“肜日”，伪孔传：“祭之明日又祭”，甲文作、，象鼓声彭彭，乃击鼓用乐之字。卜辞言“肜日”为当日举行的肜祭，在前夕举行言“肜夕”，次日举行则言“彤仑”，示奏管仑与鼓声相和之祭。由此可见古书中释“彤日”有误。

（b）《吕氏春秋·仲夏记·古乐》言“殷人服象，为虐于东夷”，今由殷墟出土象骨、象卜骨，可见上古中原有象的活动，甲文有“获象”的纪录，亦可印证古书无讹。

（c）《说文》释师：“二千五百人为师”，唯此非殷制。卜辞中见殷军制有三（师）：“左、中、右”，每师人数不过百人。

（d）《诗经·大雅·皇矣》：“皇矣上帝，临下有赫。”甲文已有“上帝”的纪录，是超能力和主宰众神祇。可见“上帝”一词早在殷商已普遍应用，此并非周神。

6. 是重建中文学门专业的学问。

地下材料是一般中文人无法掌握的专业知识宝库，但却是要了解上古史资料不可或缺的关键材料。其中的甲骨文是古文字学的一支，更是研治古文献最佳的工具。弄懂了甲骨，基本上就是学会了一门专业。研治甲骨所掌握的是理性的科学精神。由微观而入宏观，由细微材料的分析，客观归纳出历史文化现象的规律，是百年甲骨学者开示出来的方法，也是我们学习甲骨学这门科学学科最大的收获。陈寅恪先生当年叮咛做学问要明白“预流”的所在，甲骨学以至古文字研究掌握了字源和文化的源头，当为今日中国学问的显学之一。以其材料之广与问题之多言，此即今后学术界的“预流”，应该是可以预期的。

注释：

［1］刘鹗《铁云藏龟》为第一部著录的书籍，将甲骨正式由古董商人之手转进入纯学术之门。

［2］孙著《契文举例》为第一部研究甲骨的论著。孙氏承乾嘉学风，具备深厚的古文献、金石学的基础，以盛年治契，用科学有条理的客观分析方法，首先整理出研治甲文的纲目，是书具开山导流的功劳。该书并明确点出甲骨为殷商之物，对于甲文的特征、卜辞的性质、殷史礼制的归纳，以至研究方法的论述都有重要的贡献。

［3］《先公先王考》证明卜辞的世系与《殷本纪》基本相同，由此肯定《史记》为可靠的信史的价值，让零碎的甲文字形研究过渡为殷商第一手史料的研究。王氏利用甲文补正《史记》个别王号之误，并透过父、兄等称谓确立甲骨断代的可行方向。其中训解“王亥”即《楚辞·天问》的“该”《殷本纪》的“振”的一段文字，尤为考释甲文的经典。

［4］这是王氏在清华授课的讲稿。王氏结合地下材料与可靠的先秦文献，明确的提出提供治史的二重证据法。王氏运用地下材料检验地上文献材料的治学方式，自比乾嘉以降强调文献材料互较的方法来得高明。二重证据法遂广为后人所遵从。

［5］郭著为第一部结合甲金文和古文献研治中国古社会源头和形态的著作。由古代奴隶社会的肯定，作为大陆学者唯物史观的理论基础。

［6］1929年秋中研院第三次殷墟发掘，获甲骨3012版。科学的发掘不仅掘出珍贵的材料，也掘出可以充分对比材料的方法。是次发掘在“大连坑”南段发现四块大龟版，董氏由卜下贞上的一个字与“干支卜王贞”、“王卜贞”等辞例参证，推定为“卜词命龟之人”。大龟四版卜旬之辞上有六个贞人：宾、古、争、允、吅、𠮷，“凡见于同一版上的贞人，他们差不多可以说是同时”。董氏由此定出由贞人系联可确定时代的断代关系。“贞人说”正确的点出卜辞可以断代分期研究的主要关键所在。

［7］董氏以世系、称谓、贞人、坑位为直接断代标准，方国、人物、事类、文法、字形、书体为间接断代标准，十断代例区分盘庚至帝辛273年为五个时期，从此凿破鸿蒙，甲骨可以明确分期研究殷商史的流变，真正建立甲骨学的科学理论基础。这是开启研治甲文断代的第一篇大文章。

[8] 孙著按《说文》540部的分部系统，逐一收录中研院发掘以前的甲文字形，是早期继1920年王襄《簠室殷契类纂》、1923年商承祚《殷墟文字类编》后，收录甲文最完备、影响最深远的甲文字典。1964年中国科学院考古所复增订《甲骨文编》，收录正编1723字（见于《说文》的941字），附录2949字，总计4672字。

[9] 曾著是第一部缀合甲骨的专著，共缀合75版残片。此书明确点出缀合完整的骨版对甲骨研究的重要意义。

[10]《殷历谱》是第一部运用甲文中日月交食、置闰的纪录，印证合天的历谱，开启了利用甲骨研治上古天文历法的源头。董氏初步拘列出殷历中帝王的日、月谱，提供讨论上古天文的初步材料。董氏并发现殷王间存在新旧派祀典的差异，指出祖甲改革、文武丁复古的可能性，从而引起学界对甲骨分派研究和"文武丁时代之谜"的讨论。

[11]《甲编》收录中研院1～9次小屯殷墟发掘甲文6513片。

[12]《乙编》收录中研院13～15次小屯殷墟发掘甲文18405片。

[13] 甲骨出土前50年的有关论著总计876种。其中专书148种、论文728种，研究甲骨商史人数共289人。

[14] 管书为第一部全面从句法、词类整理甲文语法的著作，开创研究甲文语法的先河。

[15] 陈书迄今仍是通论甲骨影响最大的一本论著，全书分20章，通盘总结50年甲骨的研究成果，特别是有系统的率先提出断代分组研究，认为"文武丁之谜"的𠂤组、子组、午组卜辞应属于武丁时代之物。这启示了后人对分组分系的研究方向。

[16]《丙编》分上中下辑，至1992年出齐，为《乙编》甲骨的缀合成果。张氏提出"成套卜辞"的观念，对应的互较卜辞异文间的内容，点出交例研究的重要意义。

[17] 李书为第一部全面研究甲骨中地理的著作。

[18] 饶书为第一部全面研究甲骨中贞人的著作，该书尝试突破董作宾五期断代的规范，以贞人作为个别研究的单位。

[19]《集释》整理50年间甲骨考释的成果，为第一部完整收集甲骨释文的总集，极便于初学。

[20] 日人岛邦男提出自然分类重新串连甲文，归并约150部，打破东汉以来《说文》540部首归字的传统框架。此为《类纂》以前最重要的甲骨文资料索引。就材料的周延而言，《类纂》仍无法取代此书的功能。

[21] 妇好墓出土青铜器440件，玉器590多件，墓主妇好为甲骨第一期武丁之妻。李学勤先生据此判断即卜辞中武丁之妃妣辛、青铜器中的"后母辛"。李文复由文例、字形、人名、事类、称谓等分析历组卜辞与武丁卜辞相合，历组卜辞宜由传统的第四期（武乙、文丁时）前移至第一期。本文对董作宾"文武丁之谜"提出挑战，掀起此后学界对历组卜辞时代一连串的争论。

[22] 中国社会科学院历史所胡厚宣主编《甲骨文合集》，全书共13册，按五期四大类22小类区分，至1982年出齐，收录甲骨41956号。其后，1999年复出版《甲骨文合集补编》，共收13560号。为迄今最完备的甲骨总集。胡先生亦透过《合集》的整理训练出新一代的甲骨学人。

[23] 于书汇集190篇甲文考释，强调文字形义间的关系，为近世最具影响力的一部考释文字专著。

[24] 裘文为掀起近年海内外讨论卜辞性质为问句抑陈述句的一篇文章，相关讨论至今仍未结束。

[25] 姚书为目前最完备的甲骨分类索引工具书，方便提供甲骨文研究中量和质的对比材料。

[26] 甲骨百年论著近一万一千种，研究人数达三千八百多人，包括中国大陆和港台地区，以及韩、日、美、加、英、法、德、俄、瑞典、瑞士、意大利、匈牙利、新加坡、澳大利亚等国学人。相对于胡厚宣先生就前五十年发现甲文的成果统计，近五十年间无论在文章的质量或研究人数上都远超过前五十年。

（作者为台湾东海大学中文系教授）

南京博物院藏殷商甲骨文选学

周晓陆

南博藏殷墟甲骨文凡三千余片，大略分两部分：其中2148片为加拿大传教士明义士（字子宜）旧藏，全录于第一部外国人所刊殷契之《殷墟卜辞》，许多论者谓该书所录2369片悉藏南博，其实不然，中有221片未知所归；另有476片，源于其他藏家。南博藏殷契先有《殷墟卜辞》摹录两千余片，然无墨拓、照片、释文；后有《南京博物院藏甲骨文（壹）》（载《南京博物院集刊》第九辑，1987年）以释文总目刊出（非明义士原藏的）四百余片，然无墨拓、照片、摹写；显然这两种著录皆有缺憾。郭沫若主编、胡厚宣总编辑的《甲骨文合集》为甲骨学著录之里程碑，录片占殷墟已出甲骨1/3强（以十五万片计），甚至比例更大一些；其中自然选用了南博部分藏品。但《合集》并非每片必录的《全集》；所以若经济条件许可，出版一部集照片、墨拓、摹写、释文于一体的《南京博物院藏殷商甲骨文》，全面地反映南博收藏特点，从一个方面对《合集》作少许补充，仍是很有意义的工作。

举世共誉"现代甲骨学第一人"的胡厚宣先生与梁白泉院长数次鸿雁往还，很有兴致地讨论南博藏"立史于南"这片甲骨，梁院长命我介绍这片，因我曾想从藏品研究角度介绍若干南博藏殷契，于是欣然应命。未料胡老于1995年4月16日仙逝，他老人家遗世最后一通文字，竟是4月14日手赐我一函，其中关切询及"立史于南"的研究，我竟未完成这一试卷，成永世无补之遗憾！于是，我从这片甲骨开始，陆续介绍南博藏甲骨文精品，首先作为对每每自认为南博老友的甲骨泰斗胡厚宣先生的纪念。

南京博物院藏甲骨之一

西北大学刘大伟先生，潜心古文字有日，功力扎实，思路邃远，余邀参与介绍。这既是一项科研任务，又是对馆藏精品的开发；其间多采用公认的已有认识，亦有学习的新见；考虑节约篇幅及读者兴趣，考证时避繁琐而趋明了。

凡例

选介均为南京博物院所藏殷墟甲骨文，小标题用南博藏品号；用于比较的资料或用《合集》号，或用甲骨著录习惯代号。契文分段用①、②等排列。原藏、分期、残辞互补等，随文介绍。一般加标点，如残破太甚或字数太少则不加标点。字残而可读者字外加框，缺一字者以□表示，缺二字以上或不能确知缺多少字者用▨表示。一些比较公认的可读字均以隶定录文。

4：2324

骨面：“①☒尸□贞不其告。②其☒已☒贞☒。③乙未卜，宾贞，立史☒，右从我，中从舆，左从曾。十二月。二。④贞，勿立史于南。⑤丙戌☒宰☒尿☒隹我三㞢（有）不若。十二月。”骨臼：“庚辰，乞自□示十屯。”

南京博物院藏甲骨之二

其为残胛，骨面漫泐，原藏明义士，为《明》2324，《合集》5512，从贞人及文字风格，属第一期。③④为对贞，即胡厚宣先生关心并在《殷代的史为武官说》[1]中研究过的资料。据《南文》52、《掇》2·62及本版①③可补全为：“乙未卜，宾贞，立史于南；右从我，中从舆，左以曾。十二月。二。”

南即南土，如《粹》907，“东土受年，南土受年，西土受年，北土受年”。又谓南邦、南方、南邦方等。《宜侯夨簋》言：“王卜于宜，入土南鄉”；《诗·崧高》有：“莫如南土”、“式是南邦”、“南国是式”连称；《禹鼎》、《㝬钟》南国与南尸（夷）连称；《诗·常武》南国与徐土、徐方连用。商之南、南土，约今豫皖淮滨，或逾淮达合肥一带，有人方、虎方等；商周之际，或浸润长江。南土物产丰阜，卜辞见有龟、鹿、麋之产，有频频相问“受年”事。商南土未为安宁，如《乙》151谓：“戊申卜，方启自南，不其正及”，《铁》178·1谓：“贞，亡来艰自南。”所以淮水流域驻有军队，《明续》806载：“在淮自东（师）。”

本片职官“史”显然与军事有关。《甲》2902为完整胛骨，上记南土祸与史之关系：“戊午卜贞，弜不丧，在南土祸，告史。戊午卜，弜克贝、弜南邦方。己未卜，隹䨓方其克贝、弜，在南土。己未卜，多亯亡祸，在南土。庚申卜贞，雀亡祸，南土祸，告史。庚申卜贞，雀亡祸，祸，告史。辛酉卜贞，雀亡祸，南土祸，告史。辛酉卜，雀亡祸，祸，告史。壬戌卜贞，多亯亡祸，在南土祸，告史。”又见《苏德美日》P34·24正面“贞，㞢古立史，王占曰，吉，信兹曰宅”，背面“甲午，洋南”。这些“史”，可能如刘钊先生谓：结盟时遣之聘问联系，战争时传递战书之使。（《卜辞所见殷代的军事活动》，《古文字研究》第十六辑）亦可能如胡厚宣先生谓：立史、立某史、立三大史之“史”，“主要乃是担任国家边防的一种武官”。

三大史使人联想到《粹》597“王乍三师，右、中、左”。《铁》90·1、《屯南》2328“右、王、左”三旅等军事组织。德国柏林民俗博物馆藏，《苏德美日》P34·26“壬辰卜，宾贞，立三大史。六月”与南博4：2324为同贞人所为，南博这片上明确说明三大史分置我、舆、曾三地。

①残不可读，“尸（夷）”字约与《禹鼎》、《㝬钟》中“南尸”同义。⑤残而大意可知，立三大史之一的“我”地不安宁。胡厚宣先生讨论卜辞中只在西方立大史、在南方立三大史时

南京博物院藏
甲骨之三

指出："这或者是因为殷武丁时代主要敌人是在西方和南方的缘故。"本版卜辞自是殷武丁时期开发南土（江淮流域）的重要史料，惟其当时南土富庶、邦方强悍，才可能导致"立史于南"，尽管如此，尚有"不若"。胡先生曾言这片与殷夏楚关系有关，恐由"曾"地名而发；我们曾讨论"我"与"宜"有关，本版"我"与《宜侯夨簋》"宜"是否有关，值得进一步探讨。

4：2388

"①□岁□②贞，告执于南室，三室。"

此为残胛，原藏明义士，为《明》239。从字体看属一期。

①条为岁祭，残而不明。②记于南室行告祭。《说文》："祰，告祭也。"《玉篇》："祰，祷也。"《前》3·33·7"今夕告于南室"，《金》46"其福告于太室"。告与祷福有关。宰指用牲，陈梦家、孔德成认为是豢养的牛羊，李孝定认为宰即少牢，"羊豕也"。

南室为殷都重要建筑，在此行告、㞢、酌等祭。卜辞又见南宣，《掇》1·45·9"丁巳卜，于南宣脅"行脅祭。南室南宣，或为一事，后连称为"宣室"。《淮南子·本经》记："武王破纣牧野，杀之于宣室。"注："宣室，殷宫名。"一曰："宣室，狱也。"所谓"狱也"可能与系俘待祭有关，本版之"执"字，则透露出相关的信息。

4：793

"①□尸收□②东文尸。③□方□不大出。"

此为残胛，从字体看，属第一期。

①收为"收人"之残，征集人众之义，对象常是族众，为进行征伐等事；例《合集》6409"丁酉卜，㱿贞，今者王收人五千征土方，受㞢又。三月"。③方为殷方国，这里为何方已难知，出指敌出动义；例《合集》6768"丙子卜，宾贞，其大出，七月。贞，方不大出"。

东即东土，卜辞有"东土受年"，《尚书·康诰·洛诰》亦称东土，《保卣》、《宜侯夨簋》、《明公簋》、《班簋》、《师寰簋》又称"东国"。商之东指豫以东，西周之东指陕以东，有些区别。尸指夷，夷方为殷边鄙部族之称，常为殷人征伐对象，《续》4·30·1"王叀妇好，令征尸"。《粹》1187"侯告伐尸方"。《续》1·33·7"乎吴取尸"。东夷为上古东方部族之谓，《孟子·离娄》："舜生于诸冯，迁于负夏，卒于鸣条，东夷之人也。"殷武丁时常与东方为敌，《前》7·40·2"允有来嬉自东"。然东尸（夷）一词于卜辞罕见，《京都》3001"壬午卜，伐屯明东北尸"。《下》36·6"乙巳卜，胆□乙巳卜，叀西隹尸。乙巳卜，叀北隹尸"。陈梦家补前两条："乙巳卜，叀东隹尸。乙巳卜，叀南隹尸。"②"东文尸"一词为仅见，《前》6·44·8，5·2·3有𡛟字，释燕，文象燕雀鸟类形省，"×隹尸"之隹有释鸟义，此词或释"东鸟夷"。

《尚书·禹贡》"鸟夷皮服"，《正义》"郑玄云鸟夷，东方之民搏食鸟兽者也。王肃云鸟夷，东北夷国名也"，《大戴礼·五帝德》"东长鸟夷羽毛"，似皆可作"东文尸"之注。东鸟夷有久远的渊源。《左·昭十七年》记著名的郯子对昭公言："我高祖少皞挚之立也，凤鸟适至，故纪在鸟，为鸟师而鸟名。（下略）"传说中少皞氏在东海（今豫东、山东、苏北）建鸟国，以诸鸟为图腾，亦为东文尸祖。

本版东文尸究竟是殷王朝征伐之对象，还是殷之同盟，因残甚而难明。本版存字虽少，但仅次一见“东文尸”并反映其与殷王朝的某种关系，弥足珍贵。

南京博物院藏甲骨之四

4：980、4：2813

4：980“☒㚇。”

4：2813“☒卜，王☒其尞☒上甲父☒王㚇。☒不。一。”

4：980为残甲。4：2813为残甲，原藏明义士，编号《明》718。从字体看，4：2813属于第二期；4：980存字太少，大致与4：2813同期。

这两版均记对殷高祖王亥之祭。王国维在《殷卜辞中所见先公先王考》中说：“余读《山海经》、《竹书纪年》，乃知王亥为殷之先公，并与《世本·作篇》之胲，《帝系篇》之核，《楚辞·天问》之核，《吕氏春秋》之王冰，《史记·殷本纪》及《三代世表》之振，《汉书·古今人表》之核，实系一人。”从诸多文献记载及卜辞记载可知，亥为王季（《史记》作冥）之子，王亘（《楚辞·天问》作恒，《史记》失载）之兄，上甲（《史记》作微）之父。

4：980、4：2813中，亥冠以鸟，如胡厚宣先生谓：“乃商族以鸟为图腾之确证。”《诗·商颂》：“天命玄鸟，降而生商。”《史记·殷本记》：“殷契，母曰简狄，有娀氏之女，为帝喾次妃，三人行浴，见玄鸟堕其卵，简狄取而吞之，因孕生契。”关于王亥，《山海经·大荒东经》曰：“有困民国，句姓而食，有人曰王亥，两手操鸟，方食其头。”

4：980句义难明。4：2813为对亥、上甲行尞祭，《佚》868“辛巳卜，贞，王㚇上甲，即于河”。《屯南》1116“辛巳卜，来辛卯酌河十牛，卯十牛。王亥尞十牛，卯十牛。上甲尞十牛，卯十牛”。郭璞注引《竹书》曰：“殷王子亥宾于有易而滛焉，有易之君緜臣杀而放之。是故殷主甲微假师于河伯，以伐有易，克之，遂杀其君緜臣也。”是乃子报父仇。

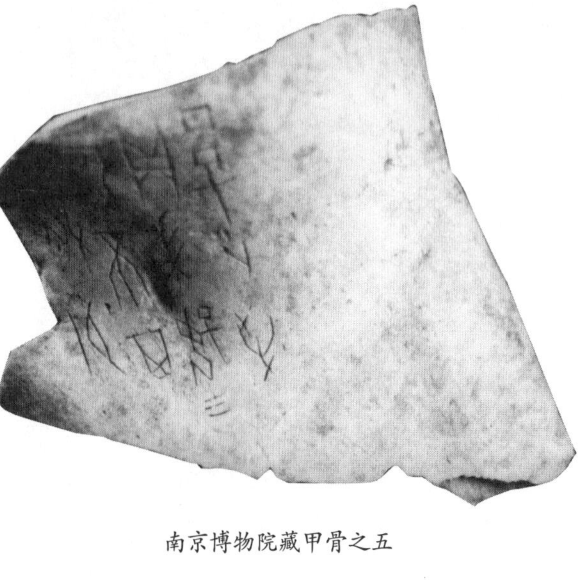

南京博物院藏甲骨之五

南京博物院藏甲骨之六

上甲是首位以日名的先公，殷商周祭始用于上甲，上甲以下，则可视为“信史”，此版同载亥、上甲父子之名，诚可珍视。

4：2812

“①甲寅卜，其帝方，一羌，一牛，九犬。②乙卯卜，不降永。”

为残胛，原藏明义士，为《明》718，从字体看属第四期。

①帝为祭名，同禘。《国语·鲁语》：“有虞氏禘黄帝而祖颛顼。郊尧而宗舜。”韦昭注：“此上四者，谓祭天以配食也。祭昊天于圆丘曰禘。”《乙》2639“贞，方帝，一羌，二犬，卯一牛”。《巴》9“乙酉卜，帝于方用一羊”。与祭四方自然神祇有关。

②为紧接①第二日卜，与禘方有关，然卜“不降永？”《屯南》723“来岁帝其降永在祖乙宗，十月卜。▨帝不降永”。姚孝遂、肖丁在《小屯南地甲骨考释》中谓“当与‘帝受又’，‘帝降若’同为福祐之义”，然他们说：“‘帝降永’前所未见”则不对，本版即是一例。《尚书·高宗肜日》：“降年有永有不永。”永字面义为久远深长，有善福等美好意。

注释：

［1］载《殷都学刊》1985年增刊《全国商史学术讨论会论文集》

（原载《东南文化》1996年第4期。作者为西安美术学院教授、博导，中国艺术与考古研究所所长）

甲骨文异体专用字辨析

刘兴林

虽然甲骨文是较成熟的汉字，但也保留了造字之初的一些原始现象，取义狭窄是其一，同一事物稍有不同便另设新体，尽管构字方法一样，但字各从其类，使用时互不相混。卜辞中有一种异体字便属此类，我们且称为异体专用字。异体专用字一字异形，在同一基本意义范畴内又各有指。如果把这些乍看似属偶然的、个别的和无规则的现象集中起来加以研究，就可以发现某种规律性的东西，进而揭示文字发展和社会变迁固有的问题。我们来分析一些较为典型的异体专用字。

（一）逐

商代狩猎常用逐法，卜辞逐兽字有从豕、从犬、从鹿、从兕、从兔诸形字，说明最初视狩猎对象的不同造专形以应之，谓逐豕以逐，逐犬以迖，逐鹿以塵，逐兕以䍐，逐兔以毚。甲骨文使用时已无此严格分别：

1. 辛未卜，亘贞，往逐豕，获。（《甲》3359）

2. 贞，乎逐豕，获。（《粹》947）

3. 王其往逐鹿，获。（《前》3.32.5）

4. 贞，王往逐㲋，获。（《福》5）

5. 贞，其逐兕，获。（《佚》25）

6. 丙申卜，㱿贞，我其逐兕，获。（《乙》6782）

7. 癸巳卜，王毚鹿。（《前》3.32.2）

从卜辞中可以看出，"逐"的广泛运用已达到行将取代其他字形的程度，后来干脆以逐字领之。而狡兔善逃逸，故毚字后别当逃逸之逸字。[1] 但卜辞于追、逐二字仍区分极严，盖"追必用于人，逐必用于兽"[2]。卜辞云：

8. 癸未卜，宁贞，叀擒，往追羌。（《前》5.27.1）

9. ……今日擒，勿往追羌。（《南北》2.95）

当用逐而以追字者仅见一例：

10. 追，弗其氐牛。（《后》2.40.7）

氐，致也，即问追牛能得之否。

追、逐混用不别大概在春秋以后。《左传·隐公十年》："颍考叔挟舟以走，子都拔棘逐之。"《孟子·尽心下》："如追放豚。"故《说文》追、逐互训。

（二）陷

在殷人狩猎活动中，设陷井以猎也是常用的方法。甲骨文陷字的不同形体乃是据不同捕获对象而设，如陷鹿用（[illegible]），陷麋用（[illegible]），陷兕用（[illegible]），使用时很少指鹿为马者，如：

11. 王罾龟。(《佚》64)

12. 戊午卜，争贞，叀王自往罾。十二月。(《乙》5408)

13. 壬申卜，㱿贞，甫擒龟。丙子罾，允擒二百㞢(又)九。(《通》23)

14. 我其罯，擒。(《乙》2235)

15. 贞，令……麕。(《前》6.41.4)

郭沫若以为罾当即“穽麋”之合文，因为“丙子罾”其下不复有宾语。[3] 其实，罾、罯、麕本身就指陷兽这一活动，它可以自带宾语，也可以不带而依靠自身的结构向读者表明所施对象，这属于一种视觉现象。故卜辞有“罾龟”之说，亦有“罾”字单用。若以合文目之，那“罾龟”一语将无法解释。

《甲骨文编》把以上诸形统隶于䧹字下，不妥。卜辞言罾 等多有擒字出现；而祭祀用牲多以牛、羊、豖等，少见鹿等兽类，表明字当属陷兽字无疑。郭沫若释穽亦不妥，穽字甲骨文作、等形。

甲骨文又有陷人之专形作(《乙》8860)，与麕等结构一致，均当为陷，指陷人，即篆文臽之初文[4]，卜辞：

16. 丁丑卜，子敀臽，亡祸。(《乙》8860)

甲骨文又有陷女专形作：

17. 自贝。(《集释》10.0233)

18. 丙申卜，王贞，勿祥于门囗用。(《珠》34)

(三)罷等

卜辞设网以猎，字作(《乙》200)、(《前》1.2.5)、(《京》2116)、(《甲》3113)、(《乙》4502)、(《续》3.458)等形，分别隶定为罴、罝、罷、羅、罹、罞。、、正象猎网之形，所以之兽代表网捕的对象，使用中亦相当严格。辞例：

19. 甲……尞于罴虎。(《哈》287)

20. 其罴。(《京都》2111)

21. 庚戌卜，获，羅，获十五。庚戌卜，获，羅，获八。(《合》254)

22. 㚔罝，不其获。(《存》1.763)

23. ……其罝。(《乙》444)

24. ……卜，王令……罝……兔……六。(《明》1373)

25. 甲寅卜，乎鸣罵(罹)，获雚(凤)。丙辰获五。(《甲》3112)

关于字的训释，目前尚无统一认识。姚孝遂等认为，作为狩猎手段，字当读“网某”，但同时又认为罝用作地名时读为一字，[5] 卜辞如：

26. 甲戌卜，翌乙亥征罝，不往罝。(《外》116)

27. ……亥卜，王征罝。(《佚》629)

如此，同一字形用于狩猎与用于地名，音读不一，未免矛盾。而且上举二例中罝未必就是地名。“往某”的用法陷兽例中也有，如前述12辞及：

28. 甲戌卜，争贞，叀王自往罾。(《乙》7750)

“往罾”即往陷龟之义，其用法犹田猎卜辞中的“王往田”。而“征罝”之征作，叶玉森曾释韋训围[6]，即以征字释之，断为“征，䍐”，解作征伐途中网兔亦无不当。即使有用作地名的情况，与用作狩猎手段时字当为一，这同陷兽字的情况是一致的。

“䍡虎”与“罯𪊨”同例，若读䍡为“网虎”，则“网虎虎”绝不可通。䍡、䍐等又与陷兽字一样，可在句子中充任动宾合一的角色，以动词的身份负主要语法功能，如“其䍡”、“往䍐”、“羅”等，依靠给人提供的视觉符号，收到言简意赅之效。

至于䍡等形究竟当后来何字，目前尚不敢确指。《说文》有䍡，谓“罜䍡也”，《说文通训定声》释“小鱼罟”。有罝，谓“兔网也”，《尔雅·释器》：“兔罟谓之罝。”《诗·周南·桃夭》：“肃肃兔罝。”有罺，谓“覆鸟令不飞走也，读若到”。有羅，谓“以丝罟鸟也”，《尔雅·释器》：“鸟罟谓之羅。”《传》曰：“鸟纲为罗。”冡字不见于《说文》，商承祚谓“此字从网从豕，当释作《尔雅·释器》彘罟之䍙之䍙字”[7]。尽管依形隶定后世有字，但径指为某即某字，则犹觉未安。不论其字形后世如何分化、合并或沿用，它们在卜辞中皆当为一字异体之专用字形。

（四）牢

《说文》：“牢，闲养牛马圈也。”此其本义。甲骨文牢字从牛或从羊，作、与《说文》解释相符；但卜辞用牢为牺牲，以牛曰牢，以羊曰宰。其实牢、宰是用作牺牲前经过特别隔离饲养的牛和羊（单言牛、羊则未受此等礼遇）[8]，与其本义仍然联系密切。而大牢、小牢是指牛的形体大小，故卜辞中有大宰，也有小牢：

29. 贞，翌辛未其㞢（侑）于血室三大宰。九月。（《通》767）

30. [其]㽙𩰫伊奭一小牢。（《粹》828）

所以，牢、宰非后来太牢、少牢之意，它们分别仅指用作牺牲前经特别处理的牛和羊。殷人祀神不独用牛用羊，还有用马之例：

31. 癸未贞，叀今乙酉又（侑）文□岁于祖乙五马，兹用。（《甲》696+679）

32. 其三马，叀𠦪马，兄辛。（《通》别1）

那么卜辞中有无马牢（祭祀前经特别圈养的马）之专形？甲骨文有字，但不用为牢，是厩之初文：

33. 王畜马在兹寓……母戊王受……。（《宁》1.521）

34. 畜马在兹寓。（《粹》1552）

35. ……卜，王其作僼□于寓。（《京》4831）

畜马在寓、于寓都表明寓系养马之所，即马厩。[9]但我们注意到，卜辞有个从牢从马的字（）用法与牢、宰大致相同：

36. 叀小騂用。（《福》29）

37. 叀䅓罘大騂亡灾。（《佚》970）

38. 叀并騂亡灾。（《通》730）

旧释騂为马名，而马之专名騂(驪)、驳[10]等极少用大小修饰。从构字方法上讲，从牢或意味着与牺牲有关，而关于騂的卜辞毫不例外地都是关于祭祀用马之贞。故騂当即马牢之专字，所谓大騂、小騂、犹大牢（宰）、小牢（宰），指祭祀前经隔离饲养的马的形体。在此，“牢”成了一个标志牺牲的符号了。

到后来，牢字诸形合而为一，用作畜圈意义时也不限于牛、羊、马，如《诗·大雅·公刘》："执豕于牢。"《战国策·楚策》："亡羊而补牢。"周代用牲制度以牛羊豕俱全为太牢，只备羊豕为少牢，已非牢字原义，但仍保留了牢作为牺牲符号的作用。

（五）牝、牡

卜辞所见牝牡字有从牛、从羊、从犬、从马等形（表一）。牡马字虽不见于卜辞，但战国时尚有駐，《中山国胤嗣𡚸盗壶》铭："駭(馭）右和同，四駐汸(滂)汸"，駐即专指牡马[11]。《石鼓文·丙鼓》有，卜辞亦应有之。其余所缺皆不当无（𠤎字余永梁释雌[12]，与兽类牝牡字小别，暂列于此）。

表一

	牛	羊	马	犬	豕	鹿	麍	虎	？	隹
牝										
牡										

验之卜辞，牡谓牡牛，牡谓牡羊，字各从其类，无有例外，如：

39. 贞，窜，牝。(《后》1.25.11）

40. 贞，叀豕，十牝。(《京都》1579）

以上二例分别是说窜与牝牛和豕与牝羊二事，非贞窜之牝、豕之牝也。牝、牝皆用作名词。

41. 翌乙巳虫（侑）祖乙窜，虫（侑）牝。贞，勿虫（侑）牝，叀牝。(《乙》4590）

该辞大意是说翌日乙巳侑祭祖乙用窜抑或用牝牛，结果不用牝牛而用牡牛。

42. 甲申卜，邻妇鼠、妣己二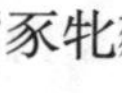。邻妇鼠、妣己一牛一羊。邻妇鼠、妣己一牛。(《前》1.337）

，叶玉森以为牝、牡合文[13]，二牝者即牝牛、牡牛各二（两对），因系同类连用，故有合文之作。

牝（牡）诸形为一字异体，各形从牛从羊从犬从鹿得任所施，不应别构音读析分为不同的字，对此罗振玉早有论述[14]。但是杨树达据卜辞"其桒生于妣庚、妣丙，牡，牡，白（豭）。……［其］桒生于［妣］庚、妣丙，［牝］,牝，豝"（《粹》296），有牡、牡连言，牝、牝、豝连言，认为若牡、牡及牝、牝、豝分别为牡、牝之异体，文乃绝不可通，是证牡、牡等异字而音义不同，并据《尔雅·释兽》"鹿牡麚"之文释麀为麚，据"豕牝豝"之文释豝为豝，据《释畜》马"牡曰騭，牝曰騇"之文释駝为騇，据"羊牡羒，牝牂"之文释牡为羒，牝为牂[15]。在此有加以申辩之必要。

甲骨文是一种书写形式，它记录语言但毕竟不同于语言。甲骨文的异体字是无法从口语中加以区分的，这就依赖于人们的视觉，牡为公牛，牝为母羊，一目了然，别无歧解。并且殷人往往临事而贞，事关虎鹿贞其公母，即使从言语上也绝不会误认为是牛马之事（窜、牢等亦然），我们没有必要替古人担忧如何区别的问题。殷商以来，表示牲畜性别的字同义者很多，如《说文》："犅，特也。""特，特牛也。"段《注》："特本训牡。"则犅、特皆牡牛、牛父之义，若非要给甲骨文中的牡找个对应字，究竟是犅还是特？《说文》：牡、羒俱"牡羊也。"如何独释牡为羒？这都是难以回答的问题。

牝牡字在卜辞中还不具备修饰的功能，只充当名词，故不见"牡牛"、"牝羊"等连用之例。其名词特性还表现为它们常处于被修饰的地位：

43. 贞，叀小⿰火匕。（《后》上25.12）

44.……小⿰马匕……子白……不白。（《续》5.26.8）

前述辞例中的“十⿰革匕”、“二牡”亦属此类。后世异体合并，诸形废而牝牡存，牝、牡成了畜父、畜母之泛称，并且有了牡羊、牝羊等用法。

（六）⿶凵牛

甲骨文有字作（⿶凵牛）、（⿶凵羊）、（⿶凵犬）等形，像畜在穴坎之中。郭沫若径释埋字[16]；罗振玉以为像掘地及泉，实牛其中，当即《周礼·大宗伯》以沈祭山林川泽之⿶凵牛的本字[17]，正是。卜辞⿶凵牛祭对象多为河，与《周礼》所说微异。⿶凵牛字从牛、从羊、从犬，起初当是依所用之牲而作，后渐混用不别。卜辞云：

45. 辛巳卜，贞，⿶凵犬三犬尞五犬五豕卯三牛。（《合集》16197）

⿶凵牛字也可单独使用，不带宾语，而以其自身所从之牲为宾词，动宾包含在一字之中，如：

46. 尞于河，，⿶凵牛。（《合集》14613）

为沈祭之法，后面还将论及。⿶凵牛即指⿶凵牛牛一事。

下面的例子中⿶凵牛⿱宀羊用⿶凵牛，反映了⿶凵牛字异体已出现混用趋势，自然也是字形统一的趋势：

47. ⿶凵牛五⿱宀羊。（《合集》16196）

48.……⿶凵牛于河二⿱宀羊。三月。（《后》1.23.10）

49.……⿶凵牛于河一⿱宀羊。四月。（《粹》38）

50. 尞于河一⿱宀羊，⿶凵牛一⿱宀羊。（《前》1.32.5）

（七）湛

商代有沈（沉）祭之法，沈牲于河中，有（⿰氵牛）、（洋）、（⿰氵⿱宀羊）诸形体。罗振玉释沈[18]，然卜辞沈字作。《说文》沈没之沈作湛，段《注》：“古书浮沉字多作湛。湛、沈古今字，沉也。沉又沈之俗字也。”李孝定以为即甲骨文⿰氵牛等[19]。观乎卜辞，湛牛以⿰氵牛，湛羊以洋，湛⿱宀羊以⿰氵⿱宀羊，此其大概，亦偶有例外：

51. ⿰氵牛□牛于河。⿰氵牛十牛。（《合集》41659）

52. ⿰氵牛五牛，尞三牛，卯五牛。勿⿰氵牛五牛，尞三牛，卯五牛。（《合》161）

53. 洋三⿱宀羊。（《佚》521）

54. 贞，尞于河⿱宀羊，⿰氵⿱宀羊，卯三牛。（《合》453）

55. □辰卜，㱿贞，尞十豕，洋，卯□。（《铁》68.3）

56. 尞于□牢，⿰氵⿱宀羊二牛。（《集释》11.3393）

57. 贞，⿰氵牛十牛一豭。（《合集》16191）

58.……⿰氵牛三⿱宀羊，卯二牛。（《京》1101）

59. 丙申卜，⿰氵牛三⿱宀羊，尞一牢。（《摭续》95）

根据卜辞中的情况，湛字异体亦同陷、麗、⿶凵牛等字一样，可充任动宾合一的角色，如54、55两辞；在混用情况当中，以⿰氵牛字使用较为多见，这大概是一种习惯用法，由这种习惯用法会逐渐走上统一的道路。

除了从牲之湛，卜辞还有从玉之湛作，构字方法及用法与⿰氵牛等形一致：

60.……其……（《屯南》2232）

湛玉祭河，《左传·襄公十八年》犹有记载："晋侯伐齐，将济河……沈玉而济。"

（八）牧

甲骨文牧字有以下几种形式：从牛作（《后》2.12.13）、从羊作（《续》5.7.4）、从马作（《前》2.8.3），为便于引述，分别依形隶定为牧、羧、駇。卜辞牧牛以牧，牧羊以羧，牧马以駇，极少混用，并且也有以一字兼动宾的情况：

61.𫘧鹿，其南牧，擒；其北牧，擒。（《宁》1.397）

62.甲戌卜，㝊贞，在羧，获羌。（《珠》7.58）

南牧、北牧谓在𫘧之南牧牛和𫘧之北牧牛。卜辞多见放牧与擒兽、获羌为言，于省吾先生以为商人有武装放牧之俗，于保护牲畜之外还可擒兽或俘羌[20]。

63.贞，乎王羧羊。（《乙》2626）

64.癸……今羧𤰈。（《余》2.2）

𤰈，地名，羧𤰈犹羧于𤰈，与卜辞"王狩某"，"王田某"相类，又如：

65.□卯卜，贞，[王]駇于𩫖，[往]来亡灾。（《前》2.42.3）

后世牧行而羧废，牧羊、牧马亦得称牧，而駇另衍化为驱驰之驱字[21]。

以上是甲骨文中较为典型的异体专用规象，若用心检查，还可找出不少相关的例子，如，以手持肉（）为祭，以手持鸡（或隹）倒置祭案（）之上（）亦为祭[22]，献祭之物有别耳；从水从鱼曰渔，从鱼而不从水之形、、亦为渔[23]，捕捞方法不同耳。卜辞未见而当有之字亦可从其他方面推其大概，如家字，甲骨文从从豕作，像豕在房中，考之金文，家有从豕、从犬两种，《六书统》仍有俗字作宊，因想甲骨文中亦不当无。

我们所说的异体专用与以往学者所论形声字义近形符互用或义近形旁任作虽同属异体字的范畴，但在构形和运用中都有所不同。首先，异体专用字有共同的或固定的一个形符为基本符号（或标志符号），与另外一个表示相同类别（动物）但完全是不同东西的形符会意成字，而产生各种异体；其次，异体专用字，形有所指，音读为一，其所专指完全是依赖读者的视觉获知的，其发展是由专用——混用——统一。在所说的义近形符互用例中，如与，从人与从女并没有专指的意思。

甲骨文有此异体专用现象，倘若每一字形都严格使用其本义，那么这种取义狭窄连同甲骨文字数相对有限的情况，势必影响到文字的灵活性，难以适应交际的需要。只是由于假借方法的运用，多少弥补了这方面的缺陷（据姚孝遂先生粗略统计，甲骨文中假借字占70%上下[24]）。假借现象的普遍存在可以被认为文字成熟的标志，但异体专用则是文字不成熟的产物。这样说并不矛盾。我们把甲骨文放在文字走向全面成熟的阶段上，这一阶段虽以成熟为主，但也存在不成熟的因素，正是探讨文字发展规律的最好时期。异体专用，事偶不同，别造新形，在早期文字中是共有的现象。纳西族象形文不乏类似的例子。下面三组字形，每一组就是一个字，其读音一样，而意义小别[25]：

[be-l] 做（活）　（挖土）　（挖木）

[zarl] 压（卵）　（压蒿）　（压鬼）

[tsa1] 咬（肉）　（咬盐）　（咬蛋）

如不借助视觉，听起来很难知道这些动作所施的对象。虽不能说甲骨文与纳西族象形文处于同一发展阶段上，但其异体专用字所表现的原始性或落后性都是显而易见的。

本来文字就是人民群众在社会生活和生产实践中约定俗成的符号，并非一人一时所为。《荀子·解蔽》：“好书者众矣，而仓颉独传者，一也。”正如鲁迅先生在《且介亭杂文·门外文谈》中所说：“在社会里，仓颉也不只一个，有的刀柄上刻一点图，有的门户上画一些画，心心相印，口口相传，文字就多起来了，史官一收集便可以敷衍记事了。”既是群众造字，各人所从事的活动不同，对事物的感受和观察事物和角度也就不同，造字取义来源不同，一字数形势所必然，甲骨文异体字即反映了造字之初这种形义来源的多元化。但是，一字数形并不是毫无章法的，它们都以客观事物为依据，真实地反映客观实际，不然就会因异体字的泛滥产生误解，造成交际中的困难。异体专用字也都有大致相同的构字方法或统一的标志符号，如“逐”字皆从止从兽会意，陷字皆从Y从兽会意，薶字皆从∪从牲会意，一个固定不变的、代表一种意义的符号与一类性质相同的事会意，是它们共同的规律，这一规律是我们认定异体字的依据，也使我们对此别无歧解。一个符号在异体字形中一旦固定，就成了一种标志性符号了。牝牡字所从之匕、土是标志牲畜之牝牡的符号，止、∪、网、ʃʃ等又分别是逐、陷、罷（？）、湛等字的标志符号。某些异体字中标志性符号的运用还反映着异体字的出现是有先后、主次关系的。如牢本以ᕈ为标志，牢字行用既久，遂以牢为符，出现了騂字，显然騂是在牢之后的，也表明以马为牲的现象远没有牛、羊普遍。卜辞中的确少见以马为牲的例子，这当与马的驾乘用途大有关系。早在殷汤时，马车即被用于战争[26]，马的实用价值必然会对以马为牲有所影响，騂出现在牢之后即从一个侧面反映了这一影响。

不管怎样，一字异形各有专指终归是一种落后和原始的表现，它与人们思维的不发达和有限的概括能力也不无关系。文字记录语言，而语言的发展恰如意识的发展一般，总是从具体到抽象，如澳大利亚土著的语言中一般没有树、鱼、鸟等笼统的属名，他们不用或不会用那些概括性的抽象名词，而宁愿对每一种树、每一种鸟、每一种鱼以专门的名称。在加利福尼亚的原始民族中，“既没有类，也没有种：各种橡树、松树、草等都有自己单独的名字”[27]。纳西族的经书中也可找到不少具体的表现方法，不同程度地反映了思维和概括能力的落后。甲骨文异体专用现象的存在，说明殷商人还不能善于运用抽象思维去概括事物。但从卜辞异体专用字及其使用情况来看，各字之异形都有相同、相似之规律，并且有些专用字形并不专用，出现混用和走向统一的趋势，文字也将随着思维的成熟开始走向全面成熟。

另外，在查阅甲骨材料的过程中，我们发现异体专用主要集中于与田猎、祭祀、畜牧及牲畜相关的文字里，这一现象很值得我们思考。“殷人尊神，率民以事神”[28]，祭祀自然是殷代一大盛事；而田猎也一样昌炽，《甲骨文合集》收录田猎卜辞2880片，是农业卜辞（1054片）的2.7倍，就很能说明问题。异体专用字多见于这几项活动之中，反映了殷人对祭祀和田猎的重视及一丝不苟的认真态度，每一次活动，都要严格区分其对象，这也可能是影响异体统一的原因之一。

注释：

[1] 参见唐兰《天壤阁甲骨文存考释》，第39页。

[2] 杨树达:《积微居甲文说·释追逐》。
[3] 郭沫若:《卜辞通纂考释》，第 234 页。
[4] 于省吾:《甲骨文字释林》，第 270 页。
[5] 姚孝遂:《甲骨刻辞狩猎考》,《古文字研究》第六辑。
[6] 见李孝定:《甲骨文字集释》2.0500。
[7] 商承祚:《殷墟文字类编》七卷第 10 页。
[8] 姚孝遂;《“牢”、“𡨦”考释》,《古文字研究》第九辑。
[9] 参郭沫若:《殷契粹编考释》第 207 页。
[10] 关于马的诸多专名可参见王宇信《商代的马和养马业》,《中国史研究》1980 年第 4 期。
[11] 张政烺:《“中山国胤嗣𧊒蚉壶”释文》,《古文字研究》第一辑。
[12] 李孝定:《甲骨文字集释》4.1291。
[13] 叶玉森:《殷墟书契前编集释》，一卷第 108 页。
[14] 罗振玉:《增订殷墟书契考释》，中卷第 27 页。
[15] 杨树达:《积微居甲文说·释麀、牡、牝、豕匕、駝》。
[16] 郭沫若:《殷契粹编考释》第 10 页。
[17][18] 罗振玉:《增订殷墟书契考释》，中卷第 16 页。
[19] 李孝定:《甲骨文字集释》按语，11.3390。
[20] 于省吾:《甲骨文字释林·释牧》。
[21] 李孝定:《甲骨文字集释》10.3041。
[22] 李孝定:《甲骨文字集释》1.0105。
[23] 徐中舒主编:《甲骨文字典》。
[24] 姚孝遂:《古文字的形体结构及其发展阶段》,《古文字研究》第四辑。
[25] 和志武:《试论纳西象形文字的特点》,《东巴文化论集》，云南人民出版社 1985 年版。
[26]《吕氏春秋·简选》:殷汤以“良甲车七十乘”伐夏桀。
[27] 列维·布留尔著，丁由译:《原始思维》第 165 页，商务印书馆 1985 年版。
[28]《礼记·表记》。

（原载《华夏考古》1996 年第 4 期。
作者为南京大学历史系教授，江苏省甲骨文学会副会长）

试释甲骨文“江”字

张　展

甲骨文中水字的异构和带水字偏旁的字为数甚多，表意丰富，如水字的同字异形体达25种之多，而从水表地名、水名、国名、人名、祭名等的字有沮（祖名）、洛、汝、淮、洹、沚、汜、泞、滴（商都附近水名）、瀀（祭名）、沈、汏、沐、涂、渊、涛等，具有诸多涵义，有些还是一字多义。作为江河泛称之“河”字在契文中多见，河字的繁简形体，以示地名、水名、人名者20余字；而“江”字在契文中则极其罕见，数十年来，在众多中外专家、学者的大量著作中，从未见到有关江字的考释。江字在诗、文中属常见字、通用字，而在甲骨文中，频频见到的只是作为江字的通假字工（古、㞢），终觉无奈和遗憾。卜辞中究竟有没有从水的“江”字呢？

江，《说文》从水工声，形声字。《书·禹贡》：“九江孔殷。”九江，乃江河之泛称。又曰：“江汉朝宗于海。”江汉，系专指长江。《孟子·滕文公上》：“决汝汉，排淮泗而注之海。”宋代文史学家宋祁《宋景文公笔记·释俗》：“南方之人谓水皆曰江；北方之人谓水皆曰河。”（参见《汉语大词典》第五卷）难道真的如宋祁所说，因为殷商贞人是北方人，“谓水皆曰河”，而不去形构“江”字？对此笔者是有疑义的。1999年4月，为纪念甲骨文发现100周年在南京召开的“甲骨文与商代文明国际学术研讨会上”上，笔者经长时期研究提交的一篇拙作《殷墟甲骨文生命力探源》（入编《甲骨文发现一百周年论文集》一书），从甲骨文的形体演化进程中，发现这一古老文字得以继承、发展、延续至为重要的一个关键问题是：在群体创造、群体应用中，有一类甲骨文字形体，和今日之真书相同或极为相似，笔者将此类字暂定义为甲骨文原生字。据研究，此类字当时共得96字，编成《甲骨文原生字延续应用一览表》附于文后。会后至今两年多时间，继续从事这一课题的研究，于“江”字的问题亦有所获。其成果之一便是“江”字。

在探寻新的甲骨文原生字过程中，我无意间在孙海波先生编纂的《甲骨文编》改订本（1996年9月印）附录第961页第5809字，得见摹本“”字（《京都》一八〇三），无辞例，无释文。乍见之下，十分惊喜，此乃2001年8月之首见。此字右部偏旁为工字应无疑义，但对左偏旁的水字繁体怪势，且不多见，疑虑颇多。为寻求佐证，一是遍查水部、水字偏旁形体，是否有笔画、结体同形的字；二是查找原著、原甲骨拓片。在《甲骨文编》正编569页查找到第1710字“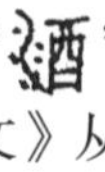”（《京都》一九三二，地名，在酒盂受年），见到了与前述字形似的水字偏旁。酒，《说文》从水从酉，酉声，形声字。《京都》一书中，甲骨卜辞酒字有此繁构水字偏旁，证明了《甲骨文编》5809号字所从为水，而隶定为“江”字是可信的。《京都大学人文科学研究所藏甲骨文二册》（贝塚茂树，1959年日本珂罗版影印本）很难见到，后来，得中国社会科学院历史研究所研究员、《甲骨文合集》编委罗琨先生的热情支持，查检此书，并寄来

“江”、“酒”二片的摹本及与《甲骨文合集》相关的对应编号，对本文的研究帮助极大。现将罗琨先生和笔者对江字片摹本及合集 27332（江字片）、28231（酒字片）拓片复印件附下：

京都一八〇三罗琨先生摹

合集 27332

京都一八〇三本文作者摹

合集 28231

从中可见“江”字的真实形体。虽然此字是单辞孤例，但江字在殷墟契文中是客观存在，不容置疑。另外，从容庚先生编著的《金文编》第十一、727 页上有“鄂君启舟节”字金文形体，亦可作辅证。

江字契文的词义在卜辞中究何所指，是地名、水名、国名、人名？由于它是残辞，故姚孝遂先生和肖丁先生主编的《殷墟甲骨刻辞类纂》一书未收录。但姚、肖二先生主编的《殷墟甲骨刻辞摹释总集》下册第608页，合集第9册的摹本辞条中有此辞例：二七三三二“……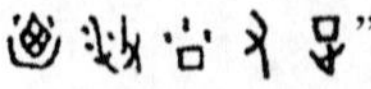”，释“……酉攺小丁有正”。此辞虽释义不明，但此片辞条的摹本，特别是关键字江字的形体，对比上列摹本和合集拓片明显失真、有误。江字的左右偏旁有误，特别是右边。因此，释文中攺字无据。案契文中本有攺字，见《甲骨文编》第139页、0420字，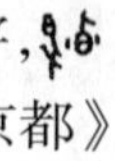（《甲》二五，从殳从它，古它也一字，象持朴击它）。《京都》一书也有此字，作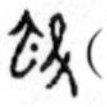（《京都》一六七八）。显然，“酉”下字不为攺，应即字形体。

另，在探讨酒（《京都》一九三二）字过程中，发现于省吾先生编著的《甲骨文字诂林》第1275页、第三期、第1317字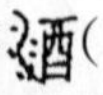（《京都》一九三二），从水与从同，释“酒才疒”。案《京都》一九三二片实为合集的28231片，对比上列该辞拓片，酒字形体及释文均误，究其原因，乃卜辞编号有误。于省吾先生此书在此所使用的辞条实为（《甲》二一二一），该辞有“……卓酒在疒……”之释义。而孙海波先生编纂的《甲骨文编》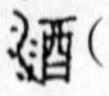（《京都》一九三二）的释文为“在酒盂受年”，比照上列拓片的命辞、验辞及《殷墟甲骨刻辞类纂》等书的相关释文可知，“年”为“禾”字之误，录此备考。

一管之见，不当之处，尚祈海内外学者赐教。

（作者为江苏省甲骨文学会常务理事、组联部主任）

殷之飨礼设豐及其它

——兼释《屯南》二二七六

徐伯鸿

大飨之礼不见经典，《仪礼》的《注》与《疏》多处说飨礼亡佚，故礼家千古聚讼。所幸百余年来出土了大批甲骨，涉及飨礼者甚夥，故可据之推考其一二。

何谓飨礼？请先论飨字。

卜辞中有字作，此字在卜辞中两用。一为南向、北向之向，一为飨食、飨祭之飨。

飨作飨食解。《说文》：“飨，乡人饮酒也。”《玉篇》：“设盛礼以饭宾也。”《诗·小雅》：“一朝飨之。”笺：“大饭宾曰飨。”《周礼·秋官·掌客》：“三飨三食三燕。”《礼记·郊特牲》：“大飨尚腶修而已矣。”注：“此大飨之诸侯也。”《仪礼·士昏礼》：“舅姑共飨妇人以一献之礼。”注：“以酒食劳人曰飨。”《公羊传·庄公四年》：“夫人姜氏飨齐侯于祝丘。”注：“牛酒曰犒，加羹饭曰飨。”

飨作飨祭解。《礼记·礼器》：“大飨之礼。”疏：“大飨谓袷祭宗庙也。”《礼记·礼器》：“郊血，大飨腥，三献焰，一献孰。”注：“大飨，袷祭先王也。”《礼记·礼器》：“大飨，其王事欤。”注：“袷祭先王也。”疏：“大飨之事，诸侯各贡其方物，奉助祭之礼。大飨其王事欤者，飨谓飨祭先王，飨中之大谓袷也，其王家之事欤。”《书·顾命》：“王三祭上宗曰飨。”注：“宗伯曰飨者，传神命以飨告也。”《诗·周颂》：“伊嘏古文王既右飨之。”笺：“文王既右而飨之，言受而福之。”疏：“乃大文王之德既佑助而歆飨之。”又“谓神受其德故降与之福。”

飨又作享。《左传·成公十二年》：“享以训恭俭，宴以示慈惠。”注：“享同飨，宴同燕。”《说文》段注：“《豳风》：‘朋酒斯飨，曰杀羔羊。’《传》曰：‘飨，乡人饮酒也。其牲，乡人以狗，大夫加以羔羊。’此传各本伪夺，依《正义》考定如是。许君所本也。飨字之本义也……亯，燕亯之亯正作亯。亯，献也。《左传》作‘亯’为正字。《周礼》、《礼记》作‘飨’为同音假借字，犹之《左传》作‘宴’为正字。宴，安也。《礼经》、《周礼》作‘燕’为同音假借字也。……至若《毛诗》云‘我将我亯’，下文云‘既右飨之’。云‘以亯以祀’，下文云‘神保是飨’。云‘亯以骍牺’，下文云‘是飨是宜’。《毛诗》之例，凡献于上曰亯，凡食其献曰飨。《左传》用正字同。凡左氏‘亯燕’字皆作‘亯’，惟用‘人其谁飨之’，字作‘飨’。”

从上引文献资料可知，亯飨本为一字，施受同词。献于上曰亯，神食其献为飨。“饭宾”之说当是后起之义。飨乃其王事，祭宗传神命以飨告也。

《甲骨文字典》：乡，，亦释飨。①祭名。宴飨。飨为享之假借。《说文》：“享，献也。象执物形。《孝经》曰：‘祭则鬼享之。’”武丁卜辞有：“贞：其征御于大戊飨。”（《甲》2689）廪辛、康丁卜辞有：“贞：大乙、祖乙、祖丁罘飨。”（《缀合》46）卜辞“王飨”（《续存》上549）、“王自飨”（《前》4·22·5）或即《左传·宣公十六年》：“王享有体荐，宴有折俎，公当享，卿当宴，王室之礼也。”为王室宴飨之礼。②通“向”，为阶名。《尔雅·释宫》：“向，

两阶间。”卜辞有“东向”、“西向”（《粹》1252）、“北向”（《掇一》106）的记载。③卜辞中有“乡史”（《掇一》202）“乡王史”（《甲》427），史即事，或说即史书中的“乡士”（李孝定《甲骨文字集释》）。

卜辞恒曰“王其飨”，乃“大飨其王事”之证。

1. 王其飨于[?]（庭）。（《屯南》2276）（甲骨文中[?]字的写法多种，这里皆以[?]字替代）

2. 王其飨在[?]（庭）。（《佚》220）

3. 叀王自飨。（《库》1685）

卜辞曰“于宗飨”，乃“祭宗曰飨”之证。

1. 于宗飨。（《屯南》341）

2. 己丑卜，告于父丁，其飨宗。（《后》上5·5）

3. 贞：飨史（事）于尞北宗，不大雨。（《前》4·21，7）

卜辞曰“王飨受又（佑）”乃“既右而飨之，言受而福之”之证。

1. 叀王飨受又（佑）。（《粹》486）

2. ……飨王受［又］（佑）。（《甲》1041）

卜辞中飨祭的对象为先王先妣，并无自然神祇，这正是与文献所称“大飨谓祫祭宗庙也”、“祫祭先王也”相合。

1. 壬子卜，[?]（何）贞：翌癸丑其又妣癸飨。

癸巳卜，[?]贞：翌甲午登于父甲飨。

丁未卜，[?]贞：御于小乙奭妣庚其寝飨。（《甲》2799）

2. 庚戌卜，[?]贞：翌辛亥其又毓（后）妣辛飨。

癸酉卜，[?]贞：翌甲午登于父甲飨。（《佚》266）

3. 庚子卜，[?]贞：翌辛丑其又妣辛飨。

癸卯卜，[?]贞：翌甲辰其又□于父甲宰飨。

丙午卜，[?]贞：翌丁未其又[?]岁毓（后）祖丁飨。（《合》41）

4. 贞：大乙、祖丁眔飨。

癸亥卜，彭贞：大乙、祖乙、祖丁众飨。

癸亥卜，贞：隹大乙眔祖乙飨。

□亥卜，……祖丁其……曰飨。（《合》46）

5. 贞：其征御于大戊飨。（《甲》2689）

6. 贞：其征登……飨父庚父甲……。（《甲》2779）

7. 其飨祖乙史（事）。（《粹》242）

8. 大乙史（事），王飨于庭。（《粹》142）

卜辞中的“叀多尹飨”、“叀多生（姓）飨”、“叀多子飨”与文献所称“大飨之事，诸侯各贡其方物，奉助祭之礼”相类，多尹、多姓、多子是参与祭祀活动的，只是诸侯不独贡献其方物而已。

1. 元㲋叀多尹飨。弜不飨，叀多尹飨。（《甲》752）

2. 叀多生（姓）飨。叀多子飨。（《甲》380）

“叀多尹飨”、“叀多生飨”、“叀多子飨”盖指多尹、多姓、多子飨祭殷之先王，非商王飨祭多尹、多姓、多子。

卜辞中飨祭处所：在宗、在庭、在寝。

1. 甲戌卜，于宗飨？于⿱宀⿰耳口（庭）飨？（《屯南》341）

2. 告于父乙，其飨宗？（《后》上5·5）

3. 飨史（事），于尞北宗？（《前》4·21·7）

4. 王其飨于⿱宀⿰耳口（庭）？（《屯南》2276）

5. 王其飨于⿱宀⿰耳口（庭）？（《佚》220）

6. 大乙史（事），王飨于⿱宀⿰耳口（庭）？（《粹》142）

7. 御于小乙奭妣庚，其寝飨？（《甲》2799）

⿱宀⿰耳口，于省吾先生释“庭”。他在《甲骨文字释林》里说：“⿱宀⿰耳口为廷或庭之初文，有时也省作⿰耳口。⿱宀⿰耳口从宀⿰耳口声，⿰耳口古听字，听从壬声，与廷庭之从壬声声符同。金文有廷无庭，庭为后起字。《说文》：‘廷，朝中也。’又：‘廷，宫中也。’乃后世分别之文。……古代太室中央谓之廷，……甲骨文称：‘□小乙于⿱宀⿰耳口’（《粹》281）当谓祭小乙于廷也。”[1]

《说文》：“庭，宫中也。”段注：“廴部曰廷，中朝也。朝不屋，故不从广。宫者，室也。室之中曰庭。《诗》曰殖殖其庭，曰子有廷内，曰洒扫庭内。《檀弓》孔子哭子路于中庭。注曰：寝中庭也。凡《经》有谓堂下为庭者，如三分庭一在南。正当作廷。”戴震《三朝三门考》：“古体庭本作廷。”

商代的宗庙建筑，目前尚未发现，其结构自然也就不清楚了，但西周的宗庙建筑可资参考。1999年秋至2000年，在陕西扶风云塘发掘出两组西周晚期的建筑基址，且初步认定A组建筑为宗庙建筑[2]。这组建筑的布局如下：北为宗庙的主体建筑（F1），由堂、室、房、夹室、阶等组成，西为“西厢”（F2），东为“东厢”（F3），南为“门塾”（F8）。在宗庙的主体建筑、西厢、东厢、门塾的中间为“中庭”。有一建筑位于“西厢”的西边，这个建筑（P5），发掘者推测它的性质相当于“寝”。《仪礼·释宫》云：“周礼，建国之神位，右社稷，左宗庙，宫南向而庙居左，则庙在寝东也。”《尚书·顾命》有“翼室”之名，清孙星衍疏曰：“翼室者，左路寝也。”

宗，《说文》：“尊祖庙也。”段注：“宗尊双声。按：当云尊也，祖庙也。”宗即祖庙。

宗庙在路寝。《别录》：“社稷宗庙在路寝之西。”戴震云：“宗庙社稷属路寝，言得之。以为俱在西，不知何所据。”戴震《三朝三门考》称：“断狱蔽讼及询非常之朝，谓之外朝，在中门外庭。以燕以射及图宗人嘉事之朝，谓之燕朝，在路寝庭。”

寝，《说文》：“寝，卧也。”段注：“李善引《论语》郑注：‘寝，卧息也。’卧必于室，故其字从宀。引伸为宫室之称。《周礼·宫人》：‘掌王之六寝之修。’《释宫》曰：‘室有东西箱曰庙，无东西箱曰寝。’”《周礼·方相氏》：“大丧，复于小寝、大寝。”注：“小寝，高祖以下庙之寝也。始祖曰大寝。”《礼记·月令》：“寝庙毕备。”郑注：“凡庙，前曰庙，后曰寝。”孔疏：“庙是接神之处，其处尊，故在前。寝，衣冠所藏之所，对庙为卑，故在后。”李孝定认为：“卜辞用‘寝’之义为时王燕居之所，乃名词，犹今之言寝室也。”（《集释》2467页）丁山认为：“卜辞有寝、小寝，都该作大寝或路寝解，小寝当是武丁食息之所。”[3]

有关“寝”的制度，礼家聚讼，莫衷一是。杨宽先生曾撰文论述先秦墓上建筑和陵寝制度。他认为“寝”有三种：“一是宫殿里的寝，这是君主及其家族饮食起居之所；二是宗庙的寝，这是已故君主及其家族的灵魂的饮食起居之所，是模仿宫殿的寝的；三是陵墓的寝，这是墓主灵魂的饮食起居之所，也是模仿宫殿的寝的。”[4] 杨宽先生后来又在《先秦墓上建筑问题的再探讨》一文中说：“宫中的寝，设有正寝，亦称路寝，是有殿堂的……路寝有廷有堂。”[5]

至于《周礼》所说：“飨在庙，燕在寝。”这里的“寝”应是时王燕居之所。《周礼》：“以飨燕之礼亲四方之宾客。”疏：“《大行人》云：‘上公三飨三燕，侯伯再飨再燕，子男一飨一燕。’飨，享大牢以饮宾献依命数在庙行之；燕者，其牲狗，行一献四举，旅隆脱履，升坐，无算爵，以醉为度，行之在寝。”燕礼行之在寝，且以醉为度，恐怕周人不会在祭祀列祖列宗的宗庙时开怀畅饮吧！此处的寝应是燕居之寝，即宫中的寝，决非宗庙之寝。

卜辞中的“寝”是祭祀的处所，乃宗庙的一部分。例如：

辛巳贞：其(刞)于祖乙寝？弜(刞)于寝？(《屯南》1050)

(刞)，《甲骨文字典》：“象刀砍于俎上之形。”疑此字与俎同义(该书477页)，祭名。这条卜辞里的“寝”非时王燕居之所，乃是宗庙建筑里的“寝”。

卜辞说宗是浑言，说寝、说庭是析言。飨在宗，是泛指在宗庙举行飨祭，当包括在庭在寝；飨在庭，是确指在宗庙的中庭举行飨祭。总之，飨祭是在宗庙里举行的。

以上，讨论了飨祭的参加者、飨祭的对象、飨祭是处所。那么，什么是飨礼呢？

我们认为：飨礼是王在宗庙里举行的，由多尹、多生、多子参加的(或者只是王独自参加的)，对先公、先王的献食大祭。

现在，我们再来讨论飨礼设豊及飨礼的其它一些细枝末节。

豊，甲骨文作。《甲骨文字典》：“，从丰丰在凵中，从豆，象盛玉以奉神祇之器，引伸之奉神祇之酒醴谓之醴，奉神祇之事谓之礼。初皆用豊，后世渐分化。”(该书523页)《说文·豊部》：“豊，行礼之器也。”王国维在《释礼》一文中说：“故《说文》曰豊行礼之器，其说古矣。惟许君不知丰丰字即珏字故，但以从豆象形解之，实则豊从丰丰在凵中，从豆乃会意字而非象形字也。盛玉以奉神人之器，谓之曲若豊。”[6] 甲骨文中的，从文句的意思推敲应是祭祀时所用的一种器皿。

《说文》：“豐，豆之丰满者也。从豆象形。一曰乡饮酒有豐侯者。”《仪礼·聘礼》：“醴尊于东箱，瓦大一，有豐。”郑注：“豐，承尊器，如豆而卑。”《仪礼·公食大夫礼》：“饮酒实于觯，加于豐。宰夫右执觯，左执豐，进设于豆东。”《仪礼·大射仪》：“厥明，司宫尊于东楹之西，两方壶，膳尊，两甒在南，有豐。”郑注：“豐以承尊也。说者以为若井鹿卢。其为字，从豆曲声，近似豆大而卑矣。”《仪礼·乡饮酒礼》：“天子、诸侯承尊之物谓之豐，上有舟。”

承尊之物，天子诸侯、大夫、士有别。天子诸侯承尊用豐，大夫侧尊用棜，士侧尊用禁。《仪礼·乡饮酒礼》中“斯禁”疏：“云斯禁，禁，切地无足者。斯，澌也。澌，尽之名，故知切地无足。《昏礼》、《冠礼》皆云：禁者，士礼以禁戒为名。乡大夫、士并有禁名，故郑以大夫、士双言也。是以《玉藻》云：大夫侧尊用棜，士侧尊用禁。注云：棜，斯禁也。大夫、士之礼异也。《礼器》云：大夫、士棜禁。注云：棜，斯禁也。谓之棜者无足有似於，棜或因名云耳。大夫用斯禁，士用棜禁，然则禁是定名，言棜者是其义称，故《礼器》大夫、士总名为棜禁。案：《特牲礼》云：实兽于棜。注云：棜之制如今之大木舆矣。则棜是舆，非承尊之物，以禁与斯禁无足似舆，故世人名为棜。若然周公制，《礼·少牢》名为棜，则以周公为世人，或有本无世人字者，是以《少牢》不名斯禁，谓之为棜，取不为酒戒。士之棜禁，大夫之斯禁，名虽异其形同，是以《礼器》同名棜禁也。其余《士冠》、《昏礼》礼宾用醴不缺，故无禁，不为酒戒。若天子诸侯承尊之物谓之豐，上有舟，是尊与卑异号也。”

“禁”这种器物，曾有传世品流落美国。七十年代陕西宝鸡斗鸡台再次出土，其形方似舆，切地无足，是一种方形的器座。宝鸡斗鸡台铜禁上放置三件酒器，“据当年曾经见到此禁出土情况的人回忆，禁上面中间放的是卣，右边放的是觥，左边放的一器因残甚，器形已不明”[7]。后来又出土过楚铜禁[8]。总之，文献中的豐与禁皆为承尊之物。

卜辞中豐也为器皿。请看下面的卜辞：

丙戌卜，戊亚，其𡿫（尊）？其豐？（《南明》443）

𡿫（尊）字在卜辞中名动两用，此处名词用如动词。卜辞言“其𡿫（尊）？其豐？”豐与尊并列，语法结构相同，豐也应是名词，在这里用为动词。“其”字，《诗集传·卫风·伯兮》：“其者，冀其将然之辞。”“其尊？其豐？”是卜问祖神是希望用尊来祭他，还是希望设豐来祭他？可见豐是祭祀器皿。

卜辞中豐作祭器讲的还有：

1. 其品亚，叀王豐用？毋用？吉。（《屯南》2346）

2. 丙戌卜，叀新豐用？叀旧豐用？（《粹》232）（郭沫若释为“新醴”、“旧醴”，这里不从郭说。）

3. 叀兹豐用？叀用兹豐？叀兹豐用，王受又（佑）。（《佚》241）

《仪礼》的很多礼中记载有“设豐”之事。《公食大夫礼》：“饮酒，实于觯加于豐，宰夫右执觯，左执豐，进设于豆东。”“宰夫执觯浆饮与其豐以进，宾捝手兴受。宰夫设其豐于稻西。庭实设，宾坐祭，遂饮，奠于豐上。”《大射礼》：“司射命设豐实觯如初……退豐与觯如初。”《乡射礼》：“司射适堂西命弟子设豐。”注：“将饮不胜者，设豐所以承其爵也。”疏：“按：燕礼君尊有豐，此言承爵，豐则两用之。”

何以要“设豐”？

唐兰先生以为“设豐”的目的是为了罚酒。他说：“（设豐）是用来放罚酒的爵和觯的。”[9]“设豐”是否为了罚酒？《乡射礼》说：“弟子奉豐升，设于西楹之西，乃降。胜者之弟子，洗觯升酌，南面坐，奠于豐上。……不胜者进北面，坐，取豐上之觯，兴，少退，立，卒觯，进，坐，奠于豐下。”《公食大夫礼》：“……宾坐，祭，遂饮，奠于豐上。”这两段记载说明“设豐”的目的是为了承觯。《公食大夫礼》：“饮酒，实于觯，加于豐。”注：“豐所以承觯者也。如豆而卑。”另外，《公食大夫礼》通篇没有提到罚酒的事，而且，“公食大夫礼”乃“主国君以礼食小聘大夫之礼”。“聘”的意思是相问。《聘礼》疏云：“大问曰聘。诸侯相于久无事，使卿相问之礼。小聘使大夫。《周礼》曰：凡诸侯之邦交，岁相问，殷相聘也。”公食大夫乃礼尚之事，怎么会罚酒呢？是以，“设豐”的目的是承觯、承尊，也就很明白了。饮酒的具体过程是：先将酒注入觯，再将觯置于豐上。“设豐”是为了放置酒器的。“豐”与“禁”应是同类器物。从“禁”出土时的情况看，“禁”的上面放置着三器，一卣，一觥，另一器残。卣与觥俱是酒器，“禁”是放置酒器的。“禁”的出土时的状况正好印证了文献里记载的“设豐”的目的是为了放置酒器。“豐”的用途，有点类似后世汉代盛瓒的瓒盘。《周礼·春官·宗伯·典瑞》：“祼圭有瓒，以肆先王，以祼宾客。”注：“汉礼：瓒盘大五升，口径八寸，下有盘，口径一尺。”（《十三经注疏》）

殷之飨礼是否有“设豐”一端？试论之。《小屯南地甲骨》2276片，辞云：

己未卜，且（祖）丁大乂王其［祉］父甲？……弜祉？□□。王其飨于□（庭）？弜飨于□（庭）？其乍（作）豐？又（有）正。弜乍（作）豐？……

此辞中的“祉”字，据《南明》588：“……且（祖）丁大乂王祉父甲”补。“祖丁大乂王其祉父甲”犹言“王大乂祖丁祉父甲”。“乂祖丁”见《屯南》2340：“……其又乂祖丁，王……伐卯牢，王受又。”祉，郭沫若先生说即“延”字。“祉父甲”即“至于父甲”，这里是说以父甲合食祖丁。□□，于省吾先生以为“应读作祉釐，即延长福祉之义”（《甲骨文字释林》51页）。我以为“□□”是占卜专用语。“又正”之“正”即《诗》“维龟正之”之“正”。“正，决也”，也是龟卜专用语。“乍（作）豐”即是“设豐”（详下文）。此辞应是殷之飨礼有“设豐”一端的明证，可补典籍之不足。

卜辞习见“乍（作）豐”一词。例如：

1. 叀乂公乍（作）望？（《甲》2546）

2. 贞：日于祖乙，其乍（作）豐？（《粹》236）

3. 其乍（作）豐？又正。［王］受又（佑）？弜乍（作）豐？（《人》1881）

4. 其豐？弜乍（作）豐？（《人》1882）

卜辞中的“作豐”当是金文中的“为豐”。“为大豐”一辞见于《作册麦尊》。铭为：“迨（合）王饔（祼）莽京，耏祀。粤若翌日才（在）辟雍，王乘于舟，为大豐。王射大龚（鸿）禽。侯乘于赤旂舟，纵咸。”

“为大豐”即“设豐”。唐兰先生说：“为大豐是举行射礼……《乡射礼》和《大射仪》都有‘设豐’一段，是用来放罚酒的爵和觯的。”（《古文字研究》第二辑，59页）铭文中的“为大豐”即“乍（作）豐”，也就是“设豐”。作，为也。《诗·郑风》：“敝，予又改作兮。”另本又作“敝，予又改为兮”。《释言》：“作，为也。”《穀梁传》也说：“作，为也。”是知，“为大豐”即“作大豐”。日本学者白川静先生以为：“大豐是本祭中举行的奠醴或祼鬯之仪礼，大概是因为在主祭中举行的，所以附上一个‘大’字。”（《金文通释》一）白川氏指出，“大豐是本祭中举行的奠醴或祼鬯之仪礼”，其说至确。“设豐”是为了置放酒器，置放酒器又是为了什么？这是不言而喻的，是为了便于奠醴或祼鬯。卜辞中飨礼设豐，其目的无疑是为了举行奠醴或祼鬯之礼仪。“豐”中有玉，以之祼鬯以祀先王而降神，这种礼仪在《周礼》中尚可见一斑。《周礼·春官·宗伯·典瑞》说：“祼圭有瓒，以肆先王，以祼宾客。”“大豐”一辞另见于《大豐簋》，铭为：“［乙］亥，王又大豐。王凡（汎）三方，王祀于天［大］室。……丁丑，王飨大俎（宜）……”金文中记载飨礼“设豐”的还有《大鼎》、《长由杯》等。

由于《屯南》2276的出现，其辞先言“王大彳祖丁祉父甲”，次言“王其飨”，末言“作豐”，始悟卜辞中的“乍豐”乃文献中的“设豐”之事，也才知道飨礼中有“设豐”一端。

以下，再讨论一下与飨礼相关的一些细节。

飨礼“设豊”的时间在“日中”。《易・豐卦》：“豐，亨。王假之，勿忧，宜日中。”高亨先生注：“亨即享字，祭也。”亨即享，乃飨字。《左传・僖公》二十五年：“筮之遇《大有》之《睽》，曰：吉，遇‘公用亨于天子’之卦。战克而王飨，吉孰大焉……”卜偃就读“亨”为“飨”。高亨先生同时指出：“享祭之时间宜在正午。”(《周易大传今注》)甲骨文、金文中关于“飨礼设豊”在日中的记载也非鲜见。《卫盉》：“王爯中于豐。”《周原卜甲》112号(H11：112)：“彝文武一(□)灵贞：王翌日乙酉其桒左，爯中，文武一(□)丰，□□□卯□□□，左(佐)王。”

“灵”字，于省吾先生释为“必”字，指出“‘必’为‘祀神之室’”，“豊”即指“设豊”事。爯即称字，训宜。《诗・郑风》：“缁衣之宜兮。”《集传》注：“宜，称。”《易系辞》：“巽称而隐。”注：“稱，适物之宜也。”称训宜，“爯中”即“宜中”。“中”就是卜辞里常言的“中日”，《屯南》624：“食日至中日其雨。”“中”字的古义正是“正午”。扬雄《太玄》：“周植中枢。”注：“中，正午为中。”“爯中”的意思是“宜在日中时”。并不是如一些学者所说的“举旗也”或“王举行祭祀典礼时用六游之形的熊旗”。[10]

飨礼设豊的时间何以要在日中呢？这与飨礼本身有关，飨礼是飨祭先王的大事。殷人的祭祀制度，凡大祭祀均在日中时举行。这点可以从《周礼》、《仪礼》、《礼记》的记载中得到启示。《礼记・祭义》：“郊之祭，大报天而主日，配以月。夏后氏祭其闇，殷人祭其阳，周人祭日，以朝以闇。”注：“阳读为曰雨曰旸之旸，谓日中时也。……殷人大事以日中。”疏：“殷人祭其阳者，以尚白故祭在日中时。”殷人祭其阳，礼书称之为“阳祀”。阳祀的对象是天帝及祖神。《周礼・牧人》：“凡阳祀。”注：“玄谓阳祀祭天於南郊及宗庙。”从上述记载中，我们可以看出几点：1. 殷人大的祭祀在日中时举行。说者以殷人尚白解之，这是从后世的五行观点出发的，当初的本意或许不如此。2. 阳祀的对象是殷之先王及天帝。据此，我们可以推知飨礼是在日中时举行的。理由有三：1. 飨礼的祭祀对象是先公先王。2. 飨礼是殷人的大事。闻一多先生说：“《周礼注》皆谓群臣之礼为小礼，则人君之礼为大礼，可知飨射亦大礼之一也。”3. 殷人的祭祀制度是大事以日中。是故，飨礼设豊的时间在日中。

另外，飨礼是在肜日之前举行的。《存》1.185记载：“……飨……翌日劦彡(肜)日。王弗每(晦)。”文献记载有一段与此相仿。《春秋・宣公八年》：“辛巳有事于太庙……壬午犹绎。”杜注：“有事，祭也。……绎，又祭。”《尔雅・释天》：“绎，又祭也。周曰绎，商曰肜。”辛巳有事于太庙，指合祭先王于太庙。《春秋・宣》八年疏：“有事，祭也者，谓禘祭也。《释例》以《昭》十五年‘有事于武官’，《传》称‘禘于武公’，则知此言有事也是禘也。”《说文》段注：“禘者，王制春曰礿、夏曰禘、秋曰尝、冬曰蒸是也。夏商之礼也。……禘与祫皆合群庙之主祭于太祖庙也。”《春秋・宣》八年这段记载说，辛巳日合祭先王于太庙，翌日壬午又复祭群先王。大飨，《礼器》疏说：“大飨谓祫祭宗庙也。”卜辞《存》1.185说：前一日合祭先王于太庙，翌日又复祭先王们。由此观之，飨礼在肜日前举行。

本文讨论了飨礼、飨礼中的设豊及其它与飨礼相涉的内容。我们再回过头来看《屯南》2276这版卜辞，这段卜辞开头说“王大祖丁征父甲”，是说将父甲升上去合食于祖丁，这种现象符合飨礼制度。飨，祫祭先王也。《说文》段注祫字下说：“祫者何？合祭也。毁庙之主

陈於大祖，未毁庙之主皆升，合食於太祖。”《屯南》2276辞中有“父甲”称谓和兆辞“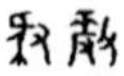”，应属廪辛、康丁时期的卜辞，该辞的前辞是“干支卜”，它就只能是康丁卜辞了（谢济《甲骨断代研究与康丁文丁卜辞》）。父甲乃康丁之父祖甲。康丁之父祖甲，祖甲之父武丁，武丁之父小乙，小乙之父祖丁。祖丁是康丁太祖，故卜辞说康丁将父甲升上去合食于太祖祖丁。

《屯南》2276辞的大意是：康丁拜手稽首晋谒祖丁之庙，卜问将父甲升上去合食于太祖祖丁是否合适，再问祭祀的地点放在宗庙之庭可不可以，最后卜问设豐祼鬯是否有当。

金文与典籍中有“飨醴”一辞，当与卜辞中的“作豐”无涉。《师遽方彝》：“王才（在）周康寝，飨醴，师遽蔑历晋（侑）。”《穆公簋盖》：“王夕卿（飨）醴于大室，穆公晋（侑）。”《左传·庄公》十八年：“虢公、晋侯朝王。王飨醴，命之宥，皆赐玉五瑴，马三（四）匹。”裘锡圭先生解释说：“周天子设盛礼飨宾，用醴而不用酒，就叫‘飨醴’。”[11]

注释：

[1]《甲骨文字释林》，第85页。

[2] 参看《考古》2002年第9期。

[3]《甲骨文所见氏族及其制度考》。

[4]《文物》1983年第1期。

[5]《考古》1983年第7期。

[6]《观堂集林》，291页。

[7]《文物》1975年第3期。

[8]《文物》1980年第10期、《考古》1987年第5期。

[9]《作册麦尊考释》，见《古文字研究》（二），第59页。

[10] 参看徐锡台《周原卜辞十篇选释及断代》、陈全方《陕西岐山凤雏村西周甲骨文概论》。

[11]《应侯视工簋补释》，《文物》2002年第7期。

（作者为江苏省甲骨文学会理事）

试论商前期吴人巫咸的身世和业绩

王文清

巫咸是中国上古时代“三皇”至殷商时期多位历史人物的共同名字。传说“三皇”之一的神农氏时期，就有“主筮”的巫咸。如《路史·后纪》说：“神农时有巫咸主筮。”“五帝”的黄帝时期，又有巫咸。如《困学纪闻》引《庄子》逸篇说“黔首多疾，黄帝立巫咸以通九窍”。《太平御览》卷七九引《归藏》曰：“昔黄神（帝）与炎神（帝）争斗涿鹿之野，将战，筮于巫咸。巫咸曰：果哉，而有咎。”黄帝以后的帝尧时期，又有巫咸。《世本》记载“巫咸初作医”，曰：“巫咸，尧臣也，以鸿术为帝尧之医。”[1]山西省安邑县南还有以巫咸命名的“巫咸山”。晋郭璞《巫咸山赋》序说：“盖巫咸者，实以鸿术为帝尧医。生为上公，死为贵神，岂封斯山而因以名之乎？”[2]商代前期的吴地又有一位著名的巫咸。周代的郑国还有一位以咸为名的神巫“季咸”。[3]

古今不少学者对商前期的巫咸其人、其事做过考证。有人认为巫咸及其子巫贤在商王朝“俱大臣，必不世作巫官”[4]。有的把古代不同时期的巫咸混而为一，甚至误认周代郑之神巫季咸“即巫咸”[5]。笔者不揣冒昧，在这里试论这位巫咸的身世和业绩，以飨读者，并请有关学者指教。

一　巫咸的身世

商代也称殷或殷商。商前期（公元前1600～前1300年）的巫咸之名，始见于文献《尚书·商书序》：“伊陟相大戊，亳有祥桑谷共生于朝。伊陟赞于巫咸，作《咸乂》四篇。”《白虎通·姓名》据此说“以《尚书》道殷臣有巫咸”。大戊即殷王大戊，《史记·殷本纪》称为“帝太戊”，《后汉书·杨赐传》简称为“殷戊”。他是殷商开国君王成汤之玄孙，殷商王朝第十代君王。伊陟是成汤右相伊尹之子，《史记·殷本纪》说“帝太戊立伊陟为相”，并说当时“伊陟赞于巫咸”。《集解》引孔安国曰：“巫咸，臣名也。”马融注《商书序》“伊陟赞于巫咸”，也说巫咸“名咸”。到殷商王朝第十四代君王祖乙时，巫咸之子巫贤继为王臣，《史记·殷本纪》说：帝祖乙立，“巫贤任职”，今本《竹书纪年》记载祖乙三年“命卿士巫贤”。

巫咸、巫贤父子的先祖是谁呢？关于这一问题，过去鲜为人知。《元和姓纂》卷二引《风俗通》“殷有巫咸、巫贤”，说：“巫咸，姬姓皋陶之后。”[6]此“姬姓皋陶之后”的“姬姓”，是偃姓之讹。《帝王世纪》的确记载“皋陶生于曲阜。曲阜，偃地，故帝（舜）因之，而赐姓曰偃”。这说明皋陶偃姓，是以其出生地曲阜偃地即今山东曲阜市偃地之“偃”为姓。巫咸是偃姓皋陶的后裔，皋陶自然是他的先祖。

巫咸的先祖皋陶，是虞、夏之际的著名人物。《尚书·虞夏书·尧典》说尧舜时皋陶“作士”。《史记·五帝本纪》说“帝禹立而举皋陶荐之，且授政焉”。《史书·殷本纪》记载成汤在商都亳（今河南省商丘市）曾作《汤诰》曰：“古禹、皋陶久劳于外，其有功乎民，民乃有安。东为江，北为济，西为河，南为淮，四渎已修，万民乃有居。”唐尧、虞舜、夏禹、皋陶等的后裔，逐渐由北方向南方发展。其中皋陶后裔之人，一部分在江淮之间与当地的淮夷相融合，建立了一些偃姓方国。这就是《史记·夏本纪》说的夏禹王在皋陶卒后，“封皋之后于英、六”。《帝王世纪》则说是“皋陶卒，葬之于六，封其少子于六，以奉其祀”。皋陶之后的一部分人，则居住于大江下游以南的吴地，与这里的土著夷蛮相融合，形成了古吴国。这里流行“断发文身，裸以为饰”的习俗，被称为“裸民之处”或“裸国”。夏禹、皋陶久劳于外，曾到达这里。《吕氏春秋·求人篇》说夏禹南至于“裸民之处”，《贵因篇》则说“禹之（往）裸国”。此“裸国”，即吴国。《论衡·书虚篇》说“禹时，吴为裸国，断发文身”。当时夏禹王尊重这里的习俗，《战国策·赵策二》说“禹袒入裸国”。《论衡·恢国篇》则说：夏禹倮入吴国。此国在夏王朝时臣服于夏王，商殷王朝时则臣服于殷王。

史载臣服于殷商王朝的吴、越等诸候国，应定期向商王朝献其特产以及王臣等。如《逸周书·王会解》附《伊尹朝献·商书》记载殷商初年伊尹受汤之命，命令“九夷十蛮，越沤鬋发文身”等，“以鱼支之鞞、□鲗之酱、鲛瞂、利剑为献”。其中的“越沤”即越，“鬋发文身”即断发文身的吴。殷商后期的甲骨文还发现有“吴共（供）王臣”、“贞吴弗其㠯（以）王臣”[7]等卜辞。又有卜辞记载殷王征伐至“于虘（虞）”，此“虘疑即吴也”。[8]在商前期为殷商王朝大戊、祖乙时王臣的巫咸、巫贤父子，就是当时江南吴国朝献殷商君王的贤良之臣。他们出生于吴地，死后也归葬故土。关于巫咸的出生地，《越绝书·越绝外传记吴地传》说：“虞山者，巫咸所出也。”南朝梁昭明太子虞山《招真治碑》文也说：“虞山，巫咸之所出也。”《吴郡图经续记》则说：“虞山者，巫咸所居。”这座虞山，即《山海经·南山经》所说“其下多水”的“天虞（大吴）之山”。东滨海，北临江，其后也称为“海虞山”，又写作“海隅山”，即今江苏省苏州市常熟市境的虞山。《舆地纪胜》卷五《平江府·古迹》引《东汉志》吴县下有“巫咸山”。此“巫咸山”，也即虞山。在虞山上的一处岩石上还发现古代人书写的“巫相岗”三个大字的遗迹。《山海经·海内四经》记载古有“操不死之药”的神医“巫相”。此“巫相”之名，可能是殷商以后的世人对殷相巫咸的简称。“巫相岗”即殷相巫咸“所出”、“所居”的山岗。

巫咸、巫贤父子出生于吴地虞山。他们死后也归葬于此地。其冢墓，有说就在海虞（隅）山即虞山之上。如唐代张守节《史记正义》说：“巫咸及其子贤冢皆在苏州常熟县海虞山上，盖二子本吴人也。”《史记正义》又说：“巫咸，殷贤臣人，本吴人，冢在苏州常熟海隅山上。子贤，亦在此也。”但《吴地记》、《吴郡图经续记·冢墓》和《舆地纪胜·古迹》等均说殷商贤臣巫咸的“巫咸坟”在吴城平门（今苏州城平门）外东北（或北）三里之处。因此平门“亦号巫门”。

虞山“所出”的吴人巫咸，是不是出身于“巫”，他为殷王大戊贤臣所任的官职是不是主神为巫祝的巫官呢？《越绝书·越绝外传记吴地传》既说“虞山者，巫咸所出也”，又说“虞故神出奇怪”。这说明巫咸出生于“故（古）神出奇怪”的虞山，他也就是古代守虞山之“神”。这位古代守虞山之神的巫咸，当如同古代守封、嵎之山神的防风氏。《国语·鲁语下》记载春秋时期鲁国孔丘说:“丘闻之,昔禹致群神于会稽之山,防风氏后至,禹杀而戮之,其守为神。”这位防风氏,就是“在虞、夏、商为汪芒氏”之君也,“守封、嵎之山者也”。所谓“群神”,韦昭注曰:“群神,谓主山川之君,为群神之主,故谓之神也。”所谓“主山川之君,为群神之主”的神,也就是当时的“诸侯之君”。正如《韩非子·饰邪篇》记述此事为:“禹朝诸侯之君会稽之上,防风之君后至,而禹斩之。”会稽山在今浙江省绍兴市境,封、嵎之山在今浙江湖州市德清县境。守封、嵎之山的防风神,也就是汪芒国的防风君。因此“故神出奇怪”之虞山“所出”的巫咸,亦即守虞山之神,可谓为巫咸神。此巫咸神,即虞山的虞(吴)君。这位巫咸神、虞(吴)君,在殷商前期臣服于殷商王朝,为大戊的贤臣。其子巫贤又在祖乙时为贤臣。他们当时担任王官的官职,正如郑玄注《商书序》“伊陟赞于巫咸”所说“巫咸,巫官”。此神巫官,应相当于周代《周礼·春官宗伯下》所说“掌群巫之政令”的“司巫”(巫官之长)。

巫咸、巫贤父子的“巫”,是巫祝之事的巫,其后也是巫姓的巫。《风俗通》解说中国古代姓氏起源说:“凡氏于事,巫、卜、匠、陶也。商有巫咸、巫贤。”[9]《通志·氏族四》引《风俗通》商有巫咸、巫贤的巫,说是“以技为氏”即“以技术传家,因以为氏”的巫民。当时的巫咸,在江南吴地和殷商王朝亳都以巫祝、巫医和巫史等著名,所以他经常为殷王室和吴地人祈祷祝福,以祓除灾祸、疾病等。《说文·工部》说“古者,巫咸初作巫”,“巫,祝也”。《论衡·言毒篇》说:“巫咸能以祝延囗人疾,愈人之祸者,生于江南,含烈气也。”《韩非子·说林下》引古“谚(语)曰:巫咸虽善祝,不能自祓也”。巫咸也乐于为人占梦,所以汉代张衡在《思玄赋》中还说“抨(使)巫咸以占梦兮,延贞吉之元(善)符”[10]。

《礼记·表记》说“殷人尊神,率民以事神”。巫咸生前就是守虞山之神,即吴君,又是殷王大戊之相,贤臣,巫官,死后更为殷人奉为神灵,备受殷人崇拜、祭祀。殷墟出土的甲骨文屡见殷人以牛羊等牺牲祭祀咸或咸戊的卜辞。如“㞢于咸”,“贞㞢[illegible]自咸,宰”,“乙酉卜,㞢于咸,五牢”;或“贞㞢于咸戊”,“丁未卜,扶,侑咸戊牛不?”“丁巳卜,㞢咸戊牛不?”“㞢”、“侑”是祭名。所祭之咸或咸戊,“殆即巫咸”。[11]殷商以后,这位巫咸也被世人称为巫咸神或古神巫。如周代的春秋战国时期《秦诅楚文》称为“不(丕)显大神巫咸”。战国晚期楚国屈原在《离骚》中说:“吾令帝阍开关兮,倚阊阖而望予……巫咸将夕降兮,怀椒糈而要(音腰)之。百神翳其备降兮,九疑(嶷)缤其并迎。”汉代扬雄《甘泉赋》也说“选巫咸兮叫帝阍,开天庭兮延群神”。这里所说的巫咸,正如王逸注《离骚》所说:“巫咸,古神巫也,当殷中宗之世。”殷中宗即殷王大戊,“当殷中宗之世”的“古神巫”巫咸,即殷王大戊之贤臣的巫咸。在人品方面,这位“古神巫”巫咸实际上与殷王大戊同等。《汉书·古今人表》就把他与大戊并列入古代九等人中的“上中(等)仁人”。

二　巫咸的业绩

身为殷王大戊贤臣,誉为“古神巫”,又与大戊同是“仁人”的巫咸,在古代政治、文化等领域立有丰功伟绩,对殷商文明贡献巨大。

（一）政治功业

巫咸是殷王大戊的相、贤臣，在政治方面与伊陟、臣扈等共同辅佐大戊实行德政，使一度中衰的殷商王朝复兴。

这一方面，首先是由于巫咸要求大戊按“天有六极五常”来进行政治统治。《庄子·天运篇》记载此事说：

巫咸袑曰：“来，吾语女（汝）。天有六极五常（祥），帝王顺之则治，逆之则凶。九洛之事，治成德备，监照下土，天下戴之，此谓上皇。”

这里所说的“巫咸袑”，即巫咸。《疏》曰：“巫咸，神巫也，为殷中宗相。袑，名也。”《释文》引李云：“巫咸，殷相也。袑，寄名也。”这说明巫咸又名巫咸袑，“袑”是巫咸的“寄名”。所谓“天有六极”的“六极”，即《尚书·洪范》的六极：一曰凶短折，二曰疾，三曰忧，四曰贫，五曰恶，六曰弱。“五常”也即“五福”：一曰寿，二曰富，三曰康宁，四曰攸好德，五曰考命终。当时巫咸要求大戊顺从天六极、五常来治政。治成德备，监照下土，因而“天下戴之”可称谓“上皇”。大戊听从了巫咸的这一要求来修身处世，治政治民，所以能长期享国。《尚书·周书·无逸篇》记西周初年周公旦对周成王讲了殷王中宗这一史实：

我闻曰：“昔在殷王中宗，严恭寅畏，天命自度，治民祗惧，不敢荒宁。肆中宗之享国七十有五年。”

殷王中宗即大戊之所以能如此，是与伊陟、臣扈、巫咸等贤臣的辅佐分不开的。关于这一方面，《尚书·周书·君奭篇》记载了周公对召公奭说了这一史事：

我闻在昔……在大戊，时则有若伊陟、臣扈，格于上帝，巫咸乂王家，兹惟兹有陈（道），保乂有殷，故殷礼配天，多历年所。

这里所说的“巫咸乂王家”，《史记·殷本纪》记为“巫咸治王家有成”。这是巫咸的重大政绩。汉代张衡把巫咸的这一政绩，与成汤的贤臣咎单（音善）为商王室作《明居》（明居民之法）等同齐观，说“咎单、巫咸，实守王家”并称赞他们“厥迹不朽，垂烈后昆，不亦丕（大）欤！”[12]

由于巫咸治王家有成，由于巫咸和伊陟等劝大戊修德行善，所以殷商王朝从中衰而中兴。关于这一史事，《史记·殷本纪》记载：帝雍已时“殷道衰，诸侯或不至”。雍已崩，帝太戊立，立伊陟为相。当时“亳有祥桑谷共生于朝，一暮大拱，帝太戊惧，问伊陟，伊陟曰：‘臣闻妖不胜德，帝之政其有阙（缺）与？帝其修德。’大戊从之，而祥桑枯死而去。伊陟赞言于巫咸”。此后，“殷复兴，诸侯归之，故称中宗”。《孔子家语·五仪解》和《说苑·君道篇》等诸多古籍也均记述了此事。《孔子家语·五仪解》说：

殷王太戊之时，道缺法圮，以致天蘖桑谷（并生）于朝，七日大拱。占之者曰：“桑谷野木而不合生朝，意者国亡乎？”太戊恐骇，侧身修行，思先王之政，明养民之道。三年之后，远方慕义重译至者，十有六国。

《说苑·君道篇》则记为：

殷太戊时，有桑谷生于庭，昏而生，比旦而拱。史请卜之汤庙，大戊从之。卜者曰：“吾闻之，祥者，福之先者也，见祥而为不善，则福不生。殃者，祸之先见者也，见殃而能为善，则祸不至。”于是乃早朝而晏退，问疾吊丧，三日而桑谷亡。

《帝王世纪》和今本《竹书纪年》也有所记载。《帝王世纪》说太戊因桑谷野木合生于朝而畏惧，于是“修先王之政，明养老之礼，三年而远方重译而至，七十六国”。今本《竹书纪年》同记载太戊元年“命卿士伊陟、臣扈”，七年“有桑谷生于朝”，十一年“命巫咸祷于山川”。又说：“太戊遇祥桑，侧身修行。三年之后，远方慕明德，重译而至者，七十六国。商道复兴，庙为中宗。”

以上诸书记述，虽稍有不同，但均记述大戊因祥桑谷生于朝而畏惧，伊陟、巫咸等功其修德行善，结果妖桑自行消亡，福生，商道复兴，诸侯毕至。《史记・三代世表》说太戊“以桑谷生，称中宗”。《搜神记》卷三说“桑谷暂生，太戊以兴”。《后汉书・杨震列传・杨赐传》记载汉代杨赐说殷太戊时桑谷共生于朝、修德而桑谷死的妖消祥应“其事甚明”。[13] 这是商前期的一件重要史事，也是巫咸在政治上劝大戊修德，使殷道复兴的功业。

（二）文化功业

巫咸在殷商时期的文化功业，最杰出的是他在天文学方面的成就。他的这一学说，后世称为“谈乎天者”的“巫咸之说”[14]。《史记・天官书》记载他是殷商王朝的“传天数者”：

昔之传天数者，高辛之前，重、黎；于唐、虞，羲、和；有夏，昆吾；殷商，巫咸；周室，史佚、苌弘；于宋，子韦；郑则裨灶；在齐，甘公；楚，唐眛；赵，尹皋；魏，石申。

这里的所说的“传天数者”，《后汉书・天文上》说是古代“皆掌天文之官”，即“言天文，察微变”的天文学者。其中殷商巫咸“言天文”星占之言，史书上通称为“巫咸曰”或“巫咸占曰”。他的一些“巫咸曰”格言遗记，后世称为“不朽”之言，如《晋书・天文上》说“殷之巫咸，周之史佚，格言遗记，于今不朽”。《天文中》引有“巫咸曰：彗星出西方，长二三丈，主捕制”这句格言遗记。

殷商巫咸，与战国时齐之甘公（甘德）、魏之石申，后世称为“三家星官”。《晋书・天文上》说“巫咸、甘、石之说，后世所宗”。甘德著有《天文星占》八卷，石申也著有《天文》八卷，后世把这两书合称为《甘石星经》。此《星经》记载了古代一百二十颗恒星的方位和距北极星的度数。后世天文家把巫咸、甘德、石申的星经之图，合称“星图”。《晋书・天文上》记载三国时吴的太史令陈卓曾经“总甘、石、巫咸三家所著星图，大凡二百八十三官，一千四百六十四星，以为定纪”。而《隋书・天文上》则记载陈卓“始列甘氏、石氏、巫咸三家星官，著于图录，并注占赞，总有二百五十四官，一千二百八十三星，并二十八宿及辅官附坐一百八十二星，总二百八十三官，一千五百六十五星”。

唐代太史监瞿昙悉达在唐玄宗开元六年（718年）汇集了古代巫咸、甘德、石申等三家的星占资料，编成了《开元占经》[15]。其中关于巫咸这一家的占经资料，都标明“《巫咸占》曰”或“巫咸曰”，如该书的《日占》、《月占》和《五星占》等卷，均有“《巫咸占》曰”或“巫咸曰”。此书的《甘氏外官巫咸中外官》卷和《星图》卷二十八宿，也有《巫咸中官》一目。这些关于巫咸的占星资料，反映了殷商巫咸的古天文学成就。有此成就，也可以说“于今不朽”。

巫咸的文化功业，还有卜筮之法、巫史、巫医等。

卜筮之法即筮法，也就是自古以来古人用蓍草进行占卜，以辨吉凶的一种方法。《说文・竹部》说：“筮，易卦用蓍也。”《古史考》说：“庖牺氏作，始有筮。其后殷时巫咸善筮。”[16] 庖牺氏即“三皇”之首的伏羲氏。伏羲氏“始有筮”以后，历代古人皆用筮法占卜，以辨吉凶。巫咸的先祖皋陶也曾用筮法。《归藏》易曰："昔夏后启筮享神于大陵而上钓（钧）台，枚占皋陶曰：'不吉'。"[17]夏后启时的皋陶，当是指皋陶死后的皋陶神。夏启"筮享神于大陵"而"枚占皋陶曰：'不吉'"，说明皋陶在虞夏之际也"善筮"，《吕氏春秋·勿躬篇》说是"巫咸作筮"，并说巫咸是古代"尽其巧、毕其能"的官。这说明殷之巫咸是善于作筮，创作了以巫咸命名的"巫咸"筮法。这一"筮"字，《周礼·春官·宗伯下》作"簭"说：

簭人，掌三易，以辨九簭之名，一曰《连山》，二曰《归藏》，三曰《周易》。九筹之名一曰巫更，二曰巫咸，三曰巫戊，四曰巫目，五曰巫易，六曰巫比，七曰巫祠，八曰巫参，九曰巫环，以辨吉凶。凡国之大事，先簭而后卜。

这里所谓"九簭之名"中的"二曰巫咸"，应是名曰咸巫的一种筮法。近年湖北江陵王家台15号秦墓简记有殷商巫咸枚占的卦象。

䷣劵（卷）曰：昔者殷王贞卜其邦尚毋其咎，而枚占巫咸。巫咸占之，曰：不吉。劵其席，投之䜬（溪），劵在北，为牝□。[18]

这里的"䷣"中的"☷"，当是"☷"之讹。☷是古代八卦中象征"地"的卦形，卦名"坤"。☲是象征"火"的卦形，卦名"离"。䷣象是下离（☲）上坤（☷），古称《明夷》卦，象征"光明殒伤"。所以"巫咸占之曰：不吉"。

巫咸为"殷王贞卜其邦尚毋其咎"的"枚占"，当是用他的筮法所占。《史记·天官书》说"陟赞巫咸，巫咸之兴自此始"，可能是说巫咸的筮法自巫咸为殷王大戊"贞卜其邦尚毋其咎"之时开始兴起。在巫咸的筮法兴起之时，也是巫咸为殷王大戊作史完成之时，《商书序》说"伊陟赞于巫咸，作《咸乂》四篇"。《史记·殷本纪》则记为"巫咸治王家有成，作《咸艾》，作《太戊》"。此《咸艾（乂）》、《大戊》等篇，自是巫咸所作。

当时的巫咸，是殷商王朝的司巫之官，掌群巫之政令，也即掌握巫祝、巫史和巫医等政令。他本人当然也精于巫医，《论语·子路》记载春秋鲁国孔子说："南人有言曰：'人而无恒，不可以作巫医。'善夫！"这里说南方吴越之国有恒久为医的巫医。巫咸就是南国最早的和著名的巫医。《山海经·海内西经》说古有"操不死之药"的"巫相"，此"巫相"应即殷相巫咸。《山海经·大荒西经》说古有"巫咸"等十巫，"从此升降，百药爰在"的灵山。这里的巫咸当是指殷之巫咸神，是采药作医的巫医，也就是"能以祝□延人之疾，愈人之祸者"的江南吴人巫咸。当时江南吴越之地的医药驰名于世，所以《论衡·四讳篇》说商周之际周"太伯入吴采药"。这反映商前期的吴人巫咸在古代医药文化方面也有贡献。

注释：

[1]（唐）李昉等：《太平御览》第三册卷七二一《方术部二·医一》，中华书局1960年影印版，第3194页。

[2]（唐）欧阳询：《艺文类聚》第一册卷七《山部上·总载山》引，上海古籍出版社1965年版，第126页。

[3]《庄子·应帝王篇》说"郑有神巫曰季咸"。《列子·黄帝篇》说"有神巫自齐来处于郑，命（名）曰季咸"。《淮南子·精神训》记为"郑之神巫"。

[4]（清）梁玉绳：《汉书人表考　考补　附录》一，卷二，上海商务印书馆1937年版，第71页。

[5] 张怀通：《"巫咸"考一兼论良渚文化向中原的传播》，《东南文化》2000年第7期。

[6]（唐）林宝：《元和姓纂》第一册卷二，北京，中华书局1994年版，第248、257页。

[7] 郭沫若主编:《甲骨文合集》第三册《官吏》，片号5566，5567，北京，中华书局1978年版，第807页。

[8] 郭沫若:《卜辞通纂考释·征伐》,《郭沫若全集》考古编第二卷，北京，科学出版社1982年版，第480页。

[9]（宋）郑樵:《通志》第一册卷二十八《氏族四·以技为氏·巫氏》引《风俗通》，北京，中华书局1987年版，第470页。

[10]（南朝宋）范晔:《后汉书》卷五十九《张衡列传》、卷五十四《杨震列传》，北京，中华书局1965年版，第1932、1899，1976页。

[11] 郭沫若:《卜辞通纂》,《郭沫若全集》考古编第二卷，北京，科学出版社1982年版，第315、374页。

[12]（南朝宋）范晔:《后汉书》卷五十九《张衡列传》、卷五十四《杨震列传》，中华书局1965年版，第1932、1899，1976页。

[13]（南朝宋）范晔:《后汉书》卷五十九《张衡列传》、卷五十四《杨震列传》，中华书局1965年版，第1932、1899，1976页。

[14]（唐）欧阳询:《艺文类聚》第三册卷七十五《方术部·卜筮》引梁元帝《洞庭序》和《古史考》曰，上海古籍出版社1965年版，第1286、1285页。

[15]（唐）瞿昙悉达编:《开元占经》，岳麓书社1994年版。

[16]（唐）欧阳询:《艺文类聚》第三册卷七十五《方术部·卜筮》引梁元帝《洞庭序》和《古史考》曰，上海古籍出版社1965年版，第1286、1285页。

[17]（唐）李昉等:《太平御览》第一册卷八二引，中华书局1960年影印版，第383页。

[18] 荆州地区博物馆:《江陵王家台15号秦墓》,《文物》1995年第1期。

（作者为江苏省社会科学院历史研究所研究员，江苏省甲骨文学会理事）

如何规范甲骨文书法

洪家义

1984年秋，河南安阳举办首次“甲骨文还乡书法大展”，标志着甲骨文书法（包括篆刻）已从“象牙之塔”走向了“十字街头”。1995年江苏率先成立了省级甲骨文学会。十年间，举办了甲骨文书法篆刻展，其中一次是海峡两岸联合展出的，影响颇大，令人鼓舞。去年10月无锡市成立了甲骨文学会。接着11月南京市也成立了甲骨文学会。时下正在筹备甲骨文书法展。甲骨文书法呈现出一派欣欣向荣的景象。

可是，就在这欣欣向荣的景象中，也出现了一些混乱现象。无论在形体用笔，还是在风格神韵各方面，都各行其是，没有一套相对统一的规范。这对甲骨文书法艺术的发展是不利的。究其原因，不外三点：

一是甲骨本身字数少，不敷书写内容的需要，不得不求助于通假，而通假又没有设置必要的规则，很容易造成混乱。二是对甲骨文发展变化的背景把握不够。一期甲骨文为什么宏伟雄健洒脱有力？三期甲骨文书法为什么柔弱颓靡纤细幼稚？有些甲骨文书法爱好者不加深究，只凭自己的眼光进行推评，或以为是贞人卜者个人技艺的高低不同，或以为是时王的喜好不一，形成种种歧说。三是不满足于临摹仿写，急于创新，而又缺乏一个明确的方向。这也容易造成混乱。

要消除这些混乱现象，应从三方面下手。

首先，通假问题。《说文·叙》说：“假借者，本无其字，依声托事，令长是也。”早在春秋时代，商鞅变法，秦国正式设立县制。但是，县的头头，却无名号，于是便假借“令”、“长”二字为之，万户以上的县叫“县令”，不足万户的县叫“县长”。从这里我们可以看出，不但借形借音，也借了义。这是严格意义上的假借。还有一种并无意义上的联系，只是借形借音。例如：原义为乌鸦的“乌”，被借为感叹词的“乌”，久之，索性造出一个专字“呜”。于是“乌”“呜”便可通假。莫和暮，责和债，景和影，均属此类。还有一种只是借音的。如“亡”和“无”，“繇”和“由”，字形上没有什么联系，也可以通假。至于本有其字，一时忘了，用一个音同或音近的字代替一下。久之，也可以通假。如“早”和“蚤”、“背”和“倍”等等，实际上是像现在所说的“别字”了。这些都是广义上的通假。

那么，从书法角度看，应该怎样假借呢？

书法是一种艺术，是以形为载体的。美，体现在字形上，神韵蕴涵在字体内。没有字也就没有书法。这是书法艺术的主要特征。根据这个特征，我们认为，甲骨书法中的假借，主要是假借字形。最近的是在甲骨文内部借。殷墟甲骨文分为五期（按董作宾的分法）。各期的字形和字体都有自身的特点。如：一期有“”，“”，“”；二期有“”，“”，“”；五期有“”，“”，“”。一期的“雨”作“”，“灾”作“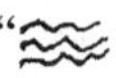”，“其”作“”，二期三

期的“灾”作“”，四期的“灾”作“”，五期的“雨”作“”等等。这些都可以互相通假。

较远的可以借用金文石刻，包括钟鼎铭文和石鼓文等。最远的可以借用小篆、古文、籀文。如无整字可借，还可以借用偏旁拼凑新字。如把（穴）和（犬）拼成（突）字。把（叉）和（虫）拼成（蚤）等等。甲骨文、金文、小篆都是同一家族文字，所以能够通假。即使如此，也要设置两条规则。第一，凡属被借之字一律以甲骨文字体书写，不得保留原字痕迹。第二，不得越雷池（篆书）一步，旁及楷书、隶书等。

不得已，也可借音，但必须是约定俗成，且有前人用例的字，不能随心所欲的假借。

其次，字体问题。董作宾把字体作为分期断代的十项标准之一，可见，甲骨文字是有发展变化的，而且与殷商王朝的发展变化息息相关。我们以第一期和第三期为例说明一下这种关系。

一期主要是武丁时代，这是殷商王朝的极盛时代。此期甲骨文字体宏伟雄健、洒脱有力，正是这个时代的产物。孟子说：“由汤至于武丁，贤圣之君六七作。……武丁朝诸侯有天下，犹运之掌也。”（《孟子·公孙丑上》）不难看出，一期的字体与当时的历史实况是多么吻合。三期相当于廪辛、康丁时代。这是殷商王朝由盛而衰的时代。周公说：“其在高宗（武丁），时旧劳于外……作其即位……不敢荒宁，嘉靖殷邦，至于小大，无时或怨。自时厥后（指祖甲以后）立王，生则逸，不知稼穑之艰难，不闻小人之劳，唯耽乐之从。自时厥后，亦罔或克寿。或十年，或七八年，或五六年。”（《尚书·无逸》）而本期甲骨文字体柔弱颓靡、纤细幼稚，这简直是当时历史的写照。

上述二例充分说明：某种字体的出现和变化，虽与书写者或契刻者的素质、技艺、喜好有关，但决定因素却是历史背景。甲骨文书法习练者应该很好把握这一点，遵循这一规律，忠实于原字的风格和神韵，不能把个人的好恶参杂其间。

最后，创新问题。创造是事物发展的直接动力。创新就是推陈出新。甲骨文书法爱好者常常不满足于临摹、仿写，急于创造，勇于创新。这是无可厚非的。但是，创造必须具备稳固的基础，创新要有扎实的功夫。否则，很容易流于猎奇取巧，炫人耳目。前辈甲骨学家如董作宾、徐中舒、张政烺等人在书写甲骨文时总是命笔唯谨，唯恐出格。这是值得我们效法的。

甲骨文五期中有各种字体：有的宏伟雄健，洒脱有力；有的谨饰修长，行款整齐；有的峭拔锐折，纤细刚劲；有的细小严整，清秀有力。一般认为，最具代表性的是武丁时代的字体，宏伟雄健，洒脱有力。它更多地表现出健美的风格，蕴涵着开放的精神。当然，你也可以根据自己的喜爱，选定其它字体。但是，一经选定，就要锲而不舍、耐心地练下去。功到自然成。练到一定程度，自然会有创新。当然，这里所说的创新是有一定前提的，即不能越出甲骨字体的范围。前文说过，无论你是借自甲骨，或是金文，或是小篆，都要把借来的字“甲骨化”，形成统一的甲骨文体的风格。否则，非驴非马，驳杂不纯，那就不成体统了。好在《甲骨文书法鉴真》已经出版了，甲骨文书法爱好者把它作为典范习练，必能收到事半功倍的效果。

（作者为南京大学中国思想家研究中心教授，江苏省甲骨文学会顾问）

甲骨文字岂能如此“编造”

严东篱

近年来，甲骨文书法被越来越多的人所喜爱。但是，值得关注的是，“编造”甲骨文的现象也屡见不鲜。唐诗、宋词数百首，《论语》、《千字文》、《兰亭序》，几乎无一字不能编，无一字不能造。照这样的势头编造下去，说不定哪一天甲骨文《二十四史》、甲骨文《四库全书》亦会面世的。当然，造字的书家熟谙《说文解字》，宣称所造的“甲骨文”有根有据，“无一字无来历”。不过，笔者仍然担心，您所臆造的符号能叫“甲骨文字”吗？

有一种论点认为，3000多年前的先人在创造、发明甲骨文时（其实古文字的创造、发明应该是一个更远的年代），运用了象形、会意、指事、形声等造字方法，我们为何不能用同样的方法“新造”一个甲骨文字呢？这里有一个理解的误区。走出这个误区需要研读一段大学教材里的观点：“应当认识到，这种象形、指事、会意、形声造字方法，是后人归纳出来用以能释汉字结构的，而不是古人先规定了方法再来造字的。既然方法是后人根据所见到的文字材料整理出来的，而文字又是在发展变化的，那么，所依据的材料时代不同就可能归纳出不同的结果，同一个字的形体有了变化就可以属于不同的造字方法。”[1]笔者认为，这段论述对于甲骨文字是适用的，何况甲骨文还有其特殊之处，那就是已出土的5000多个符号中，只有1000余被破译出来，即使归纳的造字方法全能解释这千余字，又安知能解释、概括其余的4000字？再说，现在归纳的造字方法解释这千余字也是捉襟见肘的。如“闻”字，甲骨文书作“”，似已有定论，试想如果已经破译出的千余字中没有这个“闻”字，而由我们当代人去用“造字方法”造一个“闻”字的话，那最大的、甚至是唯一的可能就是写成。那么，你能说新造的“闻”字没有依据吗？再如“饮”字，甲骨文书作。如果让当代人发挥想像力，创造一个甲骨文的“饮”字的话，恐怕十人会“造”出十个“饮”字，而且个个都会宣称有根有据的。笔者认为，如果一种“造字”的理论或方法，仅能解释你自己造的字有根有据，而无法解释已经破译出的文字，那么这种理论或方法是不准确的，至少是蹩脚的。

还有一种说法是“通假”。通假或曰假借，古已有之，甲骨文中更是多见。但使用通假，一定要掌握两点。一点是音同或音近的字相混用称通假，即写出的是“别字”；而因形近似而混写的字，当是“错字”了。如借“公”为“功”，借“仁”为“仍”等，此为“通假”。而如果将“篮”写成“蓝”，写成“监”，写成“滥”，则是错字无疑了。另一点就是，一定要“古已有之”，即在古书典籍上能查到出处，真正“有根有据”，方可通假，如果查无出处，“此字通假由我始也”，那样会乱套的。只有同时具备以上两点，才能称为通假，不是任何两个音近、音同的字写出来都称通假的。

还有一种说法叫“写出字根”。即如果多个字中有一个偏旁或部件相同，就以这个偏旁或部件来代替这些所谓有“共同字根”的字。如“津”、“建”、“肄”中都有“聿”，而“聿”可写成（笔，似已定论），于是这三个字统统写成，有的为了有所区别，便添加自定的偏旁或符号，如“津”写成，“建”写成，“肄”写成。那么有所谓“共同字根”的这三个“甲骨文字”便“有根有据”地被造了出来。其实，如此写出的这三个“甲骨文字”只能是书写者的自说自话而已，缺乏说服力。因为甲骨文字中除所谓“字根”之外的添加部分是复杂多变的，不仅仅是已知偏旁的简单相拼、相加。如甲骨文的“面”中有“目”即，“面”写成。如果臆造者抓住“目”这个字根来造“面”字或“缅”字的话，那么他会添加些什么样的偏旁或部件呢？“面”，恐怕能造出一些“五官大全图”的，再在“五官图”之外再加一个“”旁，来代表“缅”，这显然是不合适的。

甲骨文字是汉字的“鼻祖”。人们在学习、探究的同时，试图“多写”出一些甲骨文字，以弥补已释甲骨文字过少的缺憾，其用心可嘉。但是，如果自认为读了《说文解字》以后，就可以“编造”出任意多的甲骨文字，且付梓出版，流传后世，那么就会出现相当的混乱，这是不言而喻的。特别是那些或在某一领域，或在某一地区颇有影响力的人士，下笔书写甲骨文或“编造”甲骨文时一定要三思而后行。有一位名家写的甲骨文“寒”字为，被识者认为是“错”字，遗憾的是笔者不才，也曾学写过这个字且送给一位道友，又被他用在他的《印存》一书上。笔者在汗颜的同时谨向这位友人道歉，因为我写了一个错字。还有一位名家，“起”字编造成，似乎也有根据；但比照被释为“起”字的甲骨文符号“”，似乎后者更该释为“起”。也就是说，甲骨文里本来就有个“起”字，只是那位先生未见到罢了。遗憾的是“”字已被辑录出版，流传颇广。

有的甲骨文书写者，很为甲骨文可释字的过少而大伤脑筋。字少，就不能进行书法创作吗？否。罗振玉等前辈，仅依靠当时可释的区区几百字，不是创作出400多副楹联吗（当然其中也有“不可据”的写法）？如果学识不及前辈，那少写几个字，不也可以创作出一幅甲骨文书作吗？日本友人的甲骨文“独”字书法颇受欢迎便是一例。当前的甲骨文书坛上，佳作当然很多，但有的书作或“千年一律”，状若算子，或两头尖尖，状如牙签的堆积且无变化，实在难以恭维。书写者还是应该在书艺上多下点功夫才是正道。如果实在要“新编新造”的话，笔者建议在落款处注明何为新编字，以免混淆视听。

对于新造“甲骨文”字进入书法艺术，确有一些甲骨学的专家学者给予“宽容”、“理解”，认为那是“艺术”，而不是“考据”，但我们不能把别人的宽容当作自己的放纵，随意写来。即使名家也不能写错字，在炎黄先祖的伟大创造面前，作为炎黄子孙只有学习、探究、继承光扬的责任，而无随意编造的“自由”。姚孝遂先生在给罗振玉撰写的《集殷虚文字楹帖》校记中有一段话，说得是相当深刻而有见地的。笔者引用过来，作为自勉、自警，也希望同道能接受：

“书法属于艺术的范畴。人们在利用甲骨文字以表现书法艺术的时候，不可能与甲骨学界对甲骨文字辩识的要求完全相等。我们认为，某些尚无定论的甲骨文考释只要可备一说的，作为书法，都可不妨采用。但是，书法艺术也有其科学性的要求。不论写古字还是写今字，所有的真草隶篆同样都不能写错别字，在形体结构上都要求准确无误。”

注释：

［1］胡裕树主编《现代汉语》修订本。

（作者为江苏省甲骨文学会副会长）

“用形字”：甲骨文书法填补缺字的新概念

张振声

一

自雪公（罗振玉）首倡用毛笔书写甲骨文以来，甲骨文书法以一种新的书体跻身于书艺之林，在海内外得到长足的发展。改革开放以来，随着世界对甲骨学、甲骨文文字学研究的深化，甲骨文书法更向广深发展，形势喜人。

甲骨文从诞生之时起就拥有很多假借字。当时语言虽已发达，但社会发展渴望一种超越直面语言交流的更高的信息手段——文字。由于造出的字数远远少于语言，于是先人们按照有言无字的语音，找来同音的字以代之，藉以表达无字语音之义，同时把借来之字的义置于不顾。这就是“本无其字，依声托事”。当时这种办法广为施行，对社会发展起到了积极的信息传导作用。据专家统计测算，甲骨文中的假借字约占字总数的50%以上。到了西周依然如此。比如毛公鼎铭文中就有91个假借字，一般每个句子有3个假借字。商周的这种情况反映在古文字史上叫假借字（借音字）阶段。

许慎在“六书”理论中讲到假借字，与殷商的文字情况是吻合的。假借字内部情况有过变动。先秦诸家之论述活动风起云涌，他们图方便，本有其字也依声托事，所以假借字中新出了一种“本有其字”的类型。现在，在字典上录出先秦借字与本字总数为3139对。按上古音三十韵部编排，“之部”180个假借字中就有30个以上是本有其字的。这样，依声托事的假借字就包含本无其字和本有其字两种。

秦朝开始，汉字字数激增，又因选定假借字有一定的学术前提，遂促使假借字的使用逐步衰落了。

二千年后的今天，甲骨文书法兴起，国学资深的贤哲们自然地用假借字来填补因甲骨文现有字形数量不足的空缺。这样甲骨文书法的艺术光华与古文字科学风采结合一处，相得益彰，大大增强了甲骨文书法的高雅魅力。

八十年来甲骨文书法蓬勃发展的事实，证明其中填补进缺字额的不完全是假借字。笔者数年来搜集到十四种甲骨文书法集（刊），将其中一个个填补进缺字额的字形加以考查，判明它们充当填补者的条件和根据，从而制成《十四种甲骨文书法集（刊）缺字的填补字数分类统计表》（附于文后），发现填补进缺字额的不都是假借字。经统计，假借字占填补字总数的55.234%，而另一部分占44.76%。这另一部分也是一个汉字大群体。

二

其实这后一部分是一个庞大的、繁杂的、也是诸星璀璨的群体。现略划分，可定为三类。

其一，新创造的字形组合字。赵诚教授说：“我们可以根据甲骨文构形系统的原则，利用已有的偏旁，适当组合成一些字。如甲骨文中无汤字，我们就可以用‘昜’，加上水旁合成……”按说，这种创造，在甲骨文书法初兴时尚未出现，在罗《楹帖》中尚未见到。丁辅之的作品中也只寥寥几个。到了刘江的卜文书法百幅中就用了80个，占全部填补字的40%。这种新创造的好处在于从感觉上产生和谐，因为，它与甲骨文字形一致。只是这种创造只有在特定条件下才能实现，其作用在甲骨文书法中是无可替代的。但我们应该强调，这种字只能在甲骨文书法里使用，且不能滥用，更不能走出甲骨文书法另作它用。

其二，合理利用了甲骨片上的残辞和已有的异释及多释字。比如《合》20974、《合》13159（反）有“，似地名，更无音和义。作者用它作巴，代葩。鱼帮、鱼滂，音极近，用之正当。这一类残辞，字数少，多为地名人名，除有字形外，很少能解读字音和释出字义的。

《甲骨文编》的附录有，作者据形借为扶。如果借为拉、挽也是可以的。

甲骨文的释定，是约定俗成的。胡厚宣大师说，要得到大家“信从”才好。可是好多字是一字二释、三释，诸如、等多释字为数不少。也有个字形，大家释岳，郭老释华，这就多了个甲骨文的华字，有利于书法用字了。还有一个，竟有矛（武器）、茅、包、豕、匹、秋、笺、全、屯等多种释法，各家有论有据。这也利于甲骨文书法用字。

以上这些情况表示，甲骨文书法选用大量的填补字，着眼点在于利用其形。

其三，因时间迁移、载体有异、初生和成长等原因，改变了形体，形成的各种字。这一类，队伍既大，形态多异。《十四集刊》中见到的有金、古鉢（玺、鉨）、楚帛书、三体石经、石鼓文、睡虎地简、秦匋、秦虎符、诅楚文、说文籀文、说文古文、小篆、马王堆帛书及汉简等十多种，还有初文、本字、分别字、古今字等。广大甲骨文书法家持“好古敏求”态度，在古文字领域尽先用古老些的。金文以外，其他字形品种多虽多，但使用数量相对较少。据统计，金文字形一共用了171个。刘江在《百幅》中就用了57个。

诚如陈第所说“地有南北，时有古今，字有更革，音有转移”，在许多变化中，甲骨文书法家着眼的还是“用其字形”。虽然时间跨度大，涉及整个古文字阶段约二千年，字形变化多，但千面如锦，十分可爱。虽有时使人感到太杂太繁，但抓住了字形演变的历史，明确了字体因时而异，字形变来变去，仅在外形上变化，其字自身并没有变。犹如不同的衣服里面藏着的还是本人。

此外，还有7个义同义近的字。对它们，笔者亦已一一查出了与本字在韵纽上的关系。结论是韵与韵、纽与纽相距都远，没有近的。它们充当填补者是凭义的关联。因数量太少，不便另立一类。

三

上述三类的共同特点在于“用形”。

第一类和第二类用的是甲骨文字形，同已释定的字形一样形态。但它们只是在甲骨文书法中才被创造性使用了。由于它们本来就属甲骨文，所以入甲骨文书法天经地义。第三类，虽然跨时长，变形多，但还是自我。试看马字，卜文、金文、古籀、古玺、秦匋形体都不同，却是同一个马。古罙，今深，还是深。至于分别字，只是从一个兼二字的字分流出另一个字，原本是一个字。

以形补缺，这是八十年的甲骨文书法历史地形成的，是广大甲骨文书法家凭藉深厚的国学基础、发挥了聪明才智创造性使用起来的，是以悠久的华夏文化和丰富的汉字内涵为坚实基础的，其群体虽然庞杂，却是我国数千年文字史上的玑珠，在甲骨文书法中竞放异彩。

综上所述，我们可以得出这样的结论：八十年来，广大甲骨文书法家在解决因释定的甲骨文字数少而需要大量填补字形这一困难时，或利用一部分可利用的甲骨文字形，或采用古文字不同时期的形体，创造性地表现了甲骨文的本字，形成了独有的“用形字”这一群体。形成了“用形字”与假借字共同解决了甲骨文书法缺字的两大字群。

可能有人说，既然如此，今后我们对填补进去的字注意区别即可。何必在假借字之外再另立一个“用形字”呢?

我们认为，“用形字”的名分，妥帖明了，字形脉络、纲目清晰，引入这个新概念，对此类庞大的字形队伍可起统摄作用，有利于正确把握这些汉字的相互关系，增强对古文字学知识的学习兴趣，同时，也体现了我们在甲骨文书法学习、研究中应取的务实精神与进取态度。

还可能有人说，“用形字”其意尚可，但不如“借形字”更好。

其实，借者，所借之物应来自另一方。用形字，并无任何取自另一方之情况。甲骨文书法用了甲骨文字形（即第一类和第二类），何来其借?古文字，千变形，万变貌，还是自我，何来其借?

笔者不避浅陋，愿抛“用形字”这个新概念，以求教于甲骨文书法方家，更期盼甲骨文理论家之学术认定。

十四种甲骨义书法集（刊）缺字的填补字数分类统计表

类别 字数 名称	假借字〔假音字〕	甲骨文字形组合字	甲骨文未释、异释及多释等字形	古文字阶段各体字形及隶书〔除卜文〕	初文、本字、分别字及古今字等	不具有音近、音同的义近字、义同字	合计
集殷虚文字楹帖（罗振玉等5人）	53		9	5	14		81
国际甲骨文书法篆刻家大辞典（多人）	146	58	24	47	32	2	309
安阳国际海峡两岸甲骨文书法还乡展选刊	13			6	1		20
安阳市小康颂书画作品晋京展选刊	3	3			1		7
商卜文集联（丁仁）	15	5	7	6	8		41
集甲骨文观水游山诗（丁仁）	17	4	16	3	9	1	50
何峙甲骨文习字帖、甲骨文字歌	239	29	5	42	15		330

字类别 / 名称数	假借字[假音字]	甲骨文字形组合字	甲骨文未释异释及多释等字形	古文字阶段各体字形及隶书[除卜文]	初文、本字、分别字及古今字等	不具有音近、音同的义近字、义同字	合计
潘主兰甲骨文书法	140	43	32	23	17		255
甲骨文集联（刘兴隆）	11	7	4		2		24
刘江甲骨文书法百幅	14	80	5	85	5		189
刘江甲骨文篆刻百印	2	26	2	9	2		41
自学甲骨文书法选（徐迟笑）	73	25	19	17	3	2	139
胡锦涛纪念俄卫国战争胜利60周年庆典讲话（节录）（周占人）	22	7	2	2	7	1	41
集甲骨文书七绝四十首（张半梅）	303	17	19	24	13	1	377
填入字总数	1051	301	144	269	129	7	1901
各类占总数1901字的百分比	55.23%	16.0%	7.57%	20.36%		0.37%	99.99%
		44.76%					

（作者为南通市甲骨文学会副会长）

甲骨文入印中的“一字多形”问题

童　迅

1899年于河南安阳小屯村发现甲骨文至今已逾一百年，出土甲骨十五六万片，所记商代历史历经八世十二王，时间长达273年之久。商代虽非创造文字的时代，其文字亦在不断创造、不断发展过程之中，文字字形还没有完全固定。它经历了由繁而简，再由简而繁、由象形到抽象、再由抽象到统一定型的这样一个复杂的过程，但甲骨文字已是具备相当完善的文字体系的一种文字。其线条化、符号化、规范化的要求，以及甲骨文的契刻形式（无论是先书后刻还是直接契刻），都为我们进行印章创作提供了很好的借鉴。

甲骨文字考释自罗振玉以来，整理出的甲骨文字约四千余个，已释一千余个，然常用的亦不过五六百字，以区区五六百字之数来应付丰富的印章内容，真有点难为“巧妇”了。这也是从事于印章创作，特别是甲骨文印章创作的印人们所面临的一大难题。其表现之一在于，甲骨文能入印的文字甚少且不敷使用。因此使得绝大多数印人采取退而求其次的方法，以大篆甚至小篆来替代，甚或以现代汉字之字形来推测甲骨文之字形。如果仅从印章创作的角度来说，这未偿不可，但甲骨文字与现代文字毕竟有很大的区别，它不是以简单的增、省偏旁、符号或用偏旁拼凑就能解决得了的。其表现之二在于，甲骨文入印文字使用不规范。甲骨文虽是发展过程中且处于早期的文字，其象形、初文、异构、多形等参杂使用，有些字形相近极易混淆，表面看起来很混乱，但实际上它在使用过程中也有其严谨性和不可类推的一面，如笔划的长短、偏旁的位置、符号笔画的增省等差异，都将导致甲骨文字的千差万别。其表现之三在于，甲骨文入印与金文、古玺文、缪篆文字入印相比，没有可比性，也没有现成的印章范本作参考（虽然它是契刻文字，但它所契刻的材料与印章的材料不同，形式也不同），一切要靠自己的探索。但是，甲骨文字所具有的奇崛、自然、质朴的艺术风格，深深地吸引着广大的印人。

下面仅从甲骨文入印文字的选择、而非古文字研究的角度，以肖丁的《甲骨文字形总表》以及徐中舒的《甲骨文字典》为基础，罗列一些常用甲骨文文字中“一字多形”即“异体字”的基本构形，其意在熟悉甲骨文字的基本构形与了解甲骨文字构形中增省变化，从中寻找出一些有用的规律，为甲骨文印章的创作提供一些帮助。

所谓“一字多形”亦称“异体字”，是表示同一语素的汉字，其音、义完全相同而甲骨文结构成份不同，或结构成份虽然相同，但其结构部位、结构关系不同的视为“一字多形”或“异体字”。“一字多形”在甲骨文字构形中较为突出，它是早期文字尚未成熟的表现。甲骨文字在其发展过程中由于孳乳、分化的需要，在原有形体上增、减一些符号所产生的异体字，即繁化或简化等的过程。这些异体字具有通用性，而且时代越早通用性越普遍，然而在它们之中总有一个能表达该字字意的基本的构形——即甲骨文字的主构形，而其余构形我则称之为副构形（包括形符、意符、指示性符号、装饰性符号等等）。主构形在甲骨文字中只能简化或繁化、孳乳或分化，但不可以省略，而副构形在文字的发展变化过程中则可以增省而不影响字义，但最终要归为统一。在已释的一千多个甲骨文字中，我罗列出三百多个常见、常用的异体字，了解、分析这些异体字的主、副构形，对入印文字的选择有一定的参考作用。从甲骨文字的主、副构形的特点来看，如果仅从甲骨文入印文字的选择上来考虑，而非从古文字研究的角度来分类，则大致可分为以下几种类型。

（一）构形的繁简

构形中的繁化或简化，这在甲骨文中经常出现，它既有从繁到简的变化，又有从简到繁的变化。（见附表一）

如“福”字，以“尊”（一种盛酒器具）为主构形，用于祭祀，其字形有一百多种，繁简不一，后简化为从“示”。

再如“饮”、“进”、“虎”等字，带有象形意味，因而繁简不一，随着甲骨文字的抽象化程度越来越高，大部分都已被简化了。

再如“岁”字，它是以“斧钺”之形为主构形，中部增“点”或增“止”之形是为表达某种意思的结果，反而把文字繁化了。

繁化与简化是甲骨文字发展中早期构字的重要方法之一。繁化主要是对意义不明、读音不清时增加形符或声符进行进一步确认；而简化则主要为书写简单、便捷而简化成简单符号、或省去构形中重复的部分，目的是更清晰、更准确地表达字义。如“正”字上部“口”形，因刻画不便而简省为“一”等即是如此。

（二）构形中的饰符

在甲骨文字中除主构形之外，还有部分仅具有装饰性、符号性或象形性的构形，其笔画的增、减并不影响字义。（见附表二）

如“东”、“单”、“作”等字，刻画的纹饰可多可少，仅起示义或装饰的作用。

再如“车”字，是以两“轮”之形为主构形，车中的舆、辕、轭、衡、轵等形，皆已成为装饰之部件。

构形中饰符的增、省与构形中的繁化和简化不同，前者是文字构形意义明确而增、省一些不影响字义的符号，而大多数的这些符号或饰符是重复的。如“文”字正面人形中间刻画纵横交错的纹饰多寡并无区别。再如“齿”字口中表示象形“齿”的点画多寡也是如此。

（三）构形的位置

构形位置上下、左右互换及构形或正或反或倒，在甲骨文字中并不少见，如此变换并不影响字义，这也是甲骨文字的特点之一。（见附表三）

如“中”字，因风向的不同，其旗的飘的方向也不同。

再如“止”、“取”、“途”等字，似乎与方向无关，所以正、反无别。

再如“采”用左、右手，“梦”所睡的床，“并”两人并立等等，在日常生活中并无限制，因此左右、正反亦无区别。

甲骨文中偏旁写法不固定，上下、左右无别，是其构字的特点之一。正是由于偏旁的不固定而造成了甲骨文中一大批异体字。如“韦”字共有8个异体字，其中一期7个、五期1个，其构形中的“止”置于“口”的上下、左右，位置并不固定，最后才统一成上下结构。

但甲骨文中并不是所有的偏旁位置变化都不影响字义的，有部分或者说少数甲骨文字偏旁构形位置不能易位，它恰恰是靠位置的正反和方向来区别它的字义，入印时要特别加以注意。如“北”和“从”字，其“人”字的相向和相背就分属不同的甲骨文字，即两人相向的为“从”字、两人相背的为“北”字，注意识别。特别值得一提的是甲骨文中的“女”字，“女”字构形中其跪姿正、反无别，但其双手交叉置前置后则大不一样，并影响到由“女”字组成其它字，如“如”、“讯”字的区别。

（四）构形中同类部件的混用（见附表四）

1.在构形中从“豕”、“牛”、“羊”、“鹿”、“兔”、“马”等以同类动物为构形的甲骨文字，在早期使用上较为混乱，之后以突出射猎、圈养等特点及其在当时农业中的地位不同而逐步确定其中之一型。在入印文字的选择上，应尽量选择其常见的、已定型的字形，以避免产生歧义。

如“逐”、“牧”、“牢”、“沈”等字，从“豕”、“鹿”、“马”、“牛”、“兔”等无别，但最终各自都要定型，归为统一。

2.在构形中从“又”、“权”、“爪”、“示”等，表示持物或祭祀时，其“又”、“収”、“爪”、“示”等可增省，甚至全部省略而并不影响字义。

如“索”、“孚”、“执”等字，从“示”、“収”、“又”、“米”等无别，再如“福”字在《甲骨文大字典》中就收有一百三十二个异体字。其“示”、“収”、“又”、“米”等皆可增、省，但最后只保留了“示”。

3.在构形中从“止”、“彳”、“行”、“走”与行走有关的甲骨文字，其“止”、“彳”、“行”、“走”可增、省，并不影响字义。

如“涉”、“遇”、“通”等字，从“彳”、“走”，表示行走之义，甲骨文中从“彳”、从“走”之形无别，可增、省。

4.作偏旁构形时，从“木”、“屮”、“禾”、“林”、“艸”之形皆属同类，在甲骨文中并无区别。

如“农”、“暮”、“楚”、“艺”等字，从“林”、“艸”、“屮”、“木”等之形皆属同类，在甲骨文中并无区别。

5.偏旁中构形从“人”、“女”、“子”、“大”（人之正面之形）皆属同类，在甲骨文中并无区别。

如“坠”、“光”、“鬼”、“奚”等字，从倒“人”、倒“子”，“人”、“女”、“大”等无别。

6.在偏旁构形中从“攸”、“殳”、“攴”、“攵”，都表示手持长形打击器之形，皆属同类，因而在甲骨文中经常混用。

如“鼓”、“教”、“般”、“新”等字，从“殳”、从“攴”、从“攵”等并无区别。

7.偏旁混用型。除构形中用同类（如动物）作偏旁的在早期可以混用外，还有不同类的偏旁构形也可混用，但不多见。

如“麓”字，有从“鹿”（动物象形）、也有从“录”（井架辘轳）之形为主构形，“鹿”、“录”不同类，可混用。

再如“伐”字，以“戈”（兵器）之形为主构形，表示以“戈”架于“人”或“兽”颈上之义，偏旁从“人”、从“羌”、从“某兽”之形无别，最后定型于从“人”。

甲骨文中同类部件混用的情况比较复杂，但亦可分为动物偏旁类、表示持物或祭祀类、与行走有关的偏旁类、草木偏旁类、与正面人形有关的偏旁类等，这些同类偏旁部件可以混用，甚至还有少数不同类偏旁亦可混用，但不多见。唯随着甲骨文字的发展和完善，同类部件混用现象逐渐减少，最终各自定型。如“逐”字字形共有10个异体字，一期从“豕”5个、从“鹿”1个、从“兔”2个；二期从“豕”1个；三期从“豕”1个等，足见其在使用上的混乱。因“豕”每常为射猎、追逐的对象，故后定型从“豕”字。再如“牧”字共18个异体字，一期从“牛”7个、从“羊”8个，二期从“牛”2个、从“羊”1个，几无区别。除因“牛”在当时农业中地位重要以外，更因“牛”字构形简单而定型从“牛”，等等。

以上分类中，也有例外的例子，但不多见。

如“旅”、“游”字，从“子”、“人”虽属同类，但“旅”从“人”、“游”从“子”则不能混用。

如“相”、“省”字，从“木”、“屮”虽属同类，但“相”从“木”、“省”从“屮”，亦不能混用。

如“般”、“朕”字，从“又”、“収”属同类，表示单、双手持物，但“般”从“又”、“朕”从“収”，不可混淆使用。

总之，甲骨文中的繁简变化、构形饰符的增减、偏旁位置的不固定、同类偏旁的混用等等都是甲骨文字发展尚未定型的表现，因而甲骨文中的“一字多形”则是其必然的产物。我们将甲骨文中的“一字多形”进行分类，从其共性和个性入手分析，了解它的变化规律及造字构形特点，这样有助于我们在甲骨文印章创作中能够加以变化而能灵活地运用它。甲骨文印章的创作受到越来越多的印人的关注，不仅仅是因为甲骨文字的少见、奇特，更在于它的构形变化多端、丰富多彩。它亦为甲骨文入印提供了可供借鉴的素材。

常用甲骨文字字形构形

附表一

字例	主构形	字形	形　　义
福		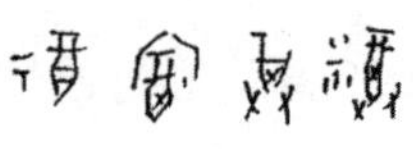	以盛酒器之形为主构形，繁简不定，表示手捧“尊”于“示”前，有祭祀之义。从“示”、“収”无别，后定型从“示”。
社		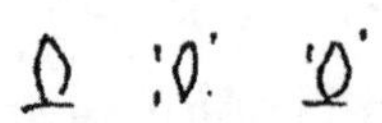	以封“土”之形为主构形，其“点”表示扬尘之义。简化、演变为“土”字，借为“社”字。
玉			以“玉”成串之形为主构形，上部串玉之丝形不定，三玉、四玉无别。
召			构形不明（从“白”、“匕”之形为主构形，“尊”繁简不定，后简化为“召”，通“绍”字）。

字例	主构形	字形	形　　义
唯			从“口”“隹”之形为主构形，“隹”为短尾鸟之形，繁简不定，通“惟”、“隹”字。
吉			构形不明（从“士”、“口”之形为主构形，上部“斧”［兵器］形繁简不定）。
周	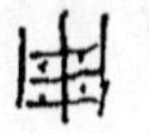		象被分割农田形为主构形，中间“点”饰表示田中稼禾之形，繁简不定。
喪（丧）			从“口”、“桑”之形为主构形，“口”（为采桑之器）之多少无别，借为“丧”字。
歲（岁）	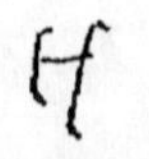	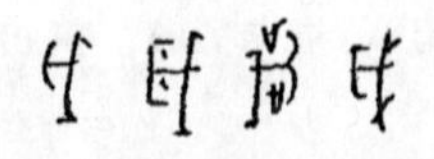	以“斧戉”（兵器）之形为主构形，两点、两“止”乃繁化的结果，正反无别，可增、省。借为“岁”字。
正	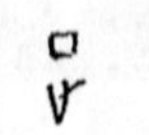	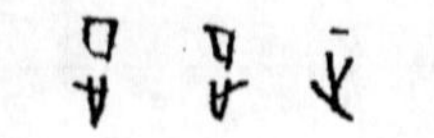	从“口”、“止”之形为主构形，其“口”表示城邑，从“止”表示走向城邑之义。上部“点”、“一”为“口”字省写，下部“止”正反无别。借为“足”字。“征”字之本字。
進（进）		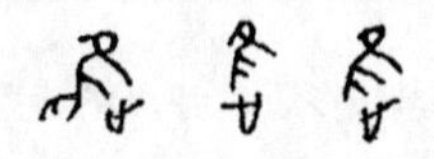	从“止”、“隹”之形为主构形，“隹”形繁简不定。下部“止”正反无别。
御		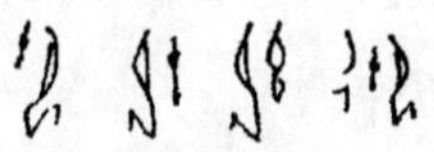	从“卩”、“午”之形为主构形，表示跪而迎迓于道之义。“彳”表示道也，可增、省。“午”字繁简不定。
齒（齿）			以张口见齿之形为主构形，口中齿之多少无别，象形。
龠（仑）			以编管乐器“笙”之形为主构形，上端为乐器“孔”之形以和众声。
和	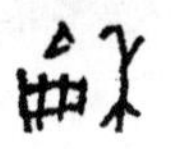	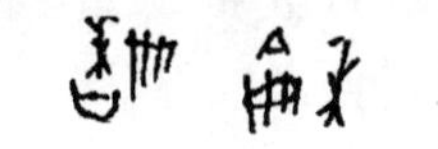	从“禾”、“龠”之形为主构形（龠为编管乐器之形，省“口”），表示音调也。
善			从“羊”、“目”之形为主构形，古人以“羊”为美味。下部“目”繁简不定，通“膳”字。
異（异）			从“人”举“子”之形为主构形，表示祭祀之义。“子”渐变为“祀”之初文。
學（学）			构形不明。
贞			以“鼎”之形为主构形，“卜”表示用为问卜之义，可增、省。繁简变化不定。
羊			以“羊”角正面特征之形为主构形，双眼突出羊首特征。象形。

字例	主构形	字形	形　　义
美			以“人”首之上加饰物之形为主构形，饰物有羽毛、羊首等，繁简不定，古人以此为美。
鳳（凤）			以飞“鸟”顶有毛冠之形为主构形，象形，增“凡”表音，通“风”字。
死			从侧“人”、“歺”之形为主构形，表示“人”拜于朽骨旁，人形繁简无别。
腹			从“身”、“复”之形为主构形，表示“人”之腹部。从“身”、“人”乃简化之结果。
奠		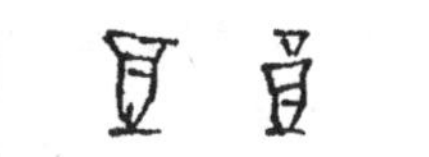	从“酉”、“兀”之形为主构形，表示置酒“尊”于“兀”上之义。“酉”繁简不定。
虎			以侧面“虎”之形为主构形，象形，突出其嘴以别于其它动物。繁简不定。
皿			以食之用器之形为主构形，象形。繁简不定。
益			以“皿”溢“水”之形为主构形，上部为水滴之形。借为“溢”字。
血			以“皿”中有“点”之形为主构形，上部以皿盛血之义。
爵			上象柱、中象腹、下象足之酒“器”之形为主构形，象形，繁简不定。
食			以“食”物在“器”中之形为主构形。上部盖形繁简不定。
鄉（乡）		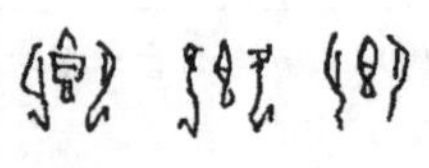	从“卯”、“皀”之形为主构形，表示二人相对坐共食之义，“人”形繁简不定。通“卿”、“食”字。
矢			以“箭”有“镞”之形为主构形，繁简不定。
來（来）			以小“麦”之形为主构形，借为“来”字，麦之穗繁简不定。
舞			以“手”持“牛尾”之形为主构形，尾毛之数不定，增足，并定形为从足部。通“无”字。
樂（乐）			从“丝”附“木”上之形为主构形，象调弦之器。从“木”乃繁化。
南			以“绳”悬倒置之“瓦器”之形为主构形，瓦器繁简不定，借为“南”字。

字例	主构形	字形	形　义
鼎			以两“耳”腹“足”之形为主构形，象形。上部增“卜”为“贞”字、增“口”为“员”字。
禾		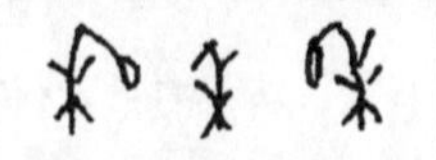	以“禾苗”之形为主构形，象形。
穅		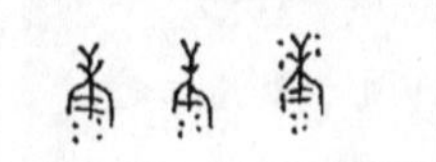	从“庚”之形为主构形，其“点”表示乐器之声，上部繁简不定，借为“糠”字。通“康”字。
秋			以“蟋蟀”之形为主构形，象形。借为“秋”字。
黍			从散“穗”、“水”之形为主构形，“穗”之多少无别，“水”形繁简不定。
宜			从“且”、“肉”之形为主构形，中部为祭“肉”之形，表示祭肉置于架上之义，繁简不定。
宫			以“屋”下通气“窗孔”之形为主构形，其孔数之多少不定。
何			以“人”负“荷”之形为主构形，人形繁简不定。借为“荷”字。
壬		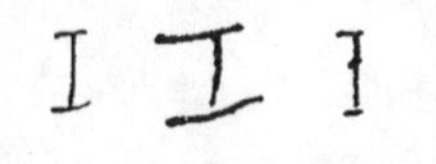	从“人”在土上之形为主构形，下部“土”形繁简不定。
老			以“人”倚“杖”之形为主构形，头戴饰物表示老者，饰物繁简不定。
飲（饮）			以“人”俯首吐“舌”捧“尊”就饮之形为主构形，俯首吐舌之形省变、简化。
龐（庞）		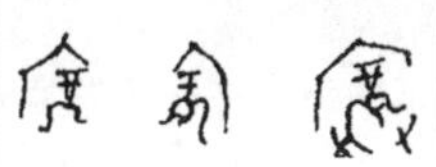	从“广”、“龙”之形为主构形，“龙”形繁简不定，“収”可增、省。
而			象“颌”下“须”毛之形为主构形。
馬（马）			象“马”之侧面之形为主构形，突出头、尾、两足之形，繁简不定。
鹿			以“鹿”侧之形为主构形，象形。突出歧、胫部、角，繁简不定。
狩		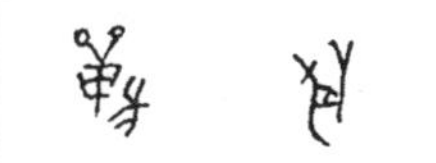	从“犬”、“干”（捕兽之器）之形为主构形，表示狩猎之义。“干”繁简不定，通“兽”字。
夾（夹）		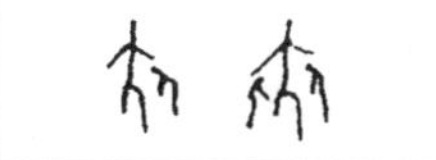	以大“人”腋下夹持小“人”之形为主构形，从一人、二人无别。

字例	主构形	字形	形　　义
水		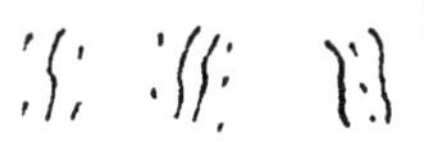	以“水”之形为主构形，象形。从水流、水滴无别。
河	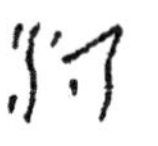	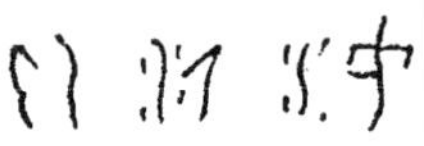	以“水”、“丂”之形为主构形，从“丂”、“何”无别。
衝（冲）	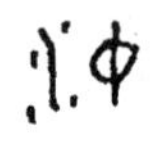	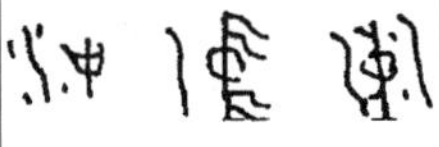	从“水”、“中”之形为主构形，繁简不定。
冬			从“丝”绳两端束语之形为主构形，繁简不定。
龍（龙）			以“辛”头巨“口”长“身”龙之形为主构形，繁简无别。
弋		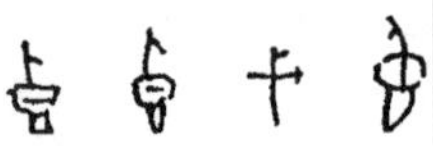	以下端尖锐木“橛”之形为主构形，繁简不定。
彝			以“手”捧“鸟”之形为主构形，表示祭祀之义。繁简不定。
蜀			从“目”、“虫”之形为主构形，甲骨文中多以“目”代“首”，繁简不定。
蠱（蛊）			从“虫”、“皿”之形为主构形，从“虫”、二“虫”无别。
龜（龟）			象“龟”正、侧之形为主构形，象形。
田	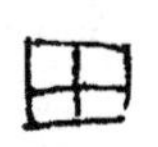		以“田猎”、“战阵”之形为主构形，外部“口”象其防，内部表示划分守猎区域之义，繁简不定。
黄			以“人”佩“玉”环形为主构形，中部环形繁简不定。
降		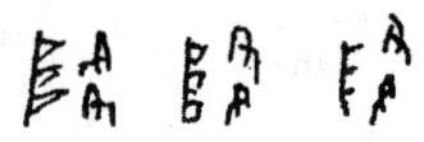	以双“足”下阶之形为主构形，其“足”繁简不定。
禽			以长柄有“网”捕鸟工具之形为主构形，繁简不定。
萬（万）			以“蝎”之形为主构形。象形，繁简不定。借为“万”字。
丁			象窗“孔”之形为主构形，繁简不定。“顶”字本字。
庚			以有耳可摇“乐器”之形为主构形，繁简不定。

字例	主构形	字形	形　义
寅			构形不明（以“弓”、“矢”之形为主构形，繁简不定）。
未		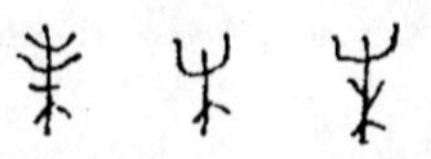	以“木”重枝“叶”之形为主构形，繁简不定。
酒	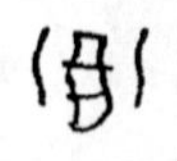	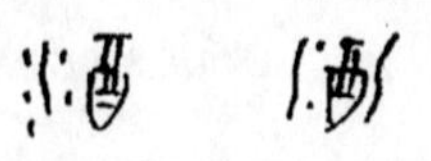	象“酒”从“尊”中溢出之形为主构形，“水”繁简不定。

常用甲骨文字字形构形

附表二

字例	主构形	字形	形　义
天			以正面“人”之形为主构形，从“二”、“口”（丁）无别，人之上、人之顶（丁），谓天，以示天在人上也。
帝		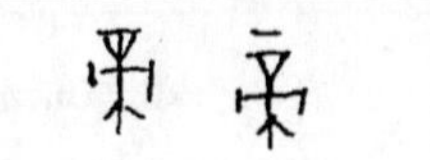	构形不明（以束薪积柴之形为主构形，表示祭天，引伸为天帝、帝王之义，上部“一”可增、省）。
示	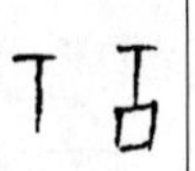	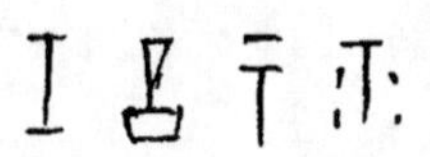	以“木”、或“石柱”（象形主牌位）之形为主构形，其“点”为洒酒之后留有酒滴之形，及上部“一”皆为饰形，可增、省。
祭	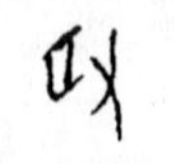	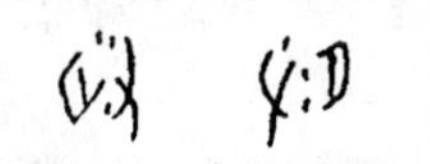	以手持“肉”之形为主构形，中部“点”象肉之点，为饰符，表示祭祀之义。
王		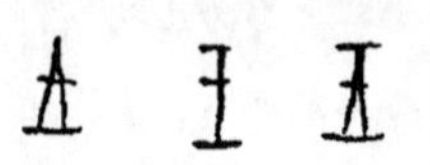	以无柄斧“钺”之形为主构形，象征权力，上部“一”为饰符，可增、省。
單（单）		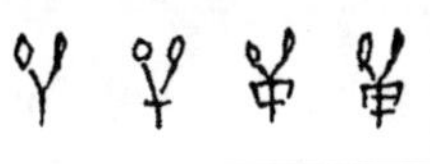	以捕兽“干”（工具）之形为主构形，中部“一”、“口”等表示枝下缚绳使其牢固之义。
徒		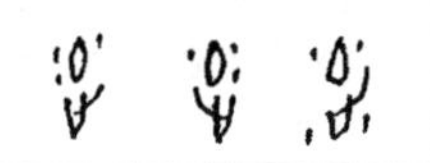	从“土”、“止”之形为主构形，表示步行，其“点”表示尘土，可增、省。下部“止”正反无别。
舌		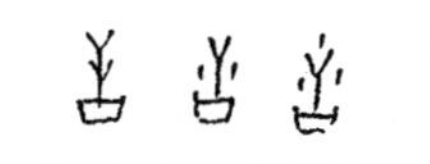	以“舌”伸出于口之形为主构形，表示舌头。其“点”表示口液，可增、省。与“告”、“言”同源。
言			以“舌”之形为主构形，舌上加“一”以表示言从舌出。与“告”、“舌”同源。通“音”字。
訊（讯）		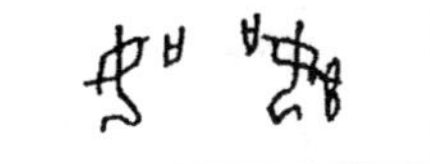	以“口”讯反缚“人”之形为主构形，其“系”强调被缚之义，可增、省。与“如”字有别。
競			以“人”接踵竟走之形为主构形，上部“一”、“▽”为头饰。正反无别。

字例	主构形	字形	形　义
妾			从“辛”、“女”之形为主构形，上部“▽”为头饰，左右无别。
弄			以双“手”持“玉”事神之形为主构形，上部表示岩穴之形，可增、省。
鬥（斗）			象两“人”相争之形为主构形，上部头发似冲冠之状，可增、省。
百			以古“容器”之形为主构形，中部加“∧”表示“百”与“白”区别。
贵		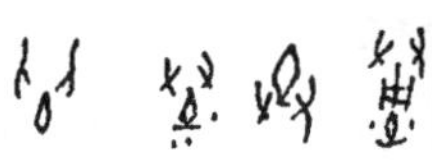	以“手”持田器（工具）于“土”上之形为主构形，表示耨田之义。田器可增、省。
晶	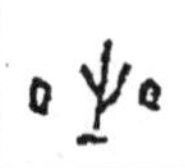		从“星”罗列之形为主构形，饰符多少并无区别。“星”之本字。
星			从众“星”罗列之形为主构形，“生”为声符，可增、省。
録（录）		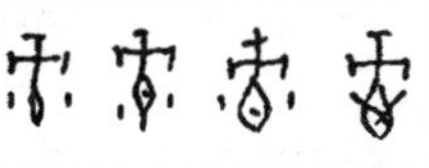	以井“辘轳”之形为主构形，下部“点”表示水滴之形，可增、省。
宗			从“宀”、“示”之形为主构形，其“点”、“一”为饰符，可增、省。
羅（罗）			以“人”张手罗鸟之形为主构形，“隹”可增、省。
作		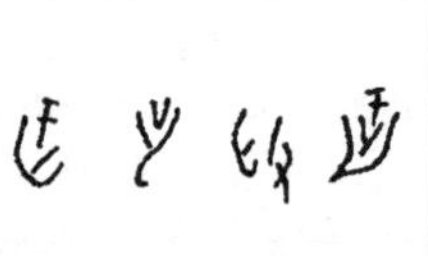	构形不明（以未成“衣领襟”之形为主构形，手持针形、缝纫之迹形皆表示持针线于衣领襟之上，可增、省。通“乍”字）。
文			从“人”正面之形为主构形，中部为饰纹，可增、省。
大			以“人”的正面之形为主构形，上部从“口”（丁）、“一”、“二”无别。
演		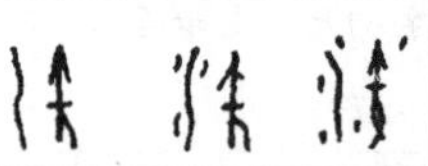	从“水”、“寅”之形为主构形，其“点”表示水滴之状，可增、省。
澎		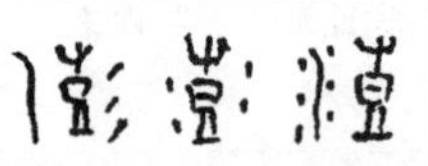	从“水”、“彭”之形为主构形，从“彭”、“壴”无别。
女			以屈膝、双手交叉置于胸前之形为主构形，中部“点”表示“乳”之形，上部头饰可增、省。通“母”字。
土			象封“土”之形为主构形，为契刻方便成空心，其“点”表示扬尘之义，可增、省。通“社”字（用土为社）。

字例	主构形	字形	形　　义
封		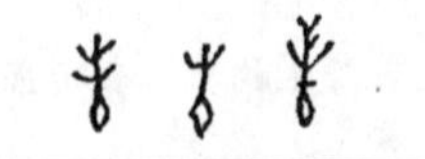	从“土”植“木”之形为主构形，表示疆界之义，下部因契刻方便成空心。通“丰”字。
車（车）			以车两“轮”之形为主构形，从“舆”、“辕”、“轭”、“衡”无别，可增、省。

常用甲骨文字字形构形

附表三

字例	主构形	字形	形　　义
中			以建中“旗”之形为主构形，中部“口”可增、省。“旗”形左右无别。
吹		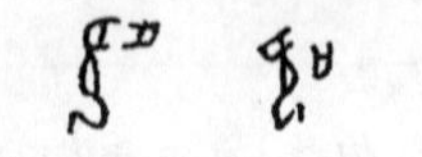	从“口”、“欠”之形为主构形，表示吹嘘之义，正反、左右无别。
名			从“口”、“夕”之形为主构形，“口”在夕之上下、左右无别。
命		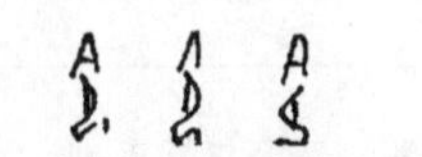	构形不明（从倒“口”、跪姿之形为主构形，表示命令之义，正反无别。通“令”字）。
咸		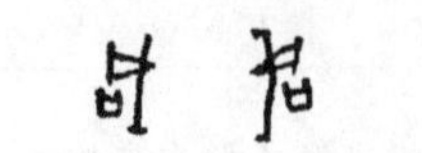	构形不明（从“口”、“戌”之形为主构形，正反无别）。
止			以足“趾”之形为主构形，象形，表示脚、趾之义。左右无别。
步	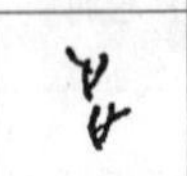	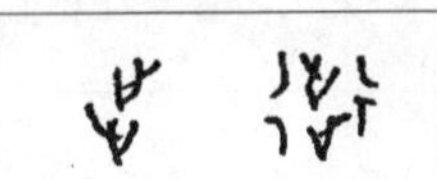	以双“足”一前一后之形为主构形，正反无别。
此		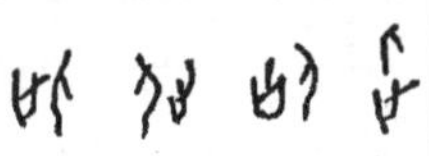	从“止”、“匕”之形为主构形，左右、正反无别。
途			从“止”、“余”之形为主构形，通“屠”字。
延		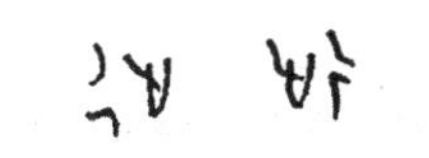	从“彳”、“止”之形为主构形，正反无别。通“延”字。
品		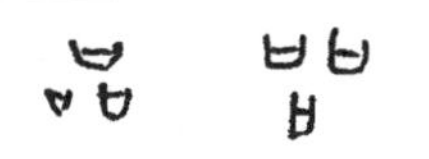	从三“口”之形为主构形，表示众庶之义。“口”字上二下一，上一下二无别。
千			从“人”、“一”之形为主构形，表示以“一”加于“人”为一千，正反无别。
为			以“手”牵“象”之形为主构形，正反无别。

字例	主构形	字形	形　　义
尹			以“手”持“丨”（杖）之表为主构形，表示握有权力，左右无别。
秉			以“手”持“禾”之形为主构形，左右无别。
服		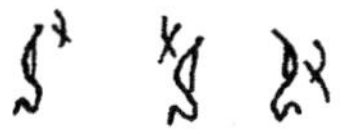	以“手”压抑人跪服之形为主构形，表示制服之义，正反无别。
取			以“手”拿“耳”之形为主构形，表示获取之义，正反无别。
叔		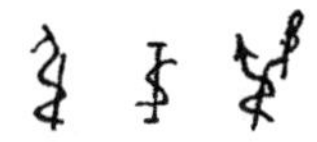	从“人”手持“弓”之形为主构形，借“弔”为“叔”字。
友		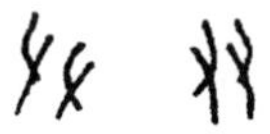	以二“又”之形为主构形，表示相交友，正反无别。
及		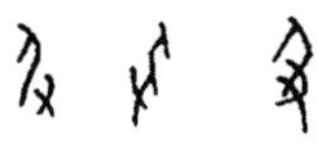	以“手”逮“人”之形为主构形，表示追及之义，正反无别。
臣			以竖“目”之形为主构形，正反无别。
臧		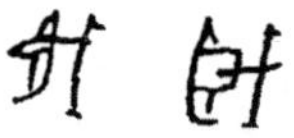	以“戈”击“臣”之形为主构形，正反无别。
卜		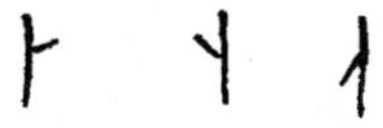	以龟甲兽骨经烧灼而显现的兆象之形为主构形，象形。左右无别。
相		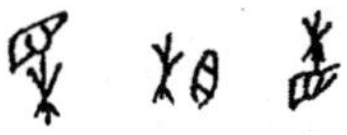	从“目”、“木”为主构形，“木”、“目”位置上下无别。
省			从“屮”、“目”之形为主构形，表示视察之义。正反无别。
獲（获）			以“手”捕“隹”（鸟形）之形为主构形，左右无别。
雀			从“小”、“隹”之形为主构形，正反无别。
羌			以“人”头戴羊角之形为主构形，中部绳索表示羁绊之义，可增、省。下部侧人之形正反无别。
幼		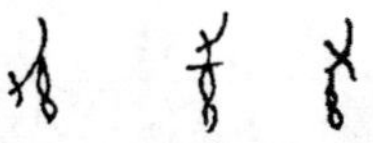	从“力”、“幺”之形为主构形，“力”之位置不定。
爰		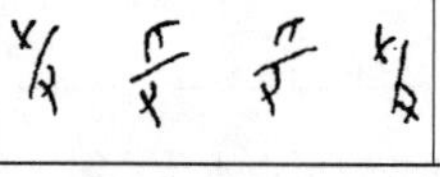	象二“人”以物相援之形为主构形，正反无别。“援”之初文。

字例	主构形	字形	形义
受			以“手”持“盘”之形为主构形，表示二人奉丞“盘”相授之义。正反无别。
朕	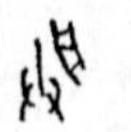	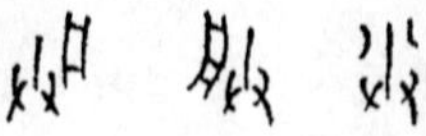	从“舟”、“丨”、“収”之形为主构形，左右无别。
乃			象女侧“乳”之形为主构形，正反无别。通“奶”字。
彭		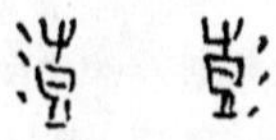	以“壴”之形为主构形，其“点”表示鼓声，左右无别。
嘉	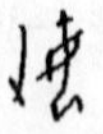	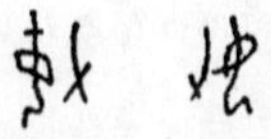	构形不明（从“女”、“力”之形为主构形，左右无别）。
盡（尽）			以“手”持物在“皿”中之形为主构形，表示器之空可洗涤也。所持之“物”左右无别。
与			以“爪”在“皿”中之形为主构形，表示在皿中澡手也。左右无别。其“点”为水滴之形，可增、省。
即			以“人”就“食”之形为主构形，左右无别。
既			以“人”就“食”已毕掉头之形为主构形，左右无别。
倉（仓）			从“合”、“爿”之形为主构形，“爿”表声，左右无别。
侯			构形不明（从“矢”、“厂”之形为主构形，正倒无别）。
麥（麦）		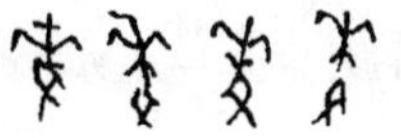	从“来”、反“夂”之形为主构形，反“夂”象麦根之形，左右无别。
韋（韦）		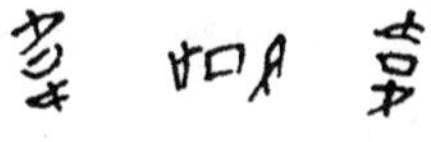	从“口”、“止”之形为主构形，“口”表示城邑，从“止”表示巡逻之义，位置不定。
杞			从“己”在木下之形为主构形，下部“己”正反无别。
采			从“爪”、“木”之形为主构形，上部“爪”形左右无别。
休			从“人”依“木”之形为主构形，表法休息之义。左右无别。
東（东）		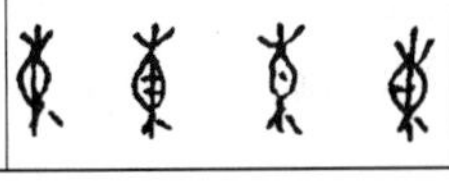	以绳约括“橐”为主构形，橐（有底橐为囊）中实物之形不同，不影响字义。

字例	主构形	字形	形　义
才			构形不明。从"丨"，上贯"一"（地面）之形为主构形，表示草木之初也。
之			从"止"之形为主构形，表示人"足"于地上有所径也，左右无别。
往			从"止"、"王"之形为主构形，上部左右无别。"往"之本字。
師（师）		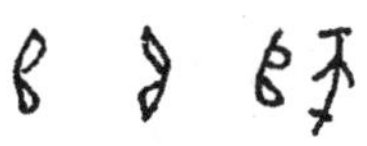	从"𠂤"之形为主构形，正反无别，借"𠂤"为师。
國（国）		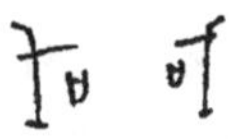	从"戈"、"口"之形为主构形，"口"象征城郭，表示守国之义。正反并无区别。"国"、"或"本一字。
買（买）		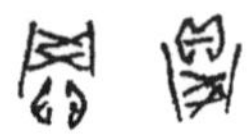	以"网"取"贝"之形为主构形，上下无别。
貯（贮）		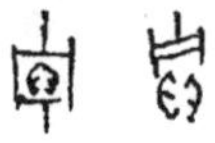	以纳"贝"于"宁"（贮器）中之形为主构形，其"贝"位置不定。
邑		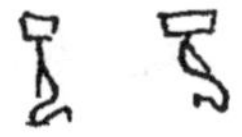	从"口"（丁）、"人"跪姿之形为主构形，人跪姿正反无别。
昱			从"日"、"羽"之形为主构形，表示明日之义，左右无别。
游			从"子"、"旗"之表为主构形，表示"子"执旗之义，正反无别。
旅			从"人"聚集于"旗"下之形为主构形，表示旗下致众之义，正反无别。
族			从"旗"、"矢"之形为主构形，表示一族为一战斗单位。正反无别。
月			从"月"半圆之形为主构形，早期中间无"丨"，晚期中间加"丨"，以区别于"夕"字。正反无别。
明			以"日"、"月"之形为主构形，"日"为"窗"之原形，左右、正反无别。
夕			构形与"月"夜有关，故从"月"半圆之形，早期中间有"丨"，晚期中间无"丨"，以区别于"月"字。
多			从二"夕"之形为主构形，重"夕"为"多"，正反无别。
函			以"矢"在"囊"中之形为主构形，"囊"中"矢"之正倒无别。

字例	主构形	字形	形义
片	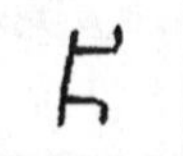	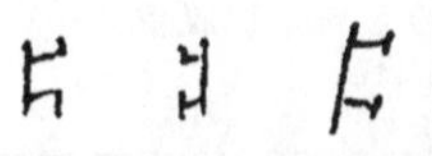	从“爿”之形为主构形，象形，正反无别。“爿”之初文。
克			以“人”躬身负重“物”之形为主构形，上部所负重“物”不同。下部人形正反无别。
年			从“禾”、“人”之形为主构形，表示头顶谷物，正反无别。
秦			以抱“杵”舂之形为主构形，“杵”之形从“午”，实心、空心无别。
寶（宝）		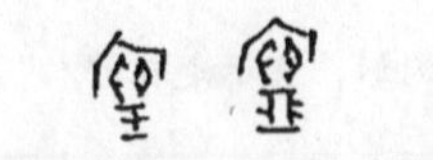	以屋中置“贝”、“玉”之形为主构形，“贝”、“玉”上下位置不定。
寝（寝）			构形不明（从“宀”、“帚”之形为主构形，“帚”正反无别）。
夢（梦）	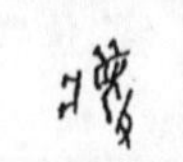		以“人”卧而手舞足蹈之形为主构形，人形以突出眼部而繁化。其“爿”左右无别，“又”可增、省。
疾		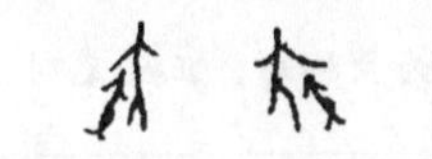	从“大”、“矢”之形为主构形，“矢”在人腋下，左右无别。
人		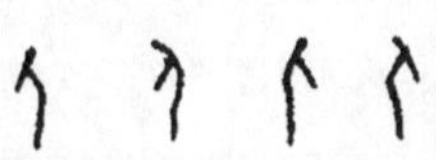	从“人”侧立之形为构形，正反无别。
保			以“人”背“子”之形为主构形，表示保护之义，左右无别。
企			以“人”突出下部“足”之形为主构形，表示举踵之义，后分化为从“止”。正反无别。
伊		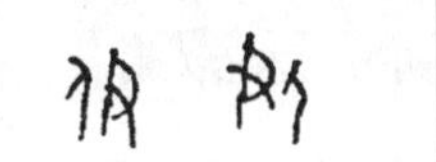	从“人”、“尹”之形为主构形，左右无别。
依	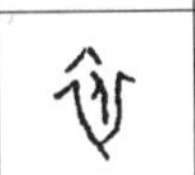		从“人”在“衣”中之形为主构形，表示人着衣之义，中间“人”形正反无别。
任	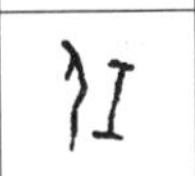	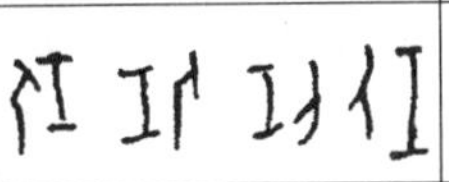	从“人”、“壬”之形为主构形，左右、正反无别。
化			从“人”一正一倒之形为主构形，正反无别。
并		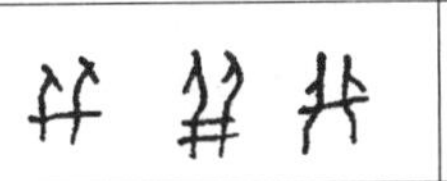	从二“人”侧身并“立”之形为主构形，下部“一”、“二”表示连结二人并立之义。左右、正反无别。
众			从三“人”在“日”下之形为主构形，表示从事农业生产或当兵打仗之义。“人”形可增减，正反无别。

字例	主构形	字形	形义
身			以“人”隆其“腹”之形为主构形，腹中“子”形正反无别，可增、省。通“孕”字。
衣			以“襟衽”相互掩角之形为主构形，左右无别。
兒（儿）			从小“儿”头大而脑门未合之形为主构形，下部人形正反无别。
兄			从“口”、“人”之形为主构形，下部“人”形正反无别。“人”形为跪姿则为“祝”字。
先			从“人”、“止”字形为主构形，表示走在“人”前之义，左右无别。
欠			以“人”跪而张“口”之形为主构形，正反无别。
印			从“爪”、“卩”之形为主构形，表示以“手”抑“人”使跪之义，正反无别。
色			从“刀”、“人”跪姿之形为主构形，正反无别。
石		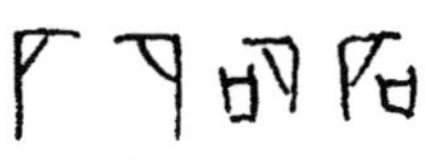	从“𠂆”之形为主构形，正反无别，“口”可增、省。
易	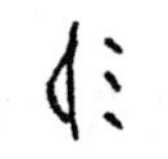	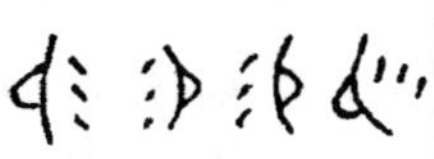	构形不明（正反无别）。
象			以突出长鼻“兽”之形为主构形，象形，正反无别。
駁（驳）	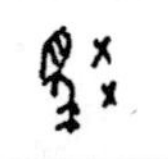		从“马”、“爻”之形为主构形，左右无别。
兔			以长“耳”短“尾”之“兔”形为主构形，象形。正反无别。
臭			从“自”、“犬”之形为主构形，上部“自”为鼻之初文，表示“犬”善嗅，下部“犬”正反无别。
狄		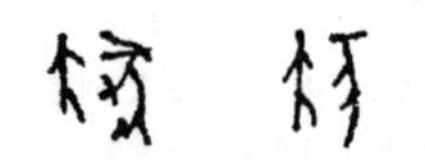	从“犬”、“大”之形为主构形，正反无别。
汝	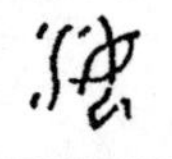		从“水”、“女”之形为主构形，左右无别。
淮			从“水”、“隹”之形为主构形，左右无别。

字例	主构形	字形	形义
洹	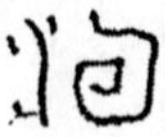	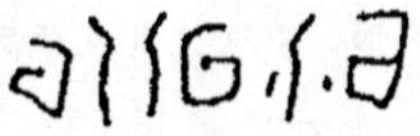	从“水”环绕之形为主构形，上下、左右无别。
涉	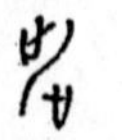	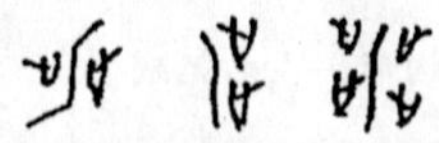	从“止”迹在“水”旁之形为主构形，“止”、“彳”、“水”滴表示徒行于水中之义。
永	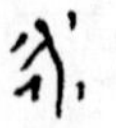		以“彳”、“人”之形为主构形，其“点”表示人潜行水中之义。正反无别，通“泳”字。
雪	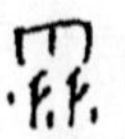	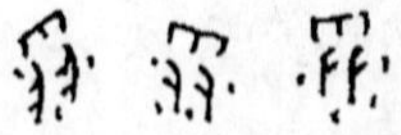	从“雨”、“彗”之形为主构形，正反无别。
霾	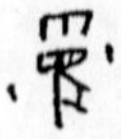	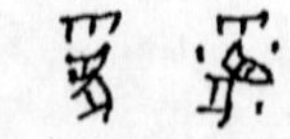	从“雨”、某“兽”之形为主构形，下部正反无别。
至			从倒“矢”、“一”之形为主构形，表法矢有所止之义，象形。正倒无别。
户			从单“扉”之形为主构形，正反无别。
耳			象“耳”之形为主构形，象形，左右无别。
聖（圣）			从“人”、“耳”突出耳之形为主构形，表示人有所听闻之义，“口”可增、省。“人”形正反无别。通“听”字。
撣（掸）			从“又”、“单”之形为主构形，左右无别。
姜		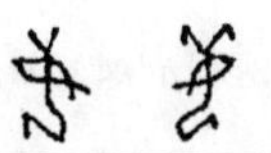	从“羊”、“女”之形为主构形，下部“女”形正反无别。
妹			从“女”、“未”之形为主构形，正反无别。
婦（妇）		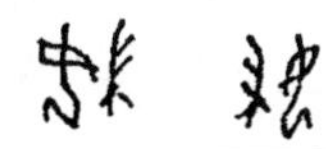	从“女”、“帚”之形为主构形，“帚”孳乳为“妇”，左右无别。
娥			从“女”、“我”之形为主构形，正反无别。
好		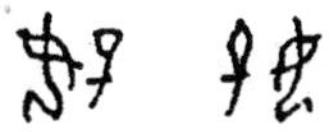	从“女”、“子”之形为主构形，正反无别。
媚		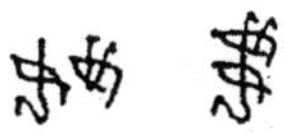	从“女”、“眉”之形为主构形，突出“眉目”，表示女美在眼，正反无别。
委	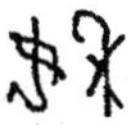	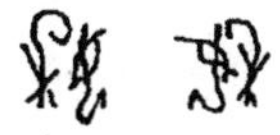	从“女”、“禾”之形为主构形，正反无别。

字例	主构形	字形	形　义
如	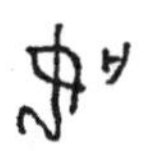		从“女”、“口”之形为主构形，双手交叉置于胸前，正反无别。与“讯”字有别。
妝（妆）		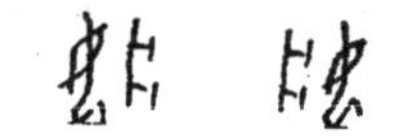	从“女”、“爿”之形为主构形，左右无别。
戍			从“人”在“戈”下之形为主构形，“人”立于戈下表示戍守之义。正反无别。
或		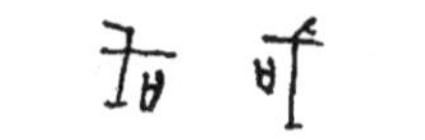	从“口”、“戈”之形为主构形，“口”为城邑，表示以“戈”守城之义，左右无别，通“国”字。
戊			象“钺”之形为主构形，正反无别。
我			象兵器之形为主构形，正反无别。
义			从“羊”、“我”之形为主构形，正反无别。
引			从“人”持“弓”之形为主构形，正反无别。
發（发）			从“弓”弦颤动之形为主构形，正反无别。
孫（孙）		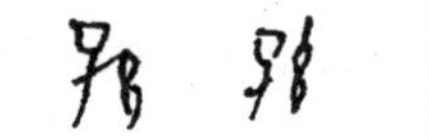	从“子”、“系”之形为主构形，以绳结表示其世系之义，左右无别。
紹（绍）	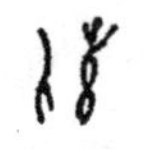		从“系”、“刀”之形为主构形，表示以刀断丝之义。正反无别。
極（极）	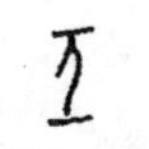		从“人”立于“地”上之形为主构形，上部“一”表示顶极之义。左右无别，孳乳为“极”。
恒	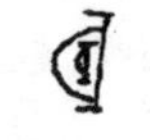	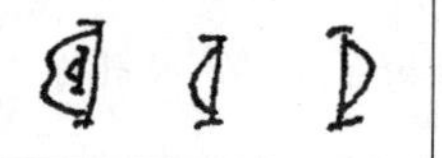	从“舟”在“二”之间之形为主构形，正反无别。
男	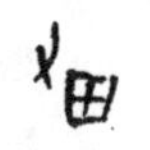		从“力”、“田”之形为主构形，“力”之上下无别。
力		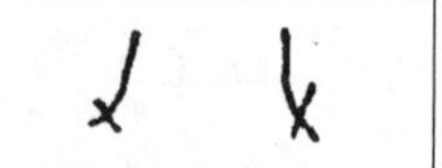	以“耒”（原始工具）之形为主构形，正反无别。
館（馆）			从“宀”、“𠂤”之形为主构形，下部“𠂤”正反无别。
陟	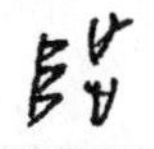	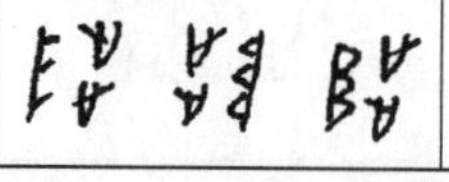	从“止”、“𠂤”之形为主构形，表示由下而上登高之义。左右无别。

字例	主构形	字形	形　义
九			从曲“钩”之形为主构形，正反无别。
戊	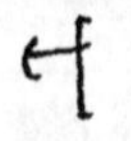	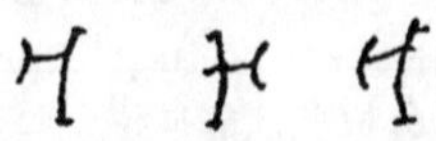	以“钺”（兵器）之形为主构形，正反无别。借为“戊”字。
辰	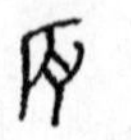		以手持石“镰”（农具）之形为主构形，表示耕作之义。正反无别。
申		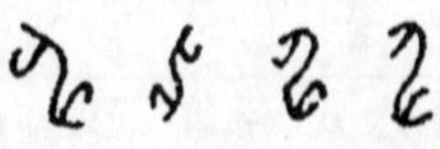	象“电”耀屈折之形为主构形，象形。正反无别。
尊	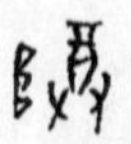	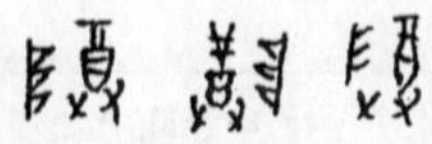	从“酉”、“収”、“𨸏”之形为主构形，表示手捧“尊”登进之义，正反无别。
戌			象古兵器之形为主构形，正反无别。

常用甲骨文字字形构形

附表四

字例	主构形	字形	形　义
冎		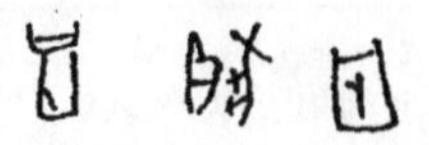	以卜骨呈兆之形为主构形，“犬”旁可增、省。借为“祸”字。
牡		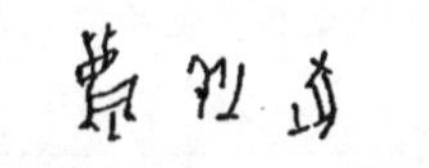	构形不明（以“土”之形为主构形，表示雄性家畜或兽类，从“鹿”、“牛”、“马”、“羊”无别，后定型为从“牛”。左右无别）。
牝		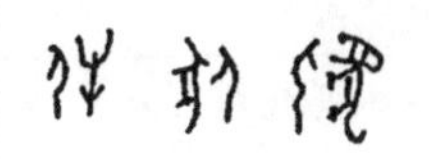	构形不明（以“匕”之形为主构形，表示雌性家畜或兽类，从“牛”、“马”、“羊”无别，后定型为从“牛”。左右无别）。
牢			以栏养牲畜之形为主构形，从“牛”、“马”、“羊”等无别，后定型为从“牛”。
逐		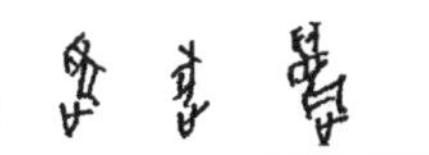	从“止”于某动物后之形为主构形，表示追逐之义。从“豕”、“鹿”、“兔”无别。
養（养）		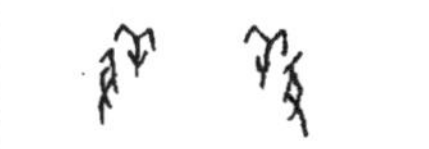	从“攴”、“羊”之形为主构形，从“攴”、“殳”无别、从“牛”、“羊”无别。“养”、“牧”同源。
家			从“宀”、“豕”之形为主构形，“宀”表示门内屋室之义，从“豕”、“犬”无别。
沈			以“牛”沉入水中之形为主构形，中间从“牛”、“羊”无别。

字例	主构形	字形	形　义
福		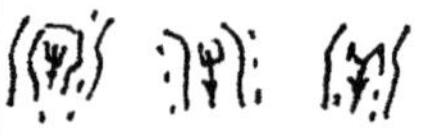	以盛酒器之形为主构形，繁简不定，表示手捧“尊”于“示”前，有祭祀之义。从“示”、“収”无别，后定型从“示”。
祀			以“子”或以子省之形为主构形，象征神主之子，人举双手表祭祀之义，“示”可增、省。
祖			以盛肉之“俎”（为载肉之器也）之形为主构形，本为断木侧视之形。从“示”表示祭祀，可增、省。
祝			以“人”侧跪之形为主构形，从“示”、从人伸双手跪于神前，为祷告之状，可增、省。
璞			构形不明（于山下以手举“辛”扑玉于甾中之形为主构形，从“収”、“又”无别）。
登		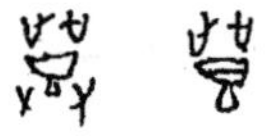	以捧“豆”（某种器物）升阶之形为主构形，表示敬神之义，“収”可增、省。
得			以“手”持“贝”之形为主构形，从“彳”表示行有所得，可增、省。从“又”、“収”无别。
戒	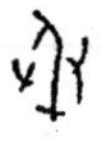	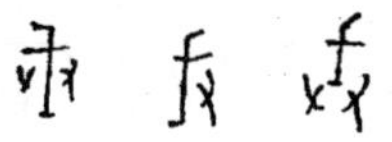	以“手”持“戈”之形为主构形，从“又”、“収”无别。
興（兴）			以“手”抬“盘”之形为主构形，从“収”、“臼”无别。
史			以“手”持“干”（捕获工具）之形为主构形，从“又”、“収”无别。通“事”、“吏”、“使”字。
專（专）			从“手”纺砖旋转之形为主构形，“又”、“収”无别。“转”字本字。
離（离）			从“隹”之形为主构形，下部为捕猎工具。“又”表示以“手”擒之义，可增、省。
典	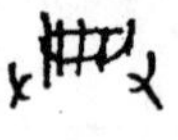	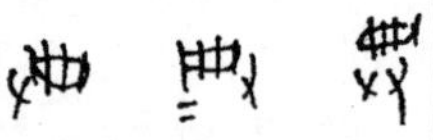	从“収”、“册”之形为主构形，表示以“手”献册之义。从“又”、“収”无别。
索		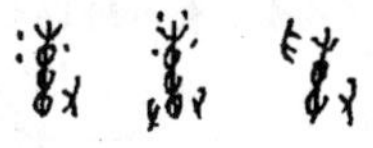	以“手”执绳“索”之形为主构形，从“又”、“爪”无别，可增、省。
束			以“绳”束“木”之形为主构形，从“又”、“収”无别，“又”可增、省。
侵			构形不明（从“牛”、“帚”之形为主构形，表示持“帚”驱牛之义，“又”可增、省）。
使			以“手”持“干”（捕兽之器）之形为主构形，下部从“又”、“収”无别，通“事”、“吏”字。

字例	主构形	字形	形　　义
俘	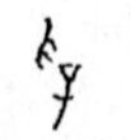	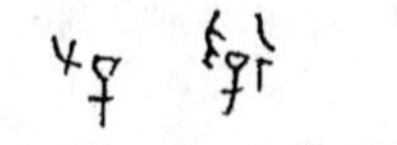	以"手"逮"人"之形为主构形，上部从"又"、"収"、"爪"无别。"彳"表示驱俘虏以行之义，可增、省。
執（执）			从"幸"、"丮"之形为主构形，象"人"两手加"梏"之形，从"丮"、"収"无别。
妻		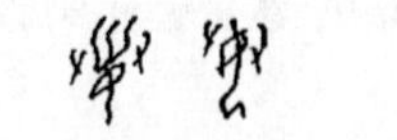	构形不明（从"女"、"屮"之形为主构形，上部形如长发，从"又"、"収"无别，表示古有掠女为妻之义）。
妥	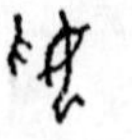		从"爪"、"女"之形为主构形，表示以"手"抑"女"止坐之义，从"爪"、"又"无别。
系			从"手"持"丝"之形为主构形，从"又"、"爪"无别。
徉	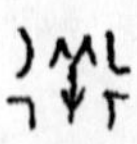	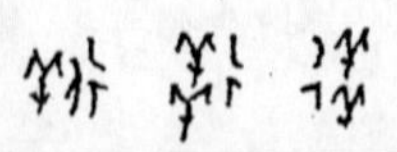	从"行"、"羊"之形为主构形，"羊"形繁简不定，从"行"、"彳"无别。
前		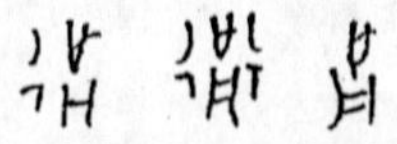	以"止"在盘中之形为主构形，表示洗足之义。从"行"有示行进，可增、省。借为"前"字。"湔"字原字。
會（会）	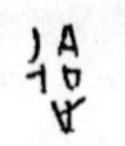	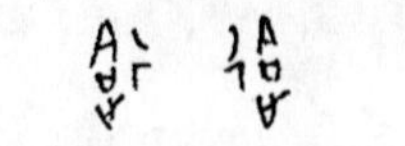	从"行"、"合"之形为主构形，表示脚步之义，"止"可增、省。
逆		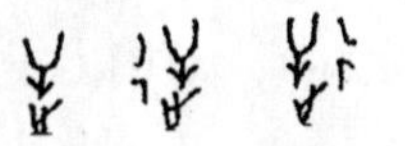	以倒"人"之形为主构形，从"止"、"彳"表示人从对方走来，或表示行于道而迎之。
通	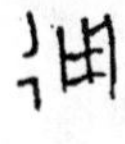	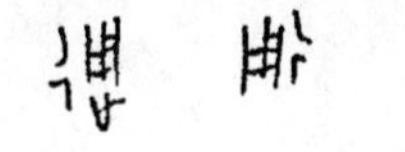	从"用"、"彳"之形为主构形，从"彳"、"止"、"走"无别。正反无别。
追	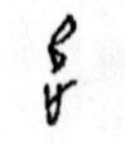		从"止"、"𠂤"之形为主构形，从"彳"、"走"无别。
後（后）		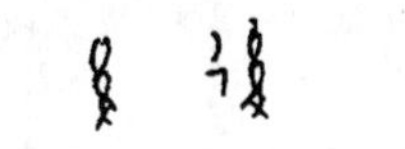	构形不明（从倒"止"系绳之形为主构形，偏旁"彳"可增、省）。
德	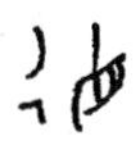	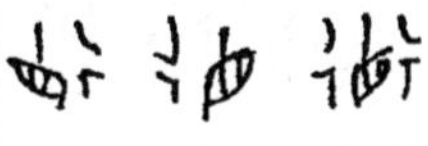	从"彳"、"直"之形为主构形，表示循环视察之义，从"彳"、"行"无别。借为"德"字。
衛（卫）	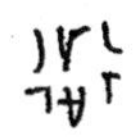	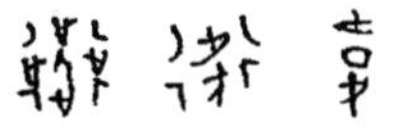	从"行"、"口"、"止"之形为主构形，从四"止"、"方"表示巡行于城邑之义。
牧	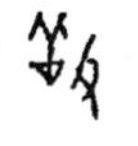	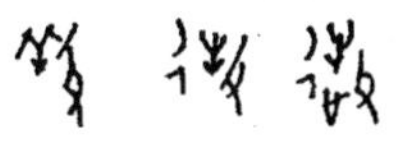	以"手"持"鞭"、"棍"之形为主构形，从"牛"、"羊"无别，"止"、"彳"表示游牧之义，可增、省。
遘			以两"物"对立之形为主构形，"彳"、"止"、"走"表示行走之义，可增、省。通"冓"字。
復（复）			构形不明（从倒"止"、"亞"之形为主构形，表示往返出入之义）。

字例	主构形	字形	形　　义
旋			从“足”、“旗”之形为主构形，表示旗下周旋之义。从“足”、“止”无别。
從（从）			从二“人”一前一后之形为主构形，表示两人相随之义，“止”、“彳”可增、省。
衍		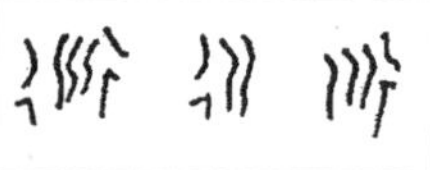	从“行”、“川”之形为主构形，表示百川归海之义，“川”字繁简不定，从“彳”、“行”无别。
折			以“斤”断“木”之形为主构形，从“木”、“屮”无别，“又”可增、省。
蒿		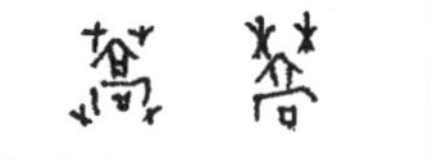	从“林”、“高”之形为主构形，从“林”、“艸”无别。
春			以“屯”之形为主构形，表示春时生也，从“林”、“艸”无别。“日”可增、省。
莫			以“日”落草木中之形为主构形，从“禾”、“林”、“艸”无别。从“隹”表示鸟归林以示日暮之义。
農（农）			从“辰”（农具）、“林”之形为主构形，表示“辰”在草丛中。从“林”、“艸”无别。
藝（艺）		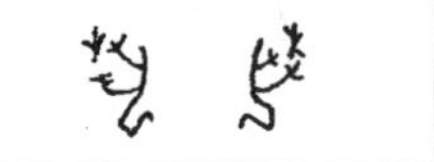	以“手”持“木”之形为主构形，从“木”、“屮”无别。
柏			从“木”、“白”之形为主构形，从“木”、“林”无别，“木”、“白”位置上下不定。
栅		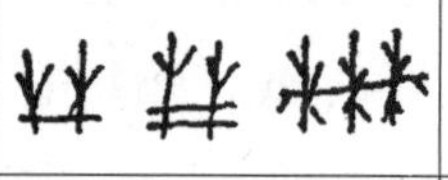	以编竖“木”之形为主构形，从“屮”、“木”无别。
麓			从“鹿”之形为主构形（或从“录”），从“艸”、“林”无别，表示田猎或山麓。
楚			从“林”、“正”之形为主构形，从“林”、“艸”、“木”和“足”、“疋”无别。
朝		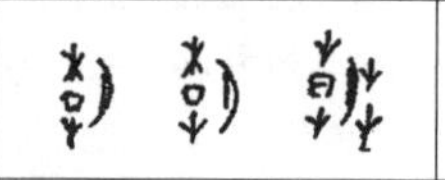	从“日”、“月”、“木”之形为主构形，表示日月在草丛中之义，从“木”、“艸”无别。
眉		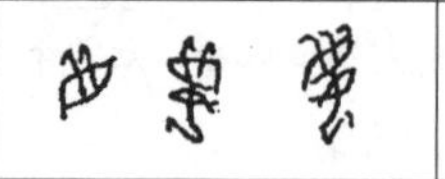	以“目”上增眉毛之形为主构形，下部“人”、“女”乃繁化。
姬		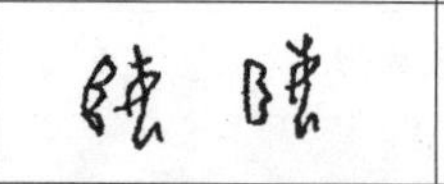	从“每”、“𦣞”为主构形，下部“每”、“女”通用无别。
墜（坠）	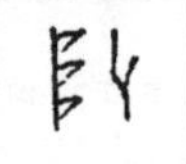	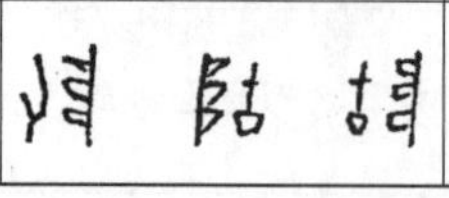	从倒“人”、“𨸏”之形为主构形，表示下行之义。从倒“人”、倒“子”无别。

字例	主构形	字形	形　义
每	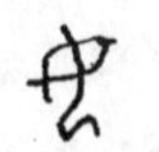		从“女”之形为主构形，上部“箅”为头上饰物，从“女”、“母”无别。通“晦”字。
若			构形不明(以手理顺“发辫”之形为主构形，下部曲膝之形左右无别)。
介	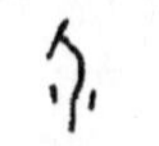	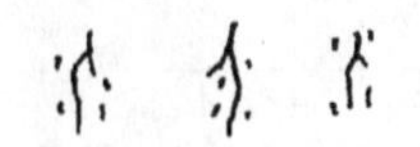	以“人”着“甲”(联革)之形为主构形，其“点”表示甲片之形，可增、省，“人”形正反无别。
嗣		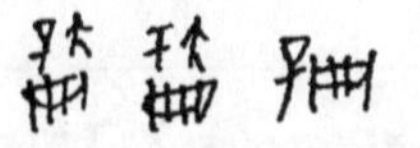	从“册”、“子”之形为主构形，从“大”表示长子也。
蔑	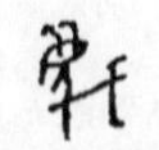		从“眉”、“人”、“戈”之形为主构形，表示以戈击人之义，下部从“人”、“女”无别。
賓(宾)	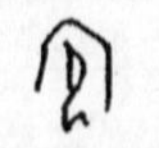	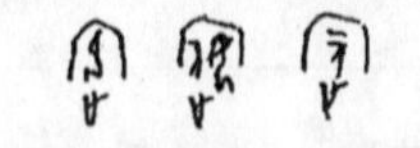	以“屋”下“人”之形为主构形，从“人”、“女”无别，“止”表示人自外而至，可增、省。“宾”、“嫔”一字。
安			从“宀”、“女”之形为主构形，从“女”、“母”无别。
宿		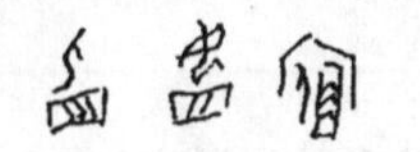	从“人”、“席”之形为主构形，从“女”、“人”无别，位置不定。“宀”表示在屋中宿止之义，可增、省。
望			以“人”立举“目”(竖目)相望之形为主构形，从“人”、“壬”无别。
見(见)			从“人”突出眼部之形为主构形，表示人“目”平视有所见之义，下部“人”形立跪不定。
鬼			以“人”身巨“首”之形为主构形，巨“首”表示与“人”有异。“人”形正、侧、立、跪面之形无别。下部从“女”则通“畏”字。
長(长)		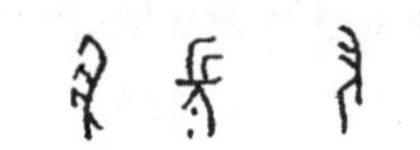	以“人”之长“发”之形为主构形，“人”形下部“止”可增、省。
光			以“火”在“人”头上之形为主构形，表示光明之义，从“人”、“女”无别。
奚			象“人”头上“发辫”之形为主构形，“爪”、“収”表示牵扯发辫之义，可增、省。从“人”、“女”无别。
浴			从“人”、“皿”之形为主构形，“水”滴表示人浴“盘”中。从“人”、“企”无别。
艱(艰)			从“壴”、“堇”之形为主构形，从“堇”、“人”、“卩”无别。

字例	主构形	字形	形义
孕		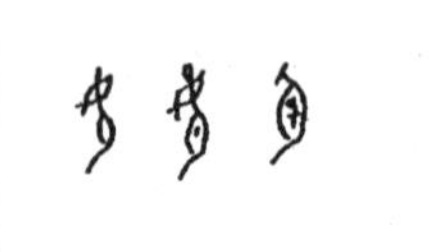	从“人”腹中有“子”之形为主构形，从“人”、“女”无别。若从“女”可省腹中之子形，若从“人”省子则为“身”字。
育			从“女”、倒“子”之形为主构形，从“女”、“人”无别。通“后”字。
教	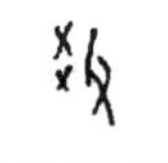		构形不明（从“攴”、“爻”之形为主构形，繁简不定，与“学”字同）。
鼓			以“手”持鼓锤击“鼓”之形为主构形，“攴”繁简不定，左右无别。
敝			构形不明（从“巾”、“攴”之形为主构形，其“点”表示败巾之义，可增、减）。
效		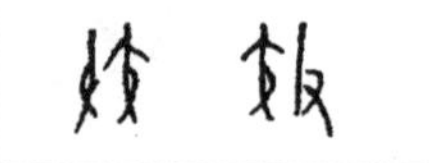	从“交”、“攴”之形为主构形，正反无别。
攸	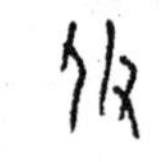		从“从”、“攴”之形为主构形，正反无别。
枚			从“木”、“攴”之形为主构形，左右无别。
般			从“凡”、“攴”之形为主构形，“凡”表示高圈足“槃”，左右无别。
敗（败）	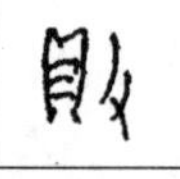	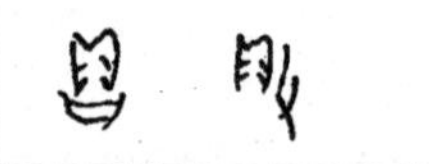	从“口”、“贝”之形为主构形，从“口”、“攴”无别。
埋			以“凵”坎穴之形为主构形，从“人”、“牛”、“羊”、“鹿”、“豕”无别，从“人”少见。通“薶”字。
膏	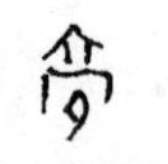	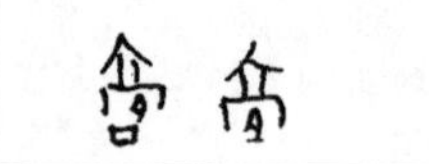	从“高”、“肉”之形为主构形，下部从“肉”不从“月”。“口”可增、省。
伐			以“戈”形兵器之形为主构形，从“人”、“羌”、“兽”形无别。
湄			从“水”、“眉”之形为主构形，下部“人”、“口”无别，可增、省。
新			以“斤”斫“木”之形为主构形，从“辛”、“辛、木”无别。“薪”之本字。
唐		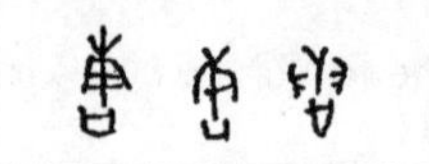	从“口”、“庚”之形为主构形，“庚”为古代乐器“钲”和“铙”之形。从“口”、“凵”无别。
各		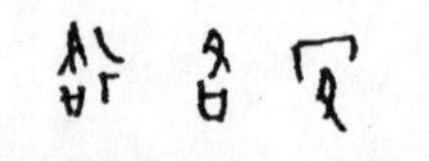	从“口”、倒“止”之形为主构形，“彳”、“止”表示行业之义，可增、省。从“口”、“凵”无别。

字例	主构形	字形	形　　义
歸（归）	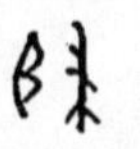	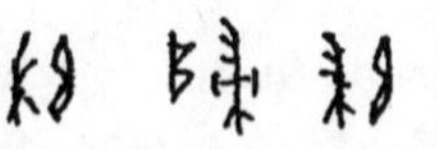	构形不明（“𠂤”之形为主构形，“帚”上部从“止”无别，借为“归”字）。
曼			从“手”、“目”之形为主构形，表示以“手”张目之义。从“目”、“面”无别。
利		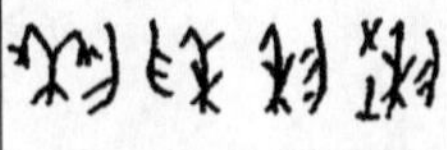	以“耒”犁地种“禾”之形为主构形，“点”表示翻起的泥土。从“土”、“又”可增、省。
廼			象圜底容器之形为主构形，下部从“口”、“凵”无别。
旨	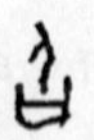		从“匕”、“甘”之形为主构形，“甘”、“口”无别。
盧（卢）			以兽“革”覆屋顶之形为主构形，“火”表示室内之火塘，可增、省。
阱	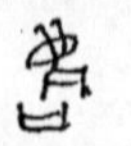		从“鹿”陷于“凵”坎中之形为主构形，从“凵”、“井”无别。其“点”表示“凵”中有水，或增、省。
高		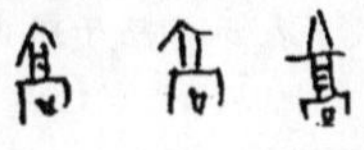	高地穴居覆遮盖物之形为主构形，“口”表示穴居之屋，可增、省。
嗇（啬）			以“禾”堆积之形为主构形，从“田”、“亩”表示田禾成熟可收藏之义。从“禾”、“麦”无别。
出			以“止”、“凵”坎穴之形为主构形，表示“人”出洞穴之义。从“彳”、“行”表示出行。从“凵”“口”无别。
香			从“黍”、“口”之形为主构形，表示盛“黍”于器之中。从“黍”、“来”无别。
室			从“宀”、“至”之形为主构形，表示居屋或祭祀地之义。从“至”、“矢”无别。
辟			从“卩”、“辛”之形为主构形，“口”可增、省。

常用甲骨文字字形构形

附表五

字例	主构形	字形	形　　义
曾			构形不明（以釜鬲之算、蒸气逸出之形为主构形，为“甑”之初文）。
公			构形不明（象“瓮”口之形为主构形，下部从“囗”、“口”（丁）无别。借为“公”字）。

字例	主构形	字形	形　义
牛			以“牛”角、首之形为主构形，象形。
物			以“耒”（农具）之形为主构形，表示耒田起土之义，借为“物”字。
告		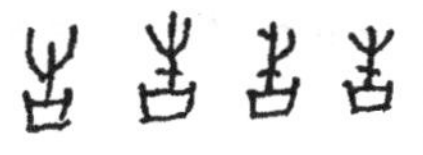	以“舌”之形为主构形，上部增“丨”表示告诉之义。与“言”、“舌”同源。
君		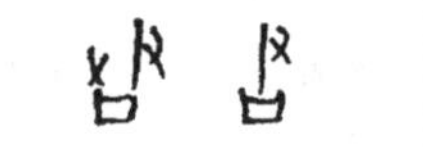	以“尹”之形为主构形，形“尹”字。
启			以“手”开“门户”之形为主构形，“日”表示云开见日之义。
遗			从“白”、“B”之形为主构形，下部从“口”，可增、省。
古			构形不明（通“故”字）。
丞			从“収”、“人”之形为主构形，表示人陷于阱内从上拯救之义。“拯”之初文。
隹			以“禽”类羽毛之形为主构形，为禽类通称。作偏旁时与“鸟”通用。象形。
雉			从“矢”、“隹”之形为主构形，从“夷”有伤亡之义，与“矢”无别。
舊（旧）			从“萑”、“凵”之形为主构形，借为“旧”字。
集		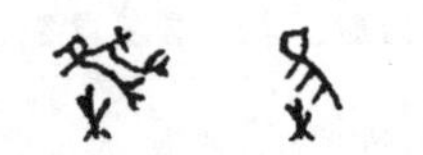	构形不明［从“隹”（鸟）之形为主构形］。
朋	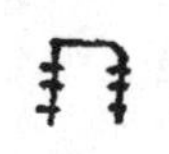		以线绳穿“贝”之形为主构形，从“丨”表示数字“十”，意为十朋，合文。
幽		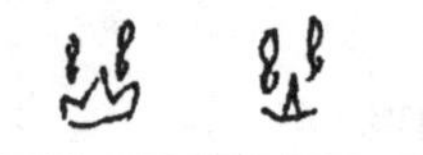	从“火”、“幺”之形为主构形，表示颜色，不从山。
工			构形不明（“口”当为刻画之便，借为“贡”字，献其典册，表示贡献之义）。
喜		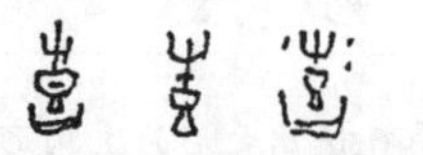	构形不明［从“壴”（鼓形）、“口”之形，表示以“口”盛“壴”之义］。
豐（丰）			以盛玉“壴”器之形为主构形，串玉之形不定。

字例	主构形	字形	形　　义
良		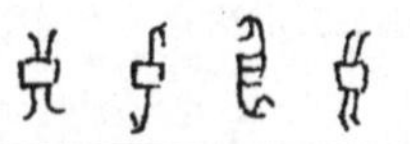	构形不明（以“豆”盛食物之香气飘出之形为主构形；或以穴居“口”两侧出之通道之形为主构形）。
乘			以“人”乘“木”之形为主构形，表示升、登之义。
因		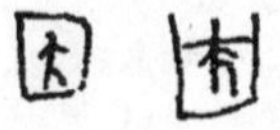	从“口”、“大”之形为主构形，“茵”之初文。
貝（贝）			象海“贝”之形为主构形，象形。
齐		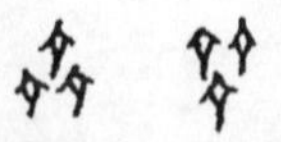	构形不明（象“禾麦”吐穗之形为主构形，表示“禾麦”参差而实齐之义）。
帚			以“帚”（某种植物）之形为主构形，象形。借为“妇”字。
觀（观）			以“隹”戴毛角之形为主构形，“口”表示眼睛突出之状，借为“观”字。
苟		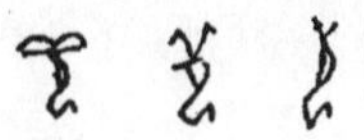	以“狗”蹲距警惕之形为主构形，引伸为“敬”义，“警”之初文。
犬			以“狗”侧面瘦腹蜷尾之形为主构形，尾上翘为“犬”，以区别于“豕”字。
火			以“火”焰上升之形为主构形，下部弧形为“火”字，与“山”有别。
溺		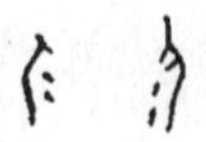	从“人”、“氵”之形为主构形，表示遗溺之义。“尿”之初文。
湿	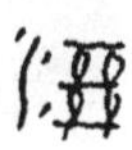	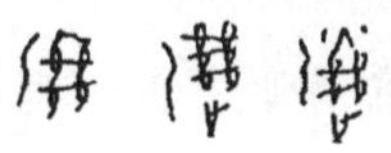	构形不明（从“水”、“㬎”之形为主构形，“止”表示足湿之义，可增、省）。
雩	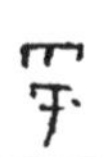	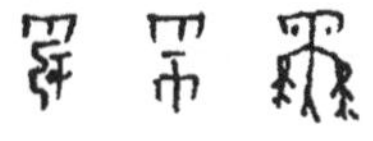	从“雨”、“于”之形为主构形，“于”、“舞”无别，表示乐舞降神祈雨之义。
云			从“二”、“亘”之形为主构形，象形，表示云气回转之义。
渔			以“鱼”之形为主构形，象形。网形、垂钓形、手捕形无别，表示捕鱼之方式也。
不			以“草根”（或花萼）之形为主构形，象形。借为“不”字。
門（门）		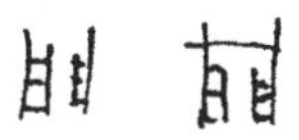	以二“扉”关闭之形为主构形，象形。上部“一”（键、楣）可增、省。

字例	主构形	字形	形　　义
聽（听）			从“口”、“耳”之形为主构形，表示从口有所言、从耳有所闻也。“口”可增、减。
聲（声）		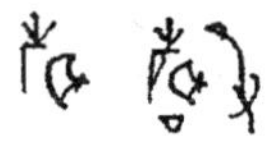	以“殳”击“磬”之形为主构形，表示“声”闻于“耳”之义。“殳”可增、省。
聞（闻）		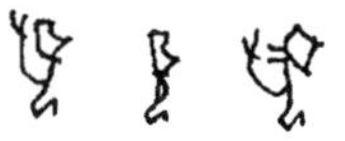	以“手”掩“口”而“听”之形为主构形，掩口之形可增、省。
武		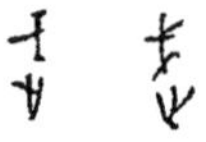	从“止”、“戈”之形为主构形，表示征伐之义。从“行”表示持“戈”行于道，可增、省。
亡			构形不明（左右无别。通“无”字）。
系			以束“丝”之形为主构形，象形。上、下部“屮”之形表示束丝之义。
亘			象水中漩涡回转盘旋之形为主构形，上部“一”可增、省。
堇			以两“臂”反缚之形为主构形，下部“火”表示焚以祭祀之义，可增、省。借为“艰”字。
成			从“戊”、“口”（丁）之形为主构形，其“点”为“口”（丁）之省。若从“口”则为“咸”字。
辥			构形不明（从“辛”、“𠂤”之形为主构形，正反无别）。
子		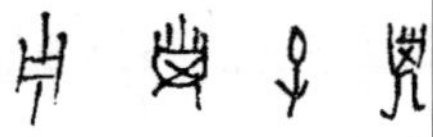	以孺“子”之形为主构形，地支“子”作“”之形，借为“子”字。

（作者为江苏省甲骨文学会理事、篆刻部副主任）

谈甲骨文书法的用字问题

刘铁平

甲骨文的研究是属于社会科学的范畴，甲骨文的书写是属于艺术的范畴，然而科学和艺术之间并非遥不可及，正如爬山，科学从山左攀登顶峰，艺术从山右攀登顶峰，等到了最高峰，二者就会师了。

作为一个书写甲骨文的书法家，并不一定需要成为一个甲骨文专家，但是如果对甲骨文知之甚少或一无所知，仅仅靠依样画葫芦，无疑不会有所成就。

首先，我们必须接受新的研究成果，如“ ”字[1]以往都释为“共”字，学术界并无疑义。而徐中舒先生主编的《甲骨文字典》却将它释为“弁”字。编者说：“从口从‘ ’（収象两手捧弁之形），或从‘ ’从‘ ’，与《说文》籀文略同，殷墟妇好墓出土石人有头戴圆形束发之冕者，其冕即‘ ’，字中之口形，作方形者，便于契刻之故。”[2]因为“共”是个常用字，而“弁”并不常用，如果认为《甲骨文字典》的编者说法正确的话，那么，在书写甲骨文作品遇到共字时，确实是个麻烦。

学术界意见分歧是很正常的事，作为书法家，却要择善而从，甲骨文中什么字即今之什么字，当不能含糊，应当作出合乎逻辑的判断。

比如“異”字,《甲骨文编》收录了三类字型——头部从田字形、从由字形、从倒三角形。而《甲骨文字典》又增加了从子的字形（ ）并说，“‘ ’象人举子之形，子即祭祀中象征神主之小儿，即所谓‘尸’，举尸即会意为祀，在书写使用中，‘ ’所从之‘ ’由头与臂相连渐汋变为‘ ’、‘ ’，遂讹作‘ ’、‘ ’等形，为《说文》禩（祀别体）字所本，即祀之初文”。同时,《甲骨文字典》的编者认为，祀字“从示从‘ ’，‘ ’之初文当为‘ ’”[3]。

我们初看这些说法颇为合情合理，但是我们参照“戴”字,《甲骨文字典》的解释就不太讲得通了。因为戴字从“𢦏”得声，異字无疑是一个意符。从甲骨文的字形看，就像一个人双手往头上戴一个“田”字或“由”字形的东西，比照甲骨文“鬼”、“畏”字，这个东西应该就是上古的面具（或头盔）一类的东西。这个異字是戴字的初文。至于異字为什么会和“禩”字发生联系，这可能是因为先民头戴面具祭祀上天鬼神，我们可以从傩戏表演中窥见一斑。

甲骨文中有些字似乎和现代汉字相同，但仔细考究，它们并不具有现代汉语的字义，比如“好”字。这是武丁诸妇之一的“妇好”的“好”。甲骨文字从女从子，与《说文》中好字篆文同形。《说文》：“好，美也，从女子。”这是会意字，而甲骨文好字是女姓，即商人子姓之本字，是形声字，此好非彼好，妇好当读为妇子，而非妇好（hǎo），至于能否将妇好之“好”用为“美好”之“好”，则另当别论。

有篆刻家将无锡的锡字刻成“ ”，我的好友潘振中先生认为这是错误的。甲骨文学者认为“易”的原字象两酒器倾注承受之形（ ），后截取倾注酒器一部分减省为“ ”，经传作锡

（与铜锡之锡无关），而赐是后起字。

当然，在实际书写中，存在的学术问题还是比较多的。比如，甲骨文韦（韋）字从□，□旁从二止或三止，□为城邑，止表足迹，为巡逻护卫城邑之义，是卫（衛）字的初文。那么“保卫”一词是写“保韋”呢？还是写“保衛”？我觉得还是从文字发展的规律，写成“保衛”为好。再比如“隻”和“获”之间的关系就更明显了。

甲骨文的通假问题比较复杂，我们在书写过程中应当尊重前人研究的成果，遇到在学术上有争议的地方最好能在作品的尾跋中加以简要地说明，其他学术上的问题，也应该采用这个方法。

前年安阳师范学院举办一个展览，要求应邀的甲骨文书家所写的作品中的甲骨文要有“出处”。我觉得这个办法不错，这样可以杜绝一些所谓的大家胡编乱造。虽然目前可识读的甲骨文字超过了一千，但其中相当多的已经属于历史。过去有些专家将甲骨文字编纂成楹联，给后学者甚多便利。但这些楹联的内容相当陈旧，缺少时代气息，在文字的考辨方面也非十全十美。在一次拥军活动上，我由感而发，写了“栉风沐雨卫家国，逐月追星为众人”一副对联。安阳师范学院邀请我写甲骨文作品参展时，我就写了这一幅，自我感觉还可以。

说到书写甲骨文，就不能不提到甲骨文本身的结体、用笔之类。首先要说笔画顺序。董作宾在《殷虚文字乙编》序言中说：“（有一块背甲）正面：卜兆均经刻划，左上角一辞‘壬申卜，争贞：帝命雨？’是刻过的，笔画细而劲；反面：右上角与壬申一辞相对处，写着‘贞：帝不其命雨？’未经契刻，笔画肥而柔，这分明仍是史臣争的手迹，可以看得出他用笔由上而下，由左而右，简直与现在的写字笔顺无异；而契刻的方法，则是刻每字的直画后刻它们的横画，和书写是迥然不同的。”考古发现，甲骨文字的契刻者为了节省时间和刀刻的方便起见，先刻竖画然后侧过来用刻竖画的手势补刻横画。同处于甲骨文时代，笔和刀的写字笔画顺序不同。刀刻只有竖画（点是缩短的竖画，弧是弯曲的竖画，撇捺是斜的竖画），而没有折的笔画。折是一竖画加上转过九十度的一竖画。甲骨文的笔画原始、古朴，这就是契刻韵味所在，而当代许多书家用楷书的笔画去写甲骨文，这就有削足适履、圆凿方枘之嫌。其次说到书写甲骨文字的用笔，潘振中先生认为应当自然收落，运笔的过程像单刀篆刻，先抑再顿挫而后扬，首尾宜轻缓而中间宜重急。遇有转折，宜笔连而“意”断（如写口字宜四画，先竖后横，而非三画），正与楷书相反。

当代甲骨文作品几乎没有鸿篇巨制，其原因是显而易见的。章法也囿于对联、小品之类。甲骨上卜辞的刻写，完全不同于其他，不是自上而下然后自右而左的“下行而左”的章法顺序，而改为“下行而左”与“下行而右”相对称的章法，这与我们写“龙门对”有相似之处。卜辞的这种特殊文例——章法，并不是为了书写的便利，而是与占卜所得卜兆分不开的。卜兆一般左右对称，因此刻在卜兆旁边的卜辞，也就向内对贞，迎兆刻辞。龟腹甲卜兆内向对称，右面的卜兆向左，卜辞右行：左面的卜兆向右，卜辞则左行。龟背甲一分为二，其卜兆、卜辞的情况与腹甲相同，右半卜兆向左，卜辞右行；左半卜兆向右，卜辞左行。之所以说到甲骨文的文例问题，是为了说明它为我们创作或书写甲骨文时，章法上提供更为广阔的空间。

最后说一说甲骨文的临摹。甲骨文没有所谓“法帖”可供临摹，目前临摹甲骨文只有依靠拓片。以郭沫若先生《卜辞通纂》为例，临摹者要大致懂得阅读甲骨拓片的常识，占卜有一定的程序，所以刻写卜辞也有一套固定的格式或体例。一般是某日卜，某史官（也有是殷王自己）贞问，要做某事，是吉？是不吉？某月。如果以后应验了，还要将应验的情况补刻上去。通常一条完整的卜辞，由叙辞、命辞、占辞、验辞四部分构成。但并非每次占卜都记全，而是常有省略。甲骨文中有些句型是比较固定的，这可以与上古汉语语法比较，还是比较容易理解的。关于“书体”（风格），也是一个重要内容，作为书法家来说，不可不知晓。学术界一般认为，第一期武丁时期史官书写的文字显示出壮伟又豪放的气势；第二、三期两世共四王时期史官书法比较拘谨，而末流所至趋于颓废；第四期武乙时文字字形简陋，文丁时锐意复古，力振颓风；而第五期帝乙、帝辛时贞卜之事王必躬亲，书契文字极为整齐且制作一新。

《卜辞通纂》著录甲骨文是按照干支、数字、世系、天象、食货、征伐、畋游等顺序排列的，这对于系统了解甲骨文是有好处的。在阅读甲骨文时要注意契刻有单刀法、双刀法、复刀法之分。小字用单刀，大字用双刀，宽笔用复刀。建议用复印的方法将小字拓印稍作放大——过大则失真。

注释：

[1] 社科院考古所编：《甲骨文编》卷三·七。

[2]《甲骨文字典》下册，第973~974页。

[3]《甲骨文字典》二字“解字”。

（作者为江苏省甲骨文学会理事）

中日韩新甲骨文书法之比较

陈爱民

20世纪80年代以来，随着中国政治、经济和文化的改革开放逐步扩大和深入，甲骨文书法领域也发生前所未有的变化。其中最令人瞩目的变化之一，就是甲骨文书法展览交流的独立和走向国际化。

以1984年中国安阳举行殷墟笔会、甲骨文还乡书法展为先声，甲骨文书法摹刻艺术作品国际大展（1994年中国安阳）、江苏省甲骨文学会首届书法展（1996年中国南京）、首届中日甲骨文书法展（1997年中国南京）、首届海峡两岸甲骨文书法联展（1998年中国南京）、纪念甲骨文发现100周年——海内外甲骨文书法大展（1999年中国北京）、祝贺第六届中国艺术节·海内外甲骨文书法大展（2000年中国南京）、新世纪国际甲骨文书艺大展（2001年新加坡）、第二届海峡两岸甲骨文书法联展（2002～2004年中国南京、安阳、台湾）、第一届华夏情甲骨文书法篆刻大展（2006年中国安阳）等各类甲骨文书法国内国际交流展相继推出，在海内外兴起了学习和研究甲骨文书法的热潮，甲骨文书法呈现出国际化发展态势。在甲骨文书法国际化发展进程中，中国、日本、韩国和新加坡（以下简称中日韩新）四国的甲骨文书法之间“同源异流”的现象尤为引人关注。由于同属汉字文化圈，中日韩新四国甲骨文书法既有许多相似之处而又有各自的特色。但我们还一直缺乏用新视角从国际文化艺术的范围内对其进行比较研究。这种状况既增加了中日韩新甲骨文书法文化、艺术等层面交流的难度，也不利于甲骨文书法的可持续发展。本文试以中日韩新甲骨文书法作品集为切入口，从创作队伍、作品内容、形式技巧和艺术风格诸方面，对中日韩新四国甲骨文书法的共性与差异进行比较和描述，并在此基础上进一步揭示中日韩新四国甲骨文书法的文化底蕴。

一　中日韩新甲骨文书法之比较

（一）创作队伍之比较

对于中日韩新甲骨文书法创作队伍的比较，我们主要借助于展览作品集中所提供的信息。这里主要将一般读者不易获见而本文涉及的中日韩新四国甲骨文书法作者（篆刻作者除外）之来源具体列举如下：

1993年《甲骨文书法艺术大观》（近代除外）中，中国有胡厚宣等约270人。日本有欧阳可亮、渡边寒鸥、北岛瑞峰、池田末利4人；新加坡有丘程光、杨昌泰2人。

1998年《江苏省甲骨文学会首届书法展作品集》（《书法艺术》增刊）中，中国有马亚等约270人。韩国有郑道准、许会泰、李梦岘、崔焕明4人。

1998年《中日首届甲骨文书法展览选集》中，中国有赵绪成等76人。日本有高桥苍、成家彻郎、吉冈尧子、浅野真生、安田又薰、末永贵子、冈林桂子、小宫幽水、堀久夫、望月翠山、中穀宏子、稻叶千博、岩井信子、浦野俊则、田村一江、鹿岛伯玉、佐藤圭、泽田子白、铃木礼文、石田华、中滨慎昭、高野康山、工藤美佐等24人。

2000年《国际甲骨文书法篆刻大辞典》(甲骨文书法先贤部分除外)中，中国有翟达三等约180人。日本有梅舒适、渡边寒鸥、中岛春绿、木村善风、浅野真生、佐藤海山、山口重喜、陈茗屋8人；韩国有郑道准、崔明焕、许会泰、李钟宣、李殷凫、林钟铉、李清华、金载俸、郑惠英等10人；新加坡有丘程光、杨昌泰、邹戴英3人。

2002年《第二届海峡两岸甲骨文书法联展作品集》中，中国有徐自学、安国钧、党相魁等约200人。新加坡有丘程光、杨昌泰、邹戴英、陈美娟、沈观汉、廖宝强、潘永强、曾广纬、陈建坡、关奂璀、洪钰珠、顾建平、吴耀基、黄明宗、刘素君15人。

2006年《第一届华夏情甲骨文书法篆刻大展作品集》中，中国有靳绥东、徐自学、安国钧等约250人。日本有段冰1人。新加坡有丘程光、杨昌泰、邹戴英、陈美娟、沈观汉、廖宝强、潘永强、曾广纬、吴耀基、洪笃恭10人。

根据上列数据，可以大致看出20世纪90年代至今中日韩新四国甲骨文书法创作队伍的基本情况：1.作者数量。依次为中国、日本、新加坡、韩国。2.作者层次。四国作者既有书法名家也有普通书法爱好者，尤其是20世纪90年代后期以来，普通书法爱好者渐增，反映出甲骨文书法大众化的趋势。

上述情况基本符合历史、地缘因素对甲骨文书法的影响规律。中国乃甲骨文之故乡，自罗振玉先生将甲骨文引入现代书法后，经几代书法家的努力，特别是在江苏省甲骨文学会、台湾甲骨文学会和安阳甲骨文学会等组织的推动下，甲骨文书法接纳范围已逐步扩大。中国作者大都来自甲骨文团体如江苏省甲骨文学会、台湾甲骨文学会和安阳甲骨文学会。日本于1951年就已率先成立了甲骨文学会，对甲骨文书法的关注与学习起步也比较早。新加坡起步虽晚，但甲骨文书法家主要是华人，因而对甲骨文书法有较强的认同感。1992年中韩建交后，中韩书法交流才日渐频繁。韩国作者几乎皆为韩国书法名家，甲骨文书法在韩国的接受范围还有一定局限。韩国文化艺术研究会在创立20周年之际，举办1992年亚细亚美术招待展，特邀台湾甲骨文学会组团参展。安国钧先生率团赴韩，该甲骨文书法展览在韩国引起轰动，颇获嘉誉。随着甲骨文书法在世界范围内的不断传播，我相信以韩国书法界对甲骨文书法的热情，其创作队伍的扩大亦指日可待。

(二)作品内容之比较

中日韩新四国甲骨文书法作品的具体文字内容，可参阅相关作品集。这里试从集联、集诗词、集短文、集少字及临抄卜辞等方面，对相关作品集中的甲骨文书法作品内容作初步统计如下：

在《甲骨文书法艺术大观》中，中国作者集联约180人、集诗词约40人、集短文约10人、集少字约25人、临抄卜辞约5人。日本作者集联1人、集诗词2人、集少字1人；新加坡作者集联1人、集诗词1人。

在《江苏省甲骨文学会首届书法展作品集》中，中国作者集联49人、集诗词9人、集少字13人、临抄卜辞1人。韩国4位作者皆为集联。

在《中日首届甲骨文书法展览选集》中，中国作者集联约35人、集诗词约23人、集短文约1人、集少字约17人。日本作者集联3人、集诗词2人、集短文1人、集少字16人、临抄卜辞2人。

在《国际甲骨文书法篆刻大辞典》中，中国作者集联约125人、集诗词约48人、集短文约5人、集少字约26人、临抄卜辞约3人。韩国作者集联6人、集诗词1人、集短文3人。日本作者集联1人、集诗词1人、集短文1人、集少字5人。新加坡作者集联1人、集诗词1人、集少字1人。

在《第二届海峡两岸甲骨文书法联展作品集》中，中国作者集联约115人、集诗词约40人、集短文约4人、集少字约15人、临抄卜辞1人。新加坡作者集联6人、集诗词3人、集少字6人。

在《第一届华夏情甲骨文书法篆刻大展作品集》中，中国作者集联约120人、集诗词5人、集短文15人、集少字25人、临抄卜辞15人。日本作者集联1人。新加坡作者集联4人、集诗词2人、集短文2人、集少字2人。

由上述数据，对于中日韩新四国甲骨文书法作品内容，我们可以大致推出如下结论：1.中日韩新四国甲骨文书法创作内容大部分与中国传统文化相关联。2.中新以集联、集诗词为主，日本以集少字居多，韩国则以集联占先。3.甲骨文书法作品中以文字数量论，中国最多，次为新加坡、韩国、日本。

20世纪以来，经学者考释并被学界认同的甲骨文仅有1000多字。由于受到字数限制，在中日韩新四国的甲骨文书法创作中，作品内容亦同中有异。四国的甲骨文书法作品内容大都以传统文化为内涵，精炼而内蕴丰富，反映了甲骨文书法这一古老艺术形式对内容的要求。集联内容大都为甲骨文书法先贤所集，如韩国作者的对联几乎皆出自罗振玉先生所编《集殷虚文字楹帖汇编》。中国台湾作者的作品内容大都为集联和集诗词，可见台湾地区因董作宾先生的倡导，集联集诗已成风气，表现出极高的传统人文修养。需要指出的是，数本作品集中虽然绝大多数的集联、集诗词是罗振玉、丁辅之、简经纶、董作宾、徐无闻等先贤所集，但少有人注明出处。惟李刚田、焦智勤等少数作者在作品题款中作出说明，体现出对先贤劳动成果的尊重，值得提倡。由于现代西方文化的影响，中日韩新四国作者的传统文化修养已出现不同程度的缺失，反映在作品中以抄录他人集字为主，字数亦相对减少，以日本少字作品最为突出。这里并非有意贬低少字在甲骨文书法创作的价值，而只是说明甲骨文书法的发展与传统文化息息相关，作品内容也应该丰富多彩、雅俗共赏。

（三）形式技巧之比较

从作品形式布局来看，中国、新加坡的作者无论是对联，还是条幅、横幅大都处理成行列有序，平衡对称，正文、落款处理得比较规范。而以对联的形式进行甲骨文书法创作可以说是中国作者的主流。对联作为中国传统楹联文学与书法艺术的结合体，有着悠久的历史文化传统，是中国人喜闻乐见的一种艺术形式。在中国作者看来，甲骨文书法创作不光可以表现艺术情趣，同时还可以表现作者的文化修养。正是因为如此，中国甲骨文书法作品往往更多地呈现出浓郁的书卷气息。

日本甲骨文书法以条幅、斗方为主，这适应了日本书法家以少字创作甲骨文书法作品的艺术趣味。如日本作者梅舒适的“尘不动”为斗方，渡边寒鸥的“一目之罗”、木村善风的“望月”、陈茗屋的“一念万年”均为条幅。在20世纪50年代，日本现代书法就已进入展厅时代。在少字创作实验方面，日本作者已积累了丰富经验。因此，日本少字甲骨文书法作品在形式上往往比较精致，充分适应了展览的需要，具有强烈的视觉冲击力。

我们知道中国传统标准的楹联格式一般是上、下联分开进行创作。有趣的是，韩国有些作者如许会泰、李梦岘、崔明焕、金载倖、李殷卨等虽以集联为内容，但在创作中却并非采用标准的楹联格式，而是采用条幅、横幅、斗方等格式。这种现象出现的原因，可能是因近现代化西方文化的传播，韩国作者对中国传统楹联书法形式逐渐产生了疏离感。但从作品效果来看，也有可能是出于艺术的目的。或许，在他们看来，创作甲骨文书法完全是一种艺术行为，在形式上采用这种错落参差的布局远比楹联的平衡对称更有变化、更有艺术魅力，能恰到好处地表现甲骨文书法自由跌宕的艺术空间特征，有效地刺激观赏者的审美兴趣。因此即便是抄录前贤甲骨文集联，也要注重作品的形式构成，尽可能放大其艺术性成分。当然，这种情况在中日新的作者中亦有存在，只是不如韩国表现得那样集中。颇有意味的是，韩国作者金载倖以韩文题款的甲骨文书法作品亦别出心裁，作者试图调和汉字书法和韩文书法的努力，反映出韩国作者书法民族化的倾向。这与日本发展起来的假名书法一样，都是书法民族化、本土化的产物。这种探索对于拓展甲骨文书法的艺术空间具有重要价值。

笔者以为原生态甲骨文书法的艺术空间特征总体表现为：因形生势、随机变化，自由跌宕而又自然天成，字里行间充满了艺术的自由精神。从这个角度来考察，日韩新三国的甲骨文书法作品中对空间构成的追求与原生态甲骨文书法的艺术精神是相契合的，而中国作者在这方面尚有广阔的空间等着进一步开掘。

众所周知，殷商甲骨文的刻写技巧十分精美。契刻往往有单刀，有双刀，有复刀。刻划内常常大字涂朱，小字涂墨，红黑相间，相映成趣。这些技巧也逐渐被中日韩新作者，尤其是日本作者借鉴活用到现代甲骨文书法创作中来。中日韩新四国的甲骨文书法作品在用笔上，有的取法甲骨文书法契刻效果，有的直接取法甲骨文朱书墨迹，有的借鉴金文、石鼓文、小篆、隶书、魏碑、行草书等书体笔法，有的已不限于书写而运用画、做等手段，有的使用色纸，甚至制作龟甲形态或甲骨表面的肌理效果，用朱砂书写甲骨文正文，用墨书写落款，追求朱黑白相间的丰富层次感，在中日韩新甲骨文书法展览中已不鲜见。可见中日韩新甲骨文书法的表现技巧日益丰富起来。

日本自古以来，深受中国传统文化的影响，近现代以来又受到西方文化影响，日本少字派现代书法即是东西方文化交融的产物。这是时代的要求，也是日本民族性的必然选择。日本甲骨文书法少字派甲骨文书法重于自由表现，注重人的感情的表达。在创作上不惜采用各种技巧，没有太多的约束，用笔往往率真直露，整幅作品充盈着一种张力，具有较强的现代气息。韩国作者在甲骨文书法创作中，着意在点画、结构形态中贯注力量，体现出骨力之美，透露出韩国作者性格的刚毅。其甲骨文书法较多地表现出类似魏碑之笔法，故而显得厚重、雄强、超迈，有一股睥睨群雄的气概。新加坡作者的甲骨文书法，有的用笔灵活，点画隽美，有的较多地关注于殷商甲骨文契刻效果，用笔简捷明快，点画单纯，别有一种意趣。

相对日韩新三国来说，中国甲骨文书法有可以借鉴的丰富的笔墨技巧资源，如历代各种书体的笔墨技巧、殷商甲骨文书法刻写技巧、现代甲骨文书法的笔墨技巧，这得益于中国传统书法文化深厚的底蕴。同时，日本现代书法、西方抽象绘画的笔墨技法也给中国甲骨文书法提供了重要的参照系。中国甲骨文书法从20世纪90年代初至今，作者书法功力日见提高，笔墨技巧日趋丰富，作品布局日趋合理，整体水平逐渐提高。

（四）艺术风格

倘若从传统与现代的关系上来看中日韩新四国甲骨文书法风格，我以为总体上可分为传统风格与现代风格两大类。在传统与现代的碰撞与交流中，中日韩新四国甲骨文书法或侧重表现鲜明的现代性，或注重展示传统的魅力，或寻求传统与现代的多元融合，呈现出"同源异流"的气象。

对于日本甲骨文书法的风格，我们可以从展览交流、作品集等多种渠道中获得比较清晰的印象，其流派大致有两类：传统派、少字派。日本甲骨文书法更多地是受西方现代抽象艺术的影响，表现出对甲骨文空间构成的迷恋，在创作中讲究形式构成，在特定空间中表现激情与冲动。日本甲骨文书法以少字派现代风格为主体，带有鲜明的民族个性。有的作品甚至以朱砂或绘画色彩来创作甲骨文书法，风格前卫，极具强烈的现代气息。例如2005年"中国古文字起源——中日甲骨文书法展"中，日本作者小豆泽真佐美、北室南苑的作品。董玉京先生在其《甲骨文书法艺术》一文中曾将甲骨文书法流派归纳为三派：罗派、董派和游于艺派，而将日本甲骨文书法家的作品归入游于艺派，这是颇耐人寻味的。当然对于甲骨文书法装饰美的追求，殷商先民早已有之，如甲骨的涂朱涂墨现象。这足以说明，原始与现代之间有某种相通之处。

韩国甲骨文书法从作品集中的情况来看，是属于传统型的。韩国作者的甲骨文书法笔法有力而和谐，追求作品布局的功力、骨格、神韵等等。这可以说是向传统优秀书法作品学习的结果。而统观作品集中韩国甲骨文书法作品在整体风格上体现出惊人的相似，共同表现出的质朴苍劲、厚重雄强的艺术趣味和艺术风格，具有鲜明的民族独特性。

新加坡的甲骨文书法受中国台湾甲骨文书法的影响比较明显，特别是董氏甲骨文书法风格的影响，书风典雅清秀，比较传统。与韩国甲骨文书法相似的是，新加坡甲骨文书法作品整体风格也比较接近。这或许是因为取法路径相同或接近的缘故。韩国、新加坡的甲骨文书法虽都比较传统，但风格上的差异却比较明显，可谓韩雄新秀，韩质新文，韩刚新柔。

当代中国甲骨文书法风格多样，流派纷呈。当代中国甲骨文书法以传统风格为主体，或学习罗振玉先生以金文小篆笔法入甲骨文，或追模叶玉森先生以毛笔模拟甲骨文契刻效果，或效仿董作宾先生取法甲骨文朱书墨书，或借鉴秦士蔚先生以行草书笔法入甲骨文……路径各异，精彩纷呈。而现代风格的中国甲骨文书法则主要受西方抽象绘画和日本现代派书法的影响，亦以少字创作为主。与日本稍有不同的是，中国甲骨文书法的创作笔墨技巧比较丰富，布局亦追求和谐、规范，并没有走得太远。20世纪90年代以来，当代中国甲骨文书法形成了传统与现代多元风格并存的局面。

二　中日韩新甲骨文书法的文化底蕴

（一）汉字文化圈是中日韩新甲骨文书法共同的文化基础

众所周知，殷商的甲骨文是迄今发现最早的有一定系统的中国古文字。距今3000多年前的甲骨文，主要分布在现今中国河南安阳一带。这里曾是中国古代政治、经济和文化的中心。在漫长的岁月中，汉字伴随着灿烂的中国文化，从这里向四方传播，传遍整个中国，传到四邻国家，逐渐形成了“汉字文化圈”。汉字输入朝鲜、日本、新加坡，虽然在历史上各有先后，也各有特点，但因汉字是儒学、佛教等文化的传播载体，而使中日韩新等国有很接近的文化基础，形成了共同的汉字文化传统。同属汉字文化圈的中日韩新四国在不同历史时期，虽因政治、军事等方面的争端而时受交流阻碍，但文化艺术方面的交流却因为汉字文化而未断脉。汉字文化乃是四国自古以来书法交流乃至现代甲骨文书法交流的共同文化基础。

中国书法是东方抽象艺术的代表，跟汉字文化的发展是一脉相承的。从甲骨文、金文、石鼓文到小篆、隶书再到楷行草书诸体，中国书法演变绵延数千年并形成了各种书体的艺术规范。从先秦、秦汉经魏晋南北朝、隋唐五代再到宋元明清，直至近现代，书法风格纷呈，名家辈出，形成了底蕴深厚而光辉灿烂的汉字书法文化传统。日本、韩国、新加坡书法正是从中国书法上汲取营养而不断发展起来的。虽然20世纪50年代，借助于西方文化的刺激，日本就已经出现了现代派书法，但20世纪80年代以来，随着中国政治、经济和文化的改革开放，中国书法从传统的实用性和艺术性并重发展到当代纯艺术性表现，书法艺术领域呈现出前所未有的新气象，这也给日本、韩国和新加坡等国的书法发展带来了良好的动力，产生了深远的影响。

日本书法源于中国。日本书法家从大和时代（相当于西晋）即开始学习中国书法，在奈良、平安时代（相当于唐代、北宋）达到高潮，模仿王羲之以及唐代书法而卓然成家的代表人物有“三笔（空海、嵯峨天皇、桔逸势）三迹（小野道风、藤原佐理、藤原行成）”。在平安时代中晚期逐渐衍生出假名书法。镰仓时代（相当于宋代、元代）黄山谷、张即之和苏东坡的宋代书法和元代书法备受推崇，形成了“禅宗风格”，代表人物有临济宗僧人妙造等。至近代，由于受西方绘画影响，出现了“现代派书法”，主要有少字派、近代诗文派和前卫派。

韩国书法则自三国时代（1～7世纪）的高句丽、百济、新罗就不断有与汉唐书法家交往的记载。其后新罗时代（7～10世纪）书法多受唐代影响，尤其是欧阳询的影响很大。高句丽时代（10世纪）书法继续受唐代诸家影响，后期赵孟頫的书法传入。朝鲜（15世纪以来）建国后，王羲之、赵孟頫书法影响了整个15世纪。16～17世纪，严谨的石峰体书法与明代草书、文徵明体鼎足而立。18～19世纪，东国真体成为朝鲜书法主要风格。19世纪后半期金正喜的阮堂体影响书坛。20世纪20年代左右日本书法的影响开始出现，60年代以来的新趋势是书法使用韩国字母书写，近年来与中国的交流日趋频繁。

新加坡书法并没有中日韩那样悠久的历史。新加坡于1965年独立，1968年由新加坡内政部注册成立了新加坡书法家协会。当时正是华文教育处于急剧衰退的时候，而新加坡书协却制订了“爱我中华”的会训。他们坚信，“中华文化五千年，各类文学艺术的遗产是人类取之不尽、用之不竭的精神粮食，其中书艺是独一无二的瑰宝”。正是这种执著的信念，在一定程度上挽救了新加坡走入低潮的华文教育。而新加坡政府对于汉字教育的提倡与推广，也为书法的生存发展营造了较好的文化氛围。新加坡华人较多，对于汉字书法具有较强的认同感。在华人书法家的共同努力下，起步较晚的新加坡书法却显示出特有的生机。

以汉字为载体的甲骨文书法虽为艰深的古文字书法，但其象形性因素以及单纯、质朴的原生形态却有易接受性和现代性，成为超越时空进入汉字文化圈不同民族、国家的审美基础。也正因为如此，当古老的甲骨文以其特有的亲和力进入现代书法创作领域时，才有可能迅速在中日韩新四国传播，为四国的书法家共同接纳。

通过中日韩新甲骨文书法作品的比较分析，我们不难发现四国甲骨文书法之间有许多相似之处，这主要是因中日韩新四国同处汉字文化圈，共享着汉字文化而又不断进行着甲骨文书法交流、对话，相互影响，相互借鉴的缘故。

（二）本土文化底蕴是形成中日韩新甲骨文书法“同源异流”的内在动力

由于历史、地缘关系，中日韩新虽然共处汉字文化圈，但不同的社会、政治背景、本土文化意识和艺术观念也会导致对甲骨文书法认知、接纳的差异，反映在甲骨文书法的取法学习与创作表现上亦是异彩纷呈，虽“同源”而“异流”，从而形成了丰富多彩的甲骨文书法风格。这种现象的出现也决非偶然，而是基于各自深刻的本土文化底蕴。

中国为大陆国家，日本为岛屿国家，韩国为半岛国家，而新加坡则是马来群岛的一部分。不同的地理环境形成了不同的历史和文化，而作为甲骨文书法创作基础的艺术想象力自然也不尽相同。中国人对于自己的文化总是怀有一种强烈的自尊，在中国人心目中中国文化是世界上最为先进的文化之一。受这种观念的影响，大多数中国作者传统书法文化意识根深蒂固。这也是当代中国传统型甲骨文书法作者数量众多的主要原因。随着时代的发展，西方抽象绘画和日本现代书法的影响也开始出现，但毕竟不是主流。因此，当代中国甲骨文书法是以传统为主体的多元并存，不再是单纯的传统风格。这种局面的形成，还得益于中国改革开放的国策和“百家争鸣，百花齐放”的文艺政策，因而既具有鲜明的民族特征，又更具有强烈的时代特色。

日本特殊的地理位置和自然环境，形成了与中国迥然不同的文化。日本人崇拜强者文化并善于选择、改造，以塑造自己的本土文化。日本的假名书法、现代派书法就是这种文化观念的产物。出于这种观念，日本作者对甲骨文书法进行了变异，最终与中国作者的甲骨文书法形成了差异。

韩国是一个半岛国家，民族主义意识气氛比较强烈，形成了较强的单一民族文化观念。从自身的利益出发，有限制地选择有利于本民族发展的外来书法成为韩国书法文化观念的重要特征。例如，由于政治背景的关系，明代中后期韩国使臣从中国引进的大都是比较稳定、平实的书风。后来，韩国人认为中国的书法风格逐渐不适应韩国书坛的发展，于是韩国开始走自己的民族化道路。韩国书法民族化的突出结果便是韩文书法的出现。虽然日韩书法教育也重视书法传统，但这种对传统的重视更多地体现在学缘关系上。因而日韩甲骨文书法具有鲜明的民族风格，整体上比较稳定，但又往往在各自内部出现单一雷同的倾向。

新加坡拥有沟通中西的特殊地理位置，被称为“兼存东西方、汇合百家文、流传千国语、容纳万种宗教”的多元文化国家，充分体现了东西方文化的完美结合。20世纪70年代末兴起的新加坡华语运动为华人提供了文化认同的根源。在这样的文化背景下，新加坡华人积极主动地从传统书法中汲取营养，积极参与并组织甲骨文书法展览、交流活动，在甲骨文书法方面也取得了可喜的成绩。新加坡以一小国而在21世纪之初举办国际甲骨文书法大展，实令世人刮目相看。我们期望，甲骨文书法在新加坡如同经济一样崛起，为甲骨文书法国际化作出更大贡献。虽然艺术的变迁发展不能说完全取决于政治、经济，但艺术变迁发展也时刻离不开社会政治经济影响。

由于各自本土文化的差异，同属汉字文化圈的日韩新作者在深入接受甲骨文书法传统方面，与中国作者相比仍然不可避免地存在着一定的障碍，因而在继承传统上就不会象中国作者那么全面、纯粹、深入。或许正是由于缺少一份传承甲骨文书法传统的重负，日韩新作者更容易产生一种变新，使他们能在创作上不拘手段、敢于独造，借甲骨文书法形式宣泄情感、张扬个性，最终拓展了甲骨文书法的艺术世界。日韩新甲骨文书法方面的成功经验，是中国甲骨文书法发展不可多得的艺术资源，对其合理借鉴、吸收与利用，无疑对中国甲骨文书法的可持续发展具有重要意义。

总之，相同的汉字文化圈和各自的本土文化氛围构成了中日韩新甲骨文书法“同源异流”现象的文化底蕴。正是因为共享汉字文化圈，中日韩新四国甲骨文书法之间的对话、交流才有可能。正是由于本土文化的渗透，形成了中日韩新四国甲骨文书法“同源不同流”的差异，中日韩新四国甲骨文书法之间的对话、交流才变得更有必要、更有价值，中日韩新四国甲骨文书法之间在对话、交流中才会充满色彩、充满刺激。

（作者为南京晓庄学院副教授，江苏省甲骨文学会理事，南京市甲骨文学会副会长）